Libro interactivo del

miVisión
LECTURA

Copyright © 2020 by Savvas Learning Company LLC. All Rights Reserved

This publication is protected by copyright, and permission should be obtained from the publisher prior to any prohibited reproduction, storage in a retrieval system, or transmission in any form or by any means, electronic, mechanical, photocopying, recording, or otherwise. For information regarding permissions, request forms, and the appropriate contacts within the Savvas Learning Company Rights Management group, please send your query to the address below.

Savvas Learning Company LLC, 15 East Midland Avenue, Paramus, NJ 07652

Cover: Fer Gregory/Shutterstock; TJ Brown/Shutterstock; Nathapol Kongseang/Shutterstock; Surachai/Shutterstock; Jim Parkin/123RF; Eric Isselee/Shutterstock; Amy Harris/REX/Shutterstock; Iakov Filimonov/Shutterstock; Aslysun/Shutterstock; Art Collection 3/Alamy Stock Photo; Igor Kyrlytsya/Shutterstock; Robert_S/Shutterstock; Africa Rising/Shutterstock; LouieLea/Shutterstock; Jixin Yu/Shutterstock; Pingvin_house/Shutterstock

Attributions of third party content appear on page 420, which constitutes an extension of this copyright page.

Savvas™ and **Savvas Learning Company™** are the exclusive trademarks of Savvas Learning Company LLC in the U.S. and other countries.

Savvas Learning Company publishes through its famous imprints **Prentice Hall**® and **Scott Foresman**® which are exclusive registered trademarks owned by Savvas Learning Company LLC in the U.S. and/or other countries.

Savvas Realize™ is the exclusive trademark of Savvas Learning Company LLC in the U.S. and/or other countries.

Unless otherwise indicated herein, any third party trademarks that may appear in this work are the property of their respective owners, and any references to third party trademarks, logos, or other trade dress are for demonstrative or descriptive purposes only. Such references are not intended to imply any sponsorship, endorsement, authorization, or promotion of Savvas Learning Company products by the owners of such marks, or any relationship between the owner and Savvas Learning Company LLC or its authors, licensees, or distributors.

ISBN-13: 978-0-13-490808-3
ISBN-10:   0-134-90808-2

AUTORES DEL PROGRAMA

María G. Arreguín-Anderson, Ed. D.

Richard Gómez Jr., Ph. D.

CONTENIDO

Redes

UNIDAD 1

SEMANA 1

TALLER DE LECTURA — Género: No ficción narrativa

Mapa: Descubre California y sus cultivos

 "El canto de las palomas" .... Autobiografía 19
por Juan Felipe Herrera

Comprensión de la lectura • Explicar el propósito del autor

PUENTE ENTRE LA LECTURA Y LA ESCRITURA 39

Vocabulario académico • Estudio de palabras: Los sufijos *-ado, -ido, -ando, -iendo, -yendo* • **Leer como un escritor** • **Escribir para un lector** • Ortografía • Lenguaje y normas: El sujeto y el predicado

TALLER DE ESCRITURA 45

Introducción e inmersión

SEMANA 2

TALLER DE LECTURA — Género: No ficción narrativa

Infografía: Dónde vivimos

 "Extraño tesoro: Los extraordinarios descubrimientos de Mary Anning" .... Biografía 55
por Don Brown

Comprensión de la lectura • Analizar la idea principal y los detalles

PUENTE ENTRE LA LECTURA Y LA ESCRITURA 73

Vocabulario académico • Estudio de palabras: Los sufijos *-dor, -dora, -ero, -era, -ura* • **Leer como un escritor** • **Escribir para un lector** • Ortografía • Lenguaje y normas: Los sujetos y los predicados compuestos

TALLER DE ESCRITURA 79

Desarrollar los elementos

SEMANA 3

TALLER DE LECTURA — Género: Artículo de revista

Recursos digitales: Tecnología espacial de todos los días

 "Gemelos en el espacio" .... Artículo de revista 89
por Rebecca Boyle

Comprensión de la lectura • Analizar la estructura del texto

SEMANA 3

PUENTE ENTRE LA LECTURA Y LA ESCRITURA 105

Vocabulario académico • Estudio de palabras: El hiato de vocales fuertes • **Leer como un escritor** • **Escribir para un lector** • Ortografía • Lenguaje y normas: Las oraciones completas

TALLER DE ESCRITURA 111

Desarrollar la estructura

SEMANA 4

TALLER DE LECTURA   Género | Texto informativo

Infografía: Hogares fascinantes en todo el mundo

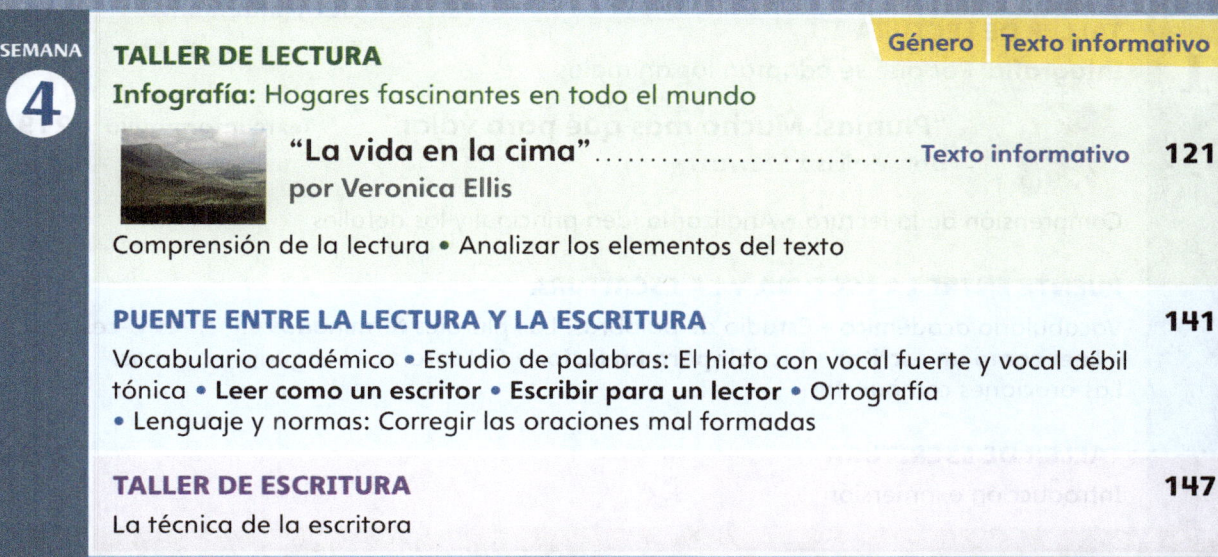

"La vida en la cima" .... Texto informativo   121
por Veronica Ellis

Comprensión de la lectura • Analizar los elementos del texto

PUENTE ENTRE LA LECTURA Y LA ESCRITURA 141

Vocabulario académico • Estudio de palabras: El hiato con vocal fuerte y vocal débil tónica • **Leer como un escritor** • **Escribir para un lector** • Ortografía • Lenguaje y normas: Corregir las oraciones mal formadas

TALLER DE ESCRITURA 147

La técnica de la escritora

SEMANA 5

TALLER DE LECTURA   Género | No ficción narrativa

Fuente primaria: Volando hacia las estrellas

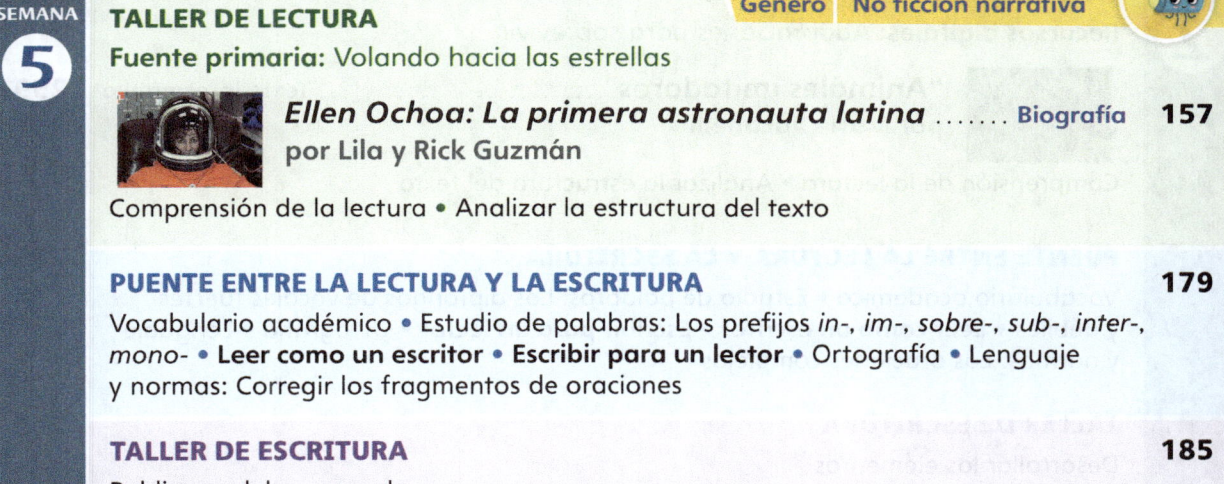

Ellen Ochoa: La primera astronauta latina .... Biografía   157
por Lila y Rick Guzmán

Comprensión de la lectura • Analizar la estructura del texto

PUENTE ENTRE LA LECTURA Y LA ESCRITURA 179

Vocabulario académico • Estudio de palabras: Los prefijos *in-*, *im-*, *sobre-*, *sub-*, *inter-*, *mono-* • **Leer como un escritor** • **Escribir para un lector** • Ortografía • Lenguaje y normas: Corregir los fragmentos de oraciones

TALLER DE ESCRITURA 185

Publicar, celebrar y evaluar

SEMANA 6

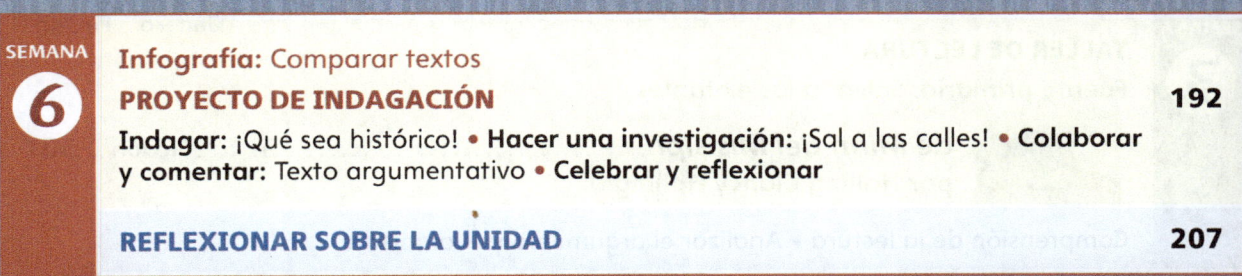

Infografía: Comparar textos

PROYECTO DE INDAGACIÓN 192

Indagar: ¡Qué sea histórico! • **Hacer una investigación:** ¡Sal a las calles! • **Colaborar y comentar:** Texto argumentativo • **Celebrar y reflexionar**

REFLEXIONAR SOBRE LA UNIDAD 207

CONTENIDO

Adaptaciones

SEMANA 1

TALLER DE LECTURA
Infografía: Por qué se adaptan los animales

Género | Texto informativo

 **"Plumas: Mucho más que para volar"** ..... Texto informativo   **219**
por Melissa Stewart

Comprensión de la lectura • Analizar la idea principal y los detalles

PUENTE ENTRE LA LECTURA Y LA ESCRITURA   **243**
Vocabulario académico • Estudio de palabras: Los plurales terminados en *-s, -es* y *-ces* • **Leer como un escritor** • **Escribir para un lector** • Ortografía • Lenguaje y normas: Las oraciones compuestas

TALLER DE ESCRITURA   **249**
Introducción e inmersión

SEMANA 2

TALLER DE LECTURA
Recursos digitales: Adaptaciones para sobrevivir

Género | Texto informativo

 **"Animales imitadores"**............................ Texto informativo   **259**
por Marie Racanelli

Comprensión de la lectura • Analizar la estructura del texto

PUENTE ENTRE LA LECTURA Y LA ESCRITURA   **285**
Vocabulario académico • Estudio de palabras: Los diptongos de vocales fuertes y débiles • **Leer como un escritor** • **Escribir para un lector** • Ortografía • Lenguaje y normas: Las oraciones complejas

TALLER DE ESCRITURA   **291**
Desarrollar los elementos

SEMANA 3

TALLER DE LECTURA
Fuente primaria: Salvar a los elefantes

Género | Ficción

de *Minn del Misisipi* .... Ficción   **301**
por Holling Clancy Holling

Comprensión de la lectura • Analizar el argumento y el ambiente

6

SEMANA 3

PUENTE ENTRE LA LECTURA Y LA ESCRITURA **317**

Vocabulario académico • Estudio de palabras: Los diptongos de vocales débiles • **Leer como un escritor** • **Escribir para un lector** • Ortografía • Lenguaje y normas: Los sustantivos comunes y los sustantivos propios

TALLER DE ESCRITURA **323**

Desarrollar la estructura

SEMANA 4

TALLER DE LECTURA | Género | Poesía

Infografía: Parte de un hábitat

Animalario del Iguazú .... Poesía **333**
por Francisco X. Alarcón

Comprensión de la lectura • Explicar el lenguaje y los elementos poéticos

PUENTE ENTRE LA LECTURA Y LA ESCRITURA **349**

Vocabulario académico • Estudio de palabras: Las raíces griegas • **Leer como un escritor** • **Escribir para un lector** • Ortografía • Lenguaje y normas: Los sustantivos singulares y los plurales

TALLER DE ESCRITURA **355**

La técnica del escritor

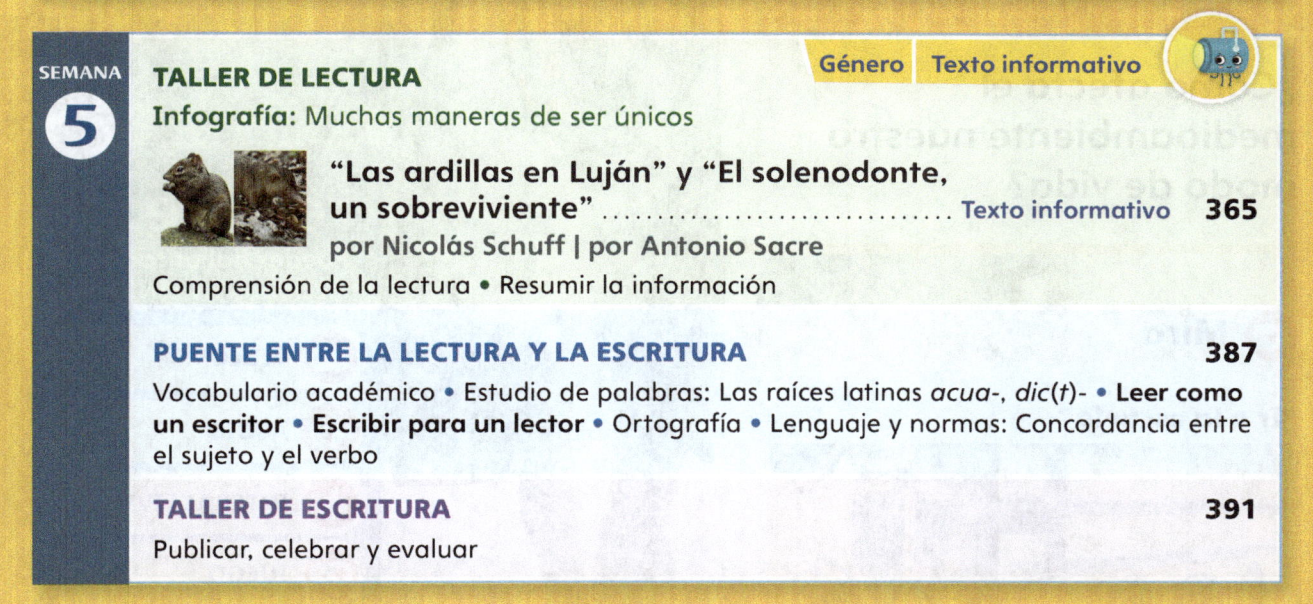

SEMANA 5

TALLER DE LECTURA | Género | Texto informativo

Infografía: Muchas maneras de ser únicos

"Las ardillas en Luján" y "El solenodonte, un sobreviviente" .... Texto informativo **365**
por Nicolás Schuff | por Antonio Sacre

Comprensión de la lectura • Resumir la información

PUENTE ENTRE LA LECTURA Y LA ESCRITURA **387**

Vocabulario académico • Estudio de palabras: Las raíces latinas *acua-*, *dic(t)-* • **Leer como un escritor** • **Escribir para un lector** • Ortografía • Lenguaje y normas: Concordancia entre el sujeto y el verbo

TALLER DE ESCRITURA **391**

Publicar, celebrar y evaluar

SEMANA 6

Infografía: Comparar textos

PROYECTO DE INDAGACIÓN **398**

Indagar: ¡A salvar especies! • **Hacer una investigación:** Datos a gran escala • **Colaborar y comentar:** Texto informativo • **Celebrar y reflexionar**

REFLEXIONAR SOBRE LA UNIDAD **413**

7

UNIDAD 1

Redes

Pregunta esencial

¿Cómo afecta el medioambiente nuestro modo de vida?

▶ **Mira**

"Ir a la escuela"

Hablar con un compañero ¿De qué manera viajas a diferentes lugares de tu comunidad?

SAVVAS realize.
Puedes hallar todas las lecciones EN LÍNEA.

- VIDEO
- AUDIO
- INTERACTIVIDAD
- JUEGO
- ANOTAR
- LIBRO
- INVESTIGACIÓN

8

Enfoque en la no ficción narrativa

TALLER DE LECTURA

Mapa: Descubre California y sus cultivos

"El canto de las palomas" .... **Autobiografía**
por Juan Felipe Herrera

Infografía: Dónde vivimos

"Extraño tesoro: Los extraordinarios descubrimientos de Mary Anning" .... **Biografía**
por Don Brown

Recursos digitales: Tecnología espacial de todos los días

"Gemelos en el espacio" .... **Artículo de revista**
por Rebecca Boyle

Infografía: Hogares fascinantes en todo el mundo

"La vida en la cima" .... **Texto informativo**
por Veronica Ellis

Fuente primaria: Volando hacia las estrellas

Ellen Ochoa, la primera astronauta latina .... **Biografía**
por Lila y Rick Guzmán

PUENTE ENTRE LECTURA Y ESCRITURA

- Vocabulario académico
- Estudio de palabras • **Leer como un escritor**
- **Escribir para un lector** • Ortografía • Lenguaje y normas

TALLER DE ESCRITURA

- Introducción e inmersión   **Narración personal**
- Desarrollar los elementos • Desarrollar la estructura
- La técnica del escritor • Publicar, celebrar y evaluar

PROYECTO DE INDAGACIÓN

- Indagar • Investigar • Colaborar

LECTURA INDEPENDIENTE

Lectura independiente

Puedes convertirte en un buen lector leyendo a menudo y explorando muchas clases de textos. En esta unidad, leerás textos asignados junto con tu maestro. También escogerás otros textos para leer durante la lectura independiente.

Los siguientes pasos te ayudarán a seleccionar un libro que disfrutarás leyendo por tu cuenta.

Paso 1 Haz un plan para escoger un libro del nivel correcto. Pregúntate:

- ¿Qué títulos disfruté leyendo en el pasado?
- ¿De qué manera puedo escoger un libro que sea interesante, desafiante y que pueda comprender por mi cuenta?

Paso 2 Elige un libro y ábrelo en dos páginas cualesquiera. Usa esta estrategia para determinar si el libro es indicado para ti.

¿Es este el libro perfecto para mí?

Lee las dos páginas en que abriste el libro y luego pregúntate:

	SÍ	NO
¿Entiendo la mayoría de las palabras?	○	○
¿Hay una o dos palabras que necesito averiguar?	○	○
¿Hay características interesantes, como ilustraciones y encabezados?	○	○

Registro de lectura independiente

Fecha	Libro	Género	Páginas leídas	Minutos de lectura	Cuánto me gusta
					☆☆☆☆☆

UNIDAD 1

INTRODUCCIÓN

Metas de la unidad

Rellena el círculo que indica cuán bien cumples con cada meta en este momento.

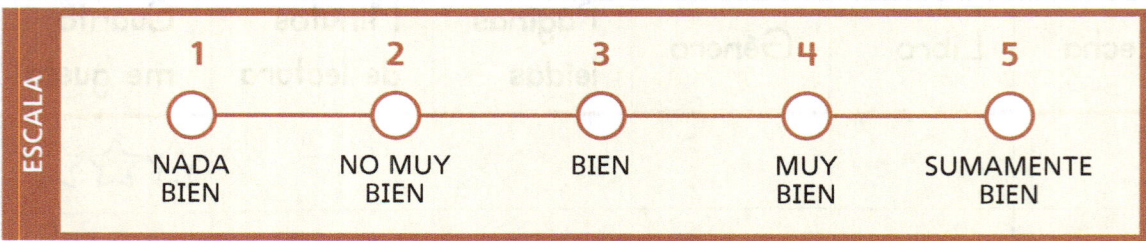

ESCALA
- 1 NADA BIEN
- 2 NO MUY BIEN
- 3 BIEN
- 4 MUY BIEN
- 5 SUMAMENTE BIEN

Taller de lectura | 1 2 3 4 5

Conozco diferentes tipos de no ficción narrativa y comprendo sus elementos.

Puente entre lectura y escritura | 1 2 3 4 5

Puedo usar el lenguaje para hacer conexiones entre leer textos de no ficción narrativa y escribir una narración personal.

Taller de escritura | 1 2 3 4 5

Puedo usar elementos de la no ficción narrativa para escribir una narración personal.

Tema de la unidad | 1 2 3 4 5

Puedo determinar cómo afecta el medioambiente nuestro modo de vida.

Vocabulario académico

Usa estas palabras de vocabulario para hablar y escribir sobre el tema de esta unidad, *Redes: contribuir, expuesto, hábito, severo* y *significativo*.

INTERCAMBIAR ideas Lee las palabras de vocabulario y las palabras relacionadas de la tabla. Con un compañero, escribe una oración usando cada palabra nueva del vocabulario para mostrar la relación con otra palabra o concepto. Por ejemplo, *dar* y *contribuir* están relacionadas porque *dar* es una forma de *contribuir*. *El club de béisbol necesitaba dinero para comprar equipamiento, así que me preguntaron si podía* **contribuir**.

Vocabulario académico	Palabras relacionadas	Usada en una oración
contribuir	donar, asistir	
expuesto	revelado, desprotegido	
hábito	uso, práctica	
severo	riguroso, serio	
significativo	importante, relevante	

PRESENTACIÓN DE LA SEMANA: MAPA

DESCUBRE CALIFORNIA
y sus cultivos

EL ESTADO DE CALIFORNIA Cuando se menciona el estado de California, inmediatamente nos vienen a la cabeza Hollywood y dos ciudades muy famosas, Los Ángeles y San Francisco. Pero California es mucho más que eso: es uno de los principales estados productores agrícolas. Es, además, uno de los más extensos y más poblados del país, lo que lo convierte en uno de los destinos más elegidos por los visitantes.

EL CLIMA DE CALIFORNIA

Dada su gran extensión, California no tiene un clima único, sino que este varía según la zona. Esto permite el crecimiento de diversos cultivos, como uvas, almendras, tomates, algodón, melocotones, etc. La mayor parte del estado tiene un clima seco, debido a la falta de lluvias; por este motivo, los agricultores emplean sistemas de riego. Cuanto más cerca de la costa nos encontremos, más templado será el clima, con temperaturas más cálidas.

Sacramento

LOS CULTIVOS DE CALIFORNIA

En los últimos años, California se ha establecido como el estado con mayor producción agrícola, con más de la cuarta parte de su territorio dedicado a la agricultura. Allí se producen más de la mitad de las frutas y verduras que se consumen en los Estados Unidos. Solamente en California hay alrededor de 88,000 granjas con más de 3 millones de trabajadores, de los cuales el 80% son inmigrantes, principalmente latinoamericanos.

SEMANA 1

Pregunta de la semana

¿De qué manera visitar lugares nuevos puede expandir nuestro entendimiento de nuestro lugar en el mundo?

Algunas veces queremos aprender más sobre un tema antes de generar las preguntas que nos ayuden en nuestra indagación informal.

Asegúrate de que las preguntas que generas tengan sentido. Aclara o mejora las preguntas que no tengan sentido.

INTERCAMBIAR ideas Compara el lugar en el que vives con el que se describe en el texto. Comenta tus ideas con un compañero y luego escucha las ideas de los demás. ¿Conoces a algún "trabajador golondrina" en tu comunidad? ¿Qué le preguntarías a un "trabajador golondrina" si tuvieras la oportunidad?

LOS "TRABAJADORES GOLONDRINA"

Los "trabajadores golondrina" son trabajadores migrantes que en su mayoría provienen de países latinoamericanos como México o Guatemala. Estos inmigrantes se trasladan de un lugar a otro, como las aves, en busca de trabajo. Generalmente, trabajan por temporadas en granjas estadounidenses, según las épocas de cosecha de los distintos cultivos.

GÉNERO: NO FICCIÓN NARRATIVA

Meta de aprendizaje

Puedo aprender más sobre la no ficción narrativa analizando el propósito del autor en una autobiografía.

Enfoque en el género

La no ficción narrativa

La **no ficción narrativa** es un texto informativo que narra una historia sobre personas y sucesos reales. Incluye:

- Un **propósito**, o la razón del autor para escribir
- **Detalles descriptivos** sobre personas y sucesos reales
- Una estructura **cronológica,** es decir, ordenada en el tiempo

Aunque los textos de no ficción narrativa comparten estas características, existen muchos tipos de no ficción narrativa. Esta semana leerás una **autobiografía**, que es una historia verdadera sobre la vida del autor.

Un texto que narra una historia, pero con personas y sucesos reales, es una no ficción narrativa.

INTERCAMBIAR ideas Describe a un compañero una historia que hayas leído sobre una persona o un suceso real. Usa el Cartel de referencia para indicar cómo sabes si la historia es no ficción narrativa. Toma apuntes y luego comenta tus ideas con la clase.

Mis APUNTES

16

CARTEL DE REFERENCIA: NO FICCIÓN NARRATIVA

→ **PROPÓSITO:**
- Informar, entretener

→ **CARACTERÍSTICAS:**
- Describe un suceso o una serie de sucesos verdaderos
- Contiene características literarias que también se encuentran en la ficción, como:
  * Ambiente
  * Lenguaje figurado
  * Elementos argumentales (complicación, clímax, desenlace y resolución)

→ **EJEMPLOS:**
Autobiografía, biografía, diario, memoria, entrevista

Conoce al autor

Juan Felipe Herrera es hijo de granjeros inmigrantes y siempre se ha interesado por la cultura latina en los Estados Unidos. Escribió numerosas obras que han sido premiadas, como "El canto de las palomas", y fue el primer poeta latino galardonado como "poeta laureado". Es escritor, dibujante, maestro y poeta, y ha publicado libros para adultos, jóvenes y niños.

El canto de las palomas

Primer vistazo al vocabulario

A medida que lees "El canto de las palomas", presta atención a estas palabras de vocabulario. Fíjate cómo pueden ayudarte a comprender el propósito del autor.

> **divisaba   comal**
> **tallaba   ladeaba   tortilla**

Lectura

Usa las estrategias de las casillas de la Primera lectura como ayuda para establecer un propósito de lectura. Los lectores activos de **no ficción narrativa** siguen estas estrategias cuando leen un texto por primera vez.

Nota las personas y los sucesos reales de la historia.

Genera Preguntas para ampliar tu comprensión sobre el tema.

Primera lectura

Conecta ideas de la selección con otros textos que hayas leído.

Responde marcando partes que se relacionan con personas o sucesos de tu vida.

18

Género **Autobiografía**

El canto de las palomas

por Juan Felipe Herrera

Nací en el pequeño pueblo de Fowler–
"la capital mundial de las pasas".
Mi mamá y mi papá fueron campesinos
y yo crecí recorriendo con ellos
las montañas y los valles de California.

Dedico este librito a mi madre, Lucha,
y a mi padre, Felipe, quienes amaban el cielo del
campo y la tierra cuando se pone tierna.
Ellos me enseñaron que dentro de cada
palabra existe una sonrisa.

LECTURA ATENTA

Usar la evidencia del texto

Resalta las evidencias del texto que te ayudan a determinar el propósito del autor.

divisaba veía un objeto

Vocabulario en contexto

Los lectores pueden comprender el sentido de las palabras poco conocidas usando las claves del contexto.

Usa las claves del contexto para hallar el significado de *arrecholados*.

Subraya las claves del contexto que apoyan tu definición.

troca del Army camioneta

files campos de trabajo

1 "Naciste en el camino, como tu papá".

2 Mi mamá me decía esto
cuando teníamos que mudarnos a otro campo de labor.

3 Mi mamá, Lucha, mi papá, Felipe, y yo.

4 Divisaba a los campesinos trabajando en los *files*
mientras mi papá manejaba nuestra vieja *troca del Army* por
los caminos olvidados de California.

5 Con su ropa brillante, los campesinos le daban color
al campo como aves tropicales.

6 Cuando parábamos, hacíamos una carpa.

7 Mi papá sacaba una lona gruesa y verde
como una tortilla gigante remojada en salsa de tomatillo.

8 Mamá la extendía mientras buscábamos varitas
para clavar sus cuatro puntas en el suelo.

9 Dormíamos arrecholados, juntos bajo cobijas y sarapes.

10 Acostado boca arriba, yo contemplaba las estrellas
que centelleaban más allá de los agujeritos de la carpa.

20

LECTURA ATENTA

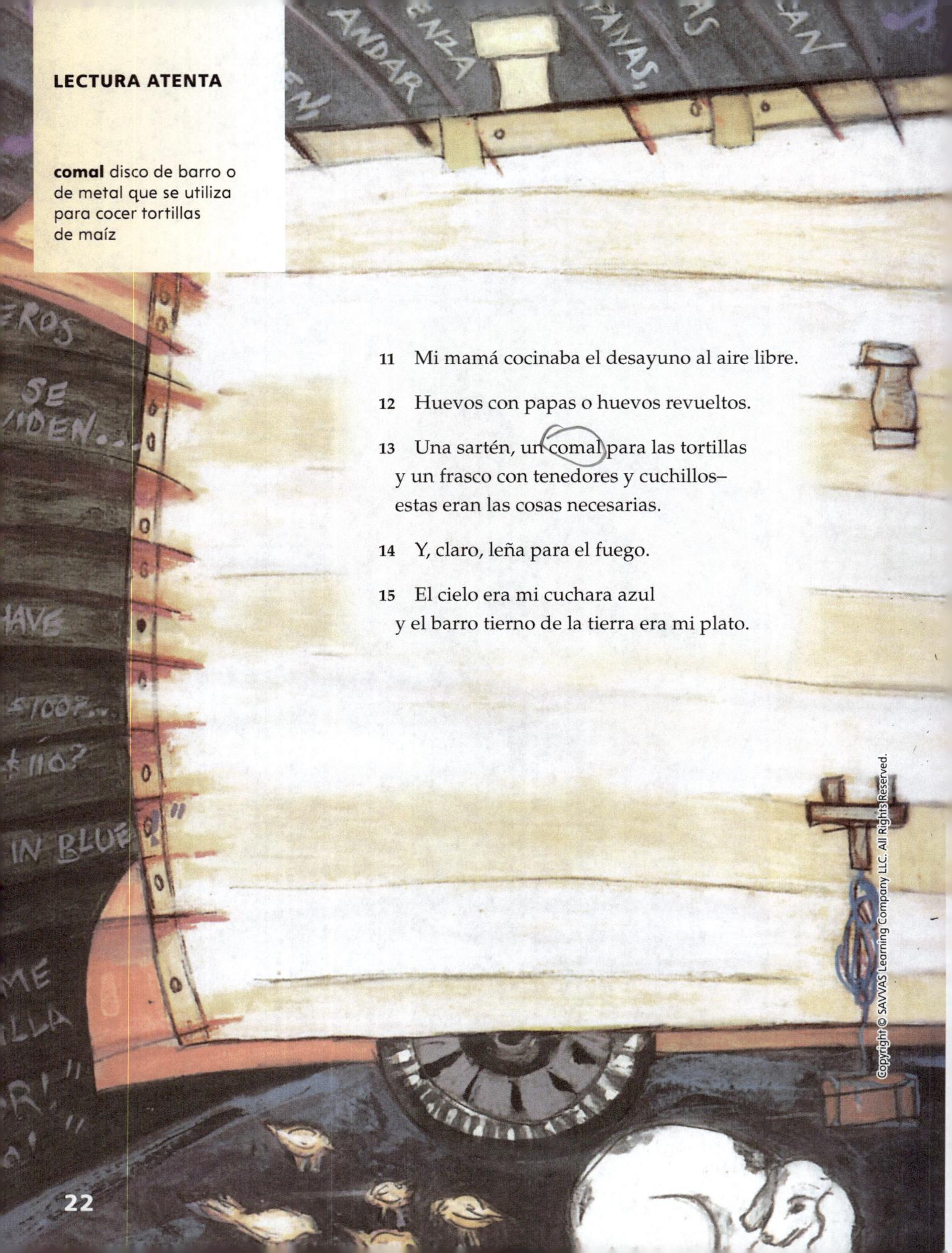

comal disco de barro o de metal que se utiliza para cocer tortillas de maíz

11 Mi mamá cocinaba el desayuno al aire libre.

12 Huevos con papas o huevos revueltos.

13 Una sartén, un comal para las tortillas
y un frasco con tenedores y cuchillos–
estas eran las cosas necesarias.

14 Y, claro, leña para el fuego.

15 El cielo era mi cuchara azul
y el barro tierno de la tierra era mi plato.

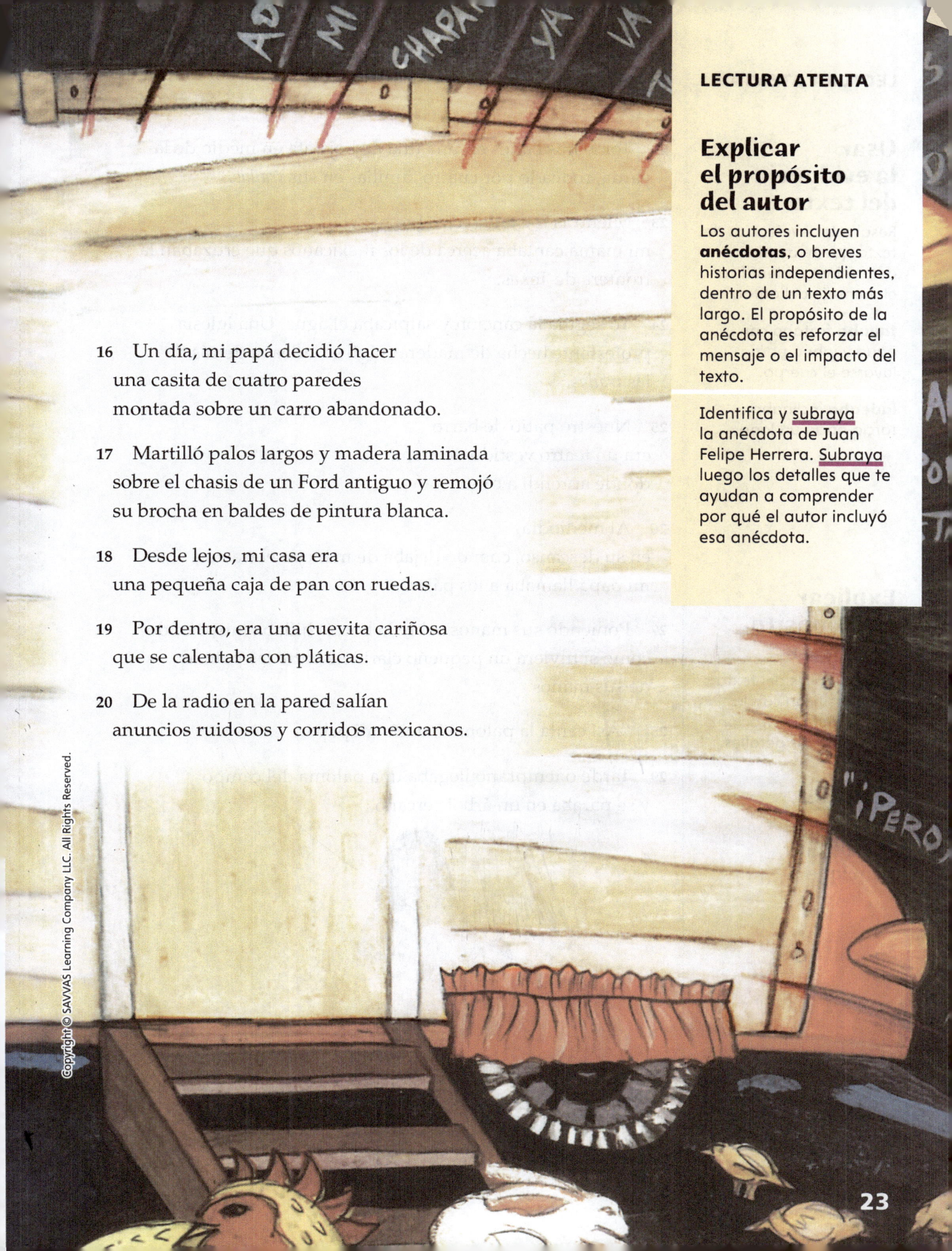

16 Un día, mi papá decidió hacer
una casita de cuatro paredes
montada sobre un carro abandonado.

17 Martilló palos largos y madera laminada
sobre el chasis de un Ford antiguo y remojó
su brocha en baldes de pintura blanca.

18 Desde lejos, mi casa era
una pequeña caja de pan con ruedas.

19 Por dentro, era una cuevita cariñosa
que se calentaba con pláticas.

20 De la radio en la pared salían
anuncios ruidosos y corridos mexicanos.

LECTURA ATENTA

Explicar el propósito del autor

Los autores incluyen **anécdotas**, o breves historias independientes, dentro de un texto más largo. El propósito de la anécdota es reforzar el mensaje o el impacto del texto.

Identifica y subraya la anécdota de Juan Felipe Herrera. Subraya luego los detalles que te ayudan a comprender por qué el autor incluyó esa anécdota.

LECTURA ATENTA

Usar la evidencia del texto

Resalta las evidencias del texto que te ayudan a determinar e identificar el mensaje del autor.

tallaba frotaba con agua y jabón para lavarse el cuerpo.

ladeaba inclinaba, torcía hacia un lado.

Explicar el propósito del autor

¿Qué detalles del texto se intensifican con la ayuda de la ilustración? Subraya esos detalles.

yarda patio

traila tráiler, remolque

21 Una vez, visitamos a unos amigos en Fowler por un par de meses.

22 Tomé mis baños en una tina de hojalata en medio de la yarda, rodeado por cuatro familias en sus *trailas*.

23 Mientras me tallaba los brazos,
mi mamá cantaba acerca de los mexicanos que cruzaban la frontera de Texas.

24 Yo seguía la canción y salpicaba el agua. Una iglesia protestante hecha de madera frágil se ladeaba detrás de las *trailas*.

25 Nuestro patio de barro
era un teatro vestido de arena
donde aprendí a cantar.

26 Al mediodía,
en su descanso, cuando dejaba de manejar el tractor,
mi papá llamaba a los pájaros.

27 Poniendo sus manos sobre la boca, chiflaba muy hondo como si tuviera un pequeño clarinete entre las palmas de sus manos.

28 "Así canta la paloma", decía mi papá.

29 Tarde o temprano llegaba una paloma del campo y se paraba en un árbol cercano.

24

LECTURA ATENTA

Explicar el propósito del autor

Subraya una o más oraciones que expliquen el motivo por el cual el autor decide hablar sobre su madre.

tortilla alimento hecho con harina de maíz, de forma circular

Subraya los hechos que te ayudan a comprender cómo fue la vida del papá de Juan Felipe Herrera.

30 De vez en cuando, mi madre nos sorprendía en la cena recitando poesía.

31 Mientras cenábamos un platillo de guisado y una tortilla dura de harina, se paraba de puntillas, con las manos levantadas, como si pidiera lluvia a las nubes.

32 De sus labios brotaban palabras melodiosas y por un momento el mundo entero dejaba de girar.

33 Después de la cena y después de que nuestras pocas gallinas viajeras corrían a sus estacas, mi padre tocaba su armónica y nos contaba cómo había salido de Chihuahua, México, y cómo había llegado a los Estados Unidos.

34 "Mi *amá* falleció mientras yo nacía y mi *apá* murió de cansancio en los campos", él nos decía. "Solo tenía catorce años cuando salté al tren para venirme a los Estados Unidos, al norte. Me habían dicho que podía montar caballos en Wyoming, pero, al llegar allí, hacía tanto frío que al escupir la saliva se hacía hielito al chocar con la tierra".

LECTURA ATENTA

Explicar el propósito del autor

Subraya los detalles que Juan Felipe Herrera utiliza para mostrar que su madre era curandera.

35 Mi mamá era curandera.

36 Cuando un gorrión chocaba contra nuestra casita cuadrada, mi mamá lo cogía con mucho cuidado y le sobaba la cabecita con alcohol y té de eucalipto.

37 A veces visitaba a los hijos enfermos de los vecinos.

38 "Para la calentura", me decía, "se necesitan plantillas, para los pies".

39 "Primero, en un plato hondo, se mezcla la manteca con *espauda*. Luego, se la untas a las piernas y los pies. Con cuidado, envuelves los pies en unos periódicos".

40 En la mañana, frescos y sorprendidos, los niños saltaban de sus camas en sus ruidosas botas de papel.

28

LECTURA ATENTA

Explicar el propósito del autor

Subraya los detalles que usa el autor para relatar el cambio de las estaciones. ¿Por qué eran importantes las estaciones en su vida?

41 El camino cambiaba con las estaciones.

42 Durante el invierno,
    mis padres podaban vides en Delano.

43 En la primavera, nos íbamos a Salinas
    para la pisca de melón, lechuga y bróculi.

44 Al comienzo del verano,
    regresábamos a Delano y Parlier
    para recortar racimos de uvas para que
    algunas crecieran más dulces.

45 Ya para el fin del verano,
    cuando las hojas tornaban de color,
    cruzábamos el valle piscando uvas.

46 Para que se secaran, las extendíamos
    en tiras de papel sobre la tierra.

47 Y con el tiempo, gracias al sol, los pequeños y
    luminosos planetas terminaban de alumbrar
    y se volvían oscuras pasas.

LECTURA ATENTA

Explicar el propósito del autor

En esta página, el autor narra distintos pagos que recibía su padre por sus trabajos.

<u>Subraya</u> los detalles específicos que te ayudan a visualizar los distintos pagos.

Explica cómo la estructura descriptiva contribuye al propósito del autor.

<u>Subraya</u> los detalles que te ayudan a comprender por qué Juan Felipe Herrera habla de los lobos.

bísquetes bollos hechos con harina de maíz

48 En los valles montañosos de Lake Wolfer, le pagaban a mi padre con sacos de camotes y baldes de peces de agua dulce en vez de dinero.

49 Él trabajaba para gente jubilada como el señor Kelly, el irlandés, que le pagaba con conejitos vivos y la señora Jameson, que le pagaba con charolas de *bísquetes* de maíz.

50 En vez de juguetes, mi papá traía a casa bolsas de aguacates.

51 Y guajolotes voladores.

52 Los guajolotes sacudían sus narices rojas, Desplegaban sus plumas grises y me correteaban.

53 Yo amaba la noche.

54 "¿Oyes a los lobos en las montañas?", me preguntaba mi mamá.

55 Los lobos eran los cantantes de las sierras. Me los imaginaba olfateando a la luna. Con sus prolongados aullidos y altas notas, parecía que lloraban en lo oscuro como niños perdidos.

56 Poniendo mis manos como jícaras sobre mi boca, yo me unía a los lobos.

LECTURA ATENTA

Explicar el propósito del autor

¿Qué idea importante se observa en la ilustración? <u>Subraya</u> una oración que narre la misma idea que muestra la ilustración.

<u>Subraya</u> una oración que te ayude a comprender por qué los padres deciden asentarse.

asentarnos establecerse en un lugar

---

57 Una fiesta en las montañas era un raro placer.

58 Los otros campesinos nos convidaban. Trabajaban en los jardines, como mi papá, o en las casas, como mi mamá.

59 Nos reuníamos bajo una carpa inflada como las del circo, arrecholados al lado de la montaña. Me acuerdo de las estufitas y su fuego, las guitarras, la armónica de mi papá y las tortillas dulces del tamaño de mi mano que sabían a anís.

60 Los hombres me subían en sus brazos y me ofrecían churros con canela y azúcar.

61 Era una ciudad de rostros morenos
creada por todos, con música y sonrisas.

62 "Ya es tiempo de asentarnos. Es hora de que Juanito vaya a la escuela", al fin le dijo mi mamá a mi papá.

63 Tenía ocho años y ya había recogido los paisajes
del valle cerca de mi corazón:
con su tractor, mi papá le daba vueltas a la tierra,
con sus canciones, mi mamá levantaba su cara al sol.

64 Nuestra casita rodante bajaba en espiral
de las montañas hacia las ciudades del Sur de California.

65 Cuando las ciudades estaban a la vista, yo sabía
que algún día iba a seguir mi propio camino.

66 Mi voz volaría como los poemas que recitaba mi madre,
como el canto de las palomas que me enseñó mi padre.

VOCABULARIO

Desarrollar el vocabulario

En la no ficción narrativa, los autores escogen palabras que describen de manera vívida los sucesos y a las personas. Estas palabras ayudan al lector a entender mejor los sucesos reales y a las personas reales.

Mi TURNO Lee las palabras de vocabulario. Luego, usa cada palabra nueva para escribir una oración que describa algo que Juan Felipe Herrera sintió o experimentó.

Palabra	Descripción de un suceso o sentimiento
divisaba	El divisaba a los campesinos que trabajaban.
comal	La mamá usaba comal para ser tortillas.
tallaba	La mamá tallaba al niño mientras le cantaba un cuento.
ladeaba	La iglesia ladeaba así a un lado.
tortilla	Estaban asiendo tortillas para comer.

COMPRENSIÓN — TALLER DE LECTURA

Verificar la comprensión

Mi TURNO Vuelve a mirar el texto para responder a las preguntas.

1. ¿Qué características y estructuras del texto te indican que se trata de una autobiografía? Nombra tres.

   El título.

2. ¿Qué evidencia del texto apoya la idea de que, aunque Juan Felipe Herrera y sus padres no tenían una casa grande y cómoda, igual eran felices?

   Por dentro la casita era muy cheba cariñosita.

3. En el texto, Juan Felipe Herrera habla de cómo era una fiesta en las montañas. ¿Por qué dice que era "un raro placer"?

   Porque estaban una fiesta en las montaños.

4. A pesar de no haber sido campesino como sus padres, de grande, Juan Felipe Herrera mostró cariño y admiración por la vida en el campo. ¿De qué manera lo hizo? ¿Qué oración del texto refleja que iba a ser así?

   tenia oho años y lla a vievistotos pasajes del valles er(ado mi corazon

35

LECTURA ATENTA

Explicar el propósito del autor

El **propósito del autor**, o la razón para escribir, puede ser informar, entretener, persuadir o expresar ideas y sentimientos. A menudo, los autores tienen más de un propósito para escribir. El propósito del autor determina el mensaje que el autor incluye en un texto.

1. **Mi TURNO** Vuelve a las notas de Lectura atenta de "El canto de las palomas". Subraya las partes que te ayudan a explicar el propósito principal y el mensaje del autor al escribir.

2. **Evidencia del texto** Usa las partes que subrayaste para completar la tabla y explicar el propósito del autor.

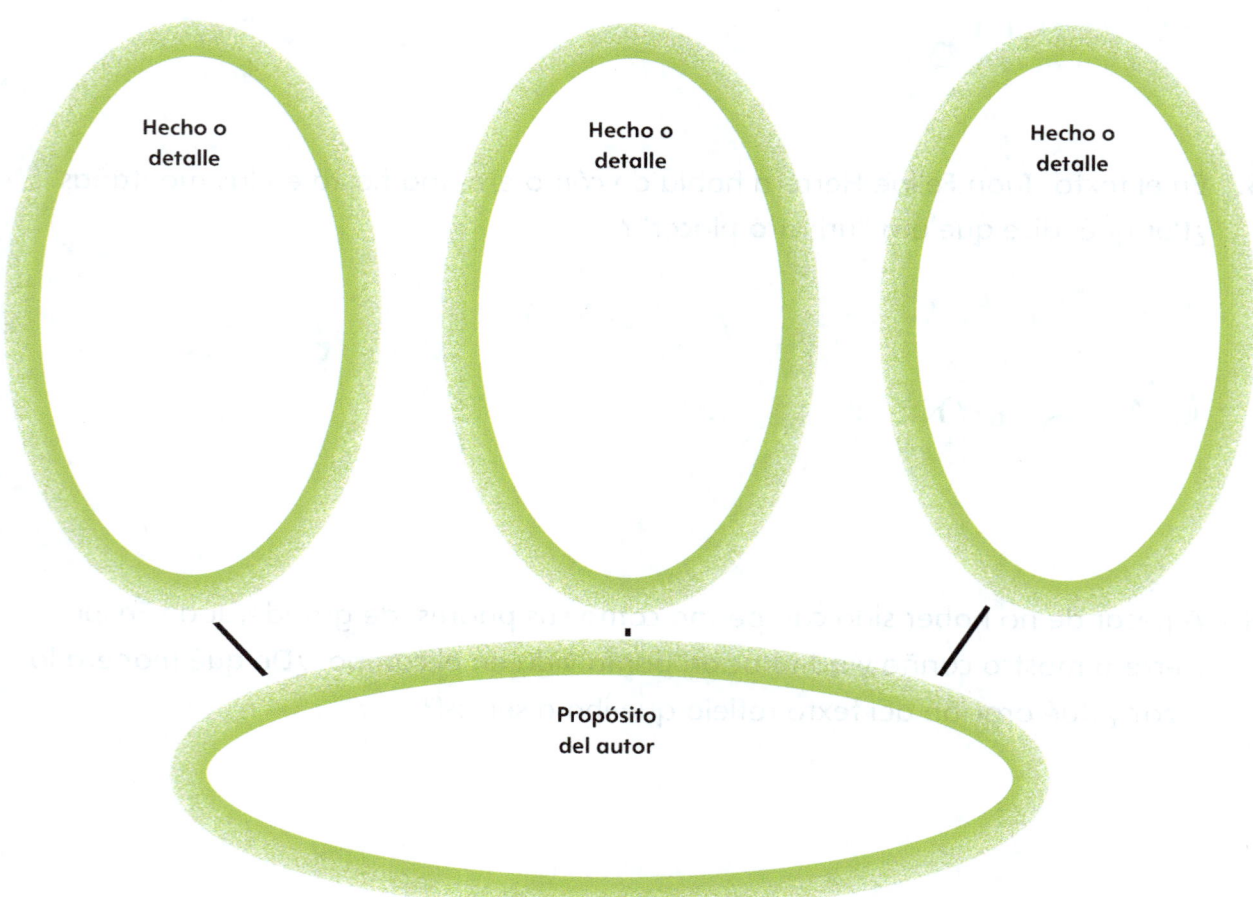

36

TALLER DE LECTURA

Usar la evidencia del texto

Después de identificar el propósito del autor, puedes usar las **evidencias del texto** para determinar el mensaje del autor o su idea sobre un tema. Las evidencias del texto pueden ser datos, detalles u otra información que el autor incluya en el texto.

1. **Mi TURNO** Vuelve a las notas de Lectura atenta y resalta las evidencias que se relacionan con el propósito y el mensaje del autor.

2. **Evidencia del texto** Conecta el texto que resaltaste con el propósito del autor. Luego, usa esa información para explicar el mensaje del autor.

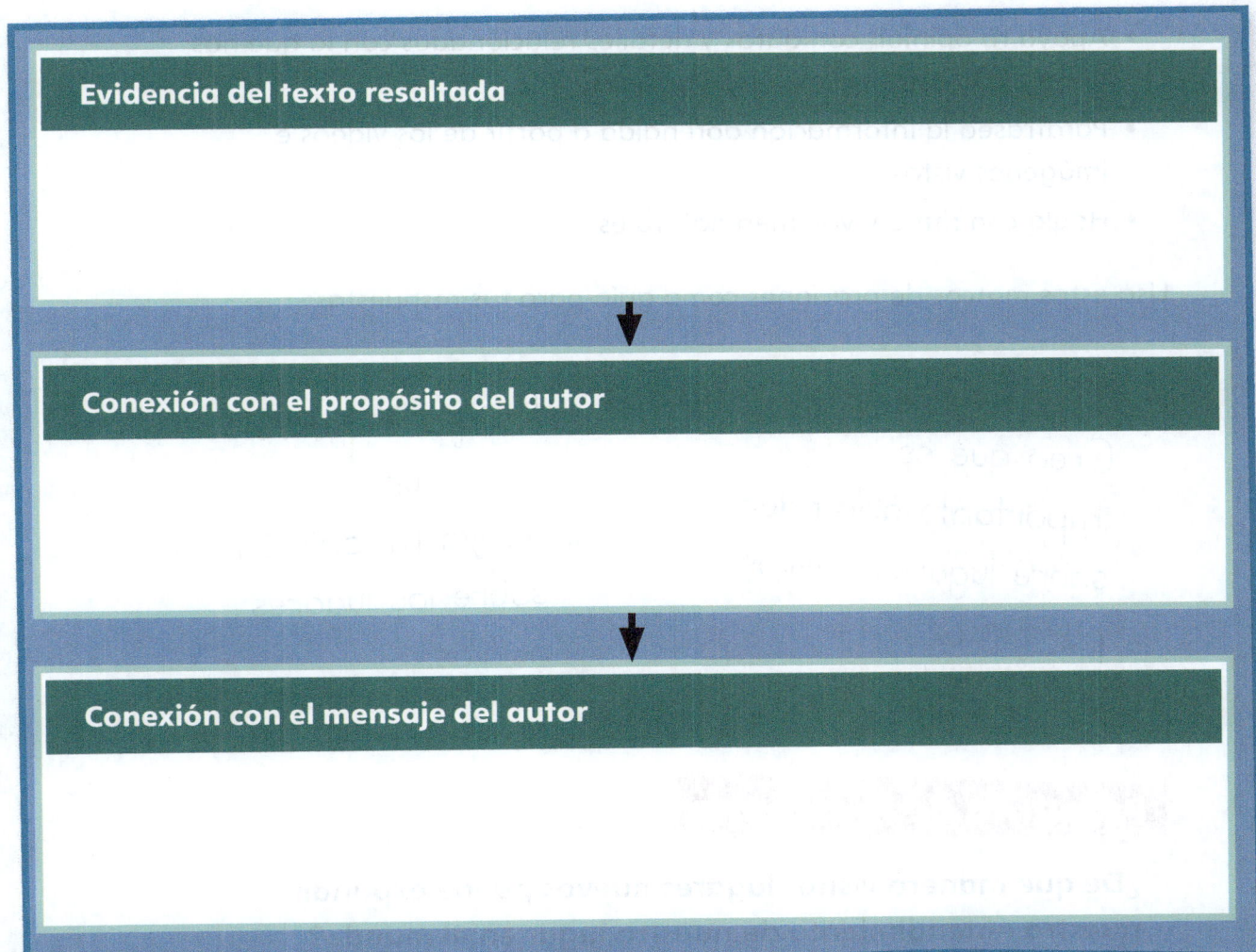

37

RESPONDER AL TEXTO

Reflexionar y comentar

En tus palabras Juan Felipe Herrera cuenta que él y su familia debían trasladarse a diferentes lugares según la estación del año, y debido al trabajo de sus padres. Ten en cuenta todos los textos que has leído esta semana. ¿Sobre qué lugares nuevos has leído? ¿Qué lugares nuevos has visitado por tu cuenta? Usa estas preguntas como ayuda para expresar una opinión acerca de la importancia de aprender sobre lugares nuevos.

Expresar una opinión Cuando des una opinión, expresa tus ideas de manera clara y apoya esas ideas con información precisa.

- Apoya tu opinión con datos y detalles relacionados con lo que has leído o con tus propias observaciones.
- Parafrasea la información aprendida a partir de los videos e imágenes vistos.
- Habla con ritmo y volumen naturales.

Usa estos marcos de oraciones como guía para tus respuestas:

Creo que es importante aprender sobre lugares nuevos porque...

Lo que leí sobre _____ en _____ apoya mi opinión sobre los lugares nuevos.

Pregunta de la semana

¿De qué manera visitar lugares nuevos puede expandir nuestro entendimiento de nuestro lugar en el mundo?

38

VOCABULARIO

Vocabulario académico

Las **palabras relacionadas** son palabras que comparten la raíz u otra parte de la palabra. Estas palabras pueden tener diferentes significados de acuerdo al uso que se les da, por ejemplo, *explorar*, *explorador* y exploración. Puedes aprender palabras nuevas a partir de las palabras relacionadas.

Meta de aprendizaje

Puedo usar el lenguaje para hacer conexiones entre la lectura y la escritura.

Mi TURNO En cada oración:

1. **Usa** recursos impresos o digitales, como un diccionario regular o un diccionario de sinónimos, para hallar palabras relacionadas.

2. **Añade** otra palabra relacionada en la casilla.

3. **Elige** la forma correcta de la palabra para completar la oración.

Palabra	Palabras relacionadas	Forma correcta de la palabra
contribuir	contribuye contribuyó _____	Ella _____ con dinero a su organización benéfica favorita este año.
expuesto	exponer exposición _____	Una explicación por escrito se llama _____.
hábito	habita habitar _____	Ejercitarse regularmente es un _____ positivo.
severo	severamente severidad _____	La _____ del temporal era tan seria que se aconsejó a las personas quedarse en casa.

39

ESTUDIO DE PALABRAS

Los sufijos -ado, -ido, -ando, -iendo, -yendo

Los sufijos **-ado** e **-ido** se agregan a la raíz de un verbo para formar el participio (*Me he cansado*), que también puede funcionar como adjetivo (*niño cansado*). Como adjetivo, debe concordar con el sustantivo: *niñas cansadas*. Conocer los sufijos ayuda a decodificar las palabras que se forman.

- El sufijo *-ado* se agrega a la raíz de los verbos terminados en *-ar* : hablado.
- El sufijo *-ido* se agrega a la raíz de los verbos terminados en *-er* o *-ir*: comido, vivido.

Los sufijos **-ando**, **-iendo** se agregan a la raíz de un verbo para formar un gerundio. Se suele usar en combinación con *estar* para indicar que la acción está en proceso: *Estoy hablando*.

- El sufijo *-ando* se agrega a la raíz de los verbos terminados en *-ar*: hablando.

- El sufijo *-iendo* se agrega a la raíz de los verbos terminados en *-er* o *-ir*: comiendo, viviendo.

- El sufijo *-yendo* se usa cuando la *i* de *-iendo* queda en medio de dos vocales. En esos casos, la *i* cambia por la *y*, lo que implica un cambio necesario tanto de pronunciación como de ortografía: *leyendo*. El gerundio del verbo ir es *yendo*.

Mi TURNO Agrega -ado o -ido a cada palabra y escribe un ejemplo con un adjetivo y otro con el participio pasado.

Verbo	Sufijo -ado/-ido	Adjetivo	Participio
pintar			
perder			

Decodifica las siguientes palabras con sufijos y completa las oraciones con la palabra correcta: **explicando, corriendo, durmiendo, huyendo**.

1. La maestra está _____ los sufijos.
2. El gato está _____ del perro.
3. Mi papá está _____ bajo el sol.
4. Los niños de 4° grado están _____ una carrera.

40

ANALIZAR LA TÉCNICA DEL AUTOR

PUENTE ENTRE LECTURA Y ESCRITURA

Leer como un escritor

Los autores a menudo usan **elementos gráficos**, como ilustraciones o fotografías, para mostrar sucesos o representar una idea importante. A través de las ilustraciones, los autores ayudan a los lectores a entender mejor los puntos clave de sus textos.

> **¡Demuéstralo!** Observa la ilustración que acompaña a los párrafos 19 y 20 de "El canto de las palomas."
>
> 1. **Identificar** Observa cómo de los costados del carro salen muchas palabras distintas.
> 2. **Preguntar** ¿De qué manera muestra esto lo que cuenta Felipe acerca de que su casa era una cuevita cariñosa que se calentaba con pláticas?
> 3. **Sacar conclusiones** La ilustración muestra palabras que seguramente se decían Felipe y sus padres. Hay muchas y parecen ser palabras cotidianas y de tono cariñoso. Eso ilustra que era un hogar donde había amor.

Mi TURNO Observa la ilustración que acompaña los párrafos 53 a 56 de "El canto de las palomas". Sigue los pasos para analizarlos.

1. **Identificar** La ilustración muestra _____ _____ .

2. **Preguntar** ¿De qué manera ayuda esta ilustración a comprender a Felipe?

3. **Sacar conclusiones** La ilustración muestra que Felipe _____

DESARROLLAR LA TÉCNICA DEL AUTOR

Escribir para un lector

Presta atención a cómo los autores usan elementos impresos y gráficos específicos, como el texto y las ilustraciones. Estos elementos ayudan a explicar o enfatizar ideas y sucesos importantes.

Usa imágenes e ilustraciones para apoyar las ideas importantes de tu texto.

Mi TURNO Piensa en cómo las ilustraciones de "El canto de las palomas" te ayudaron a entender mejor a Juan Felipe Herrera y los sucesos de su vida. Ahora piensa en cómo podrías usar elementos gráficos para mostrar algo sobre ti o sobre sucesos de tu vida.

1. Piensa en un trabajo que te gustaría hacer algún día. ¿Qué características de tu personalidad te ayudarían a hacer ese trabajo?

   _____
   _____

2. Haz un dibujo que muestre el trabajo que describiste o que muestre un suceso de tu vida que se relacione con ese trabajo. Agrega una leyenda o rótulos al dibujo para dar más información.

42

Escribir palabras con sufijos

Los verbos cambian la ortografía y la pronunciación cuando se les agregan los sufijos *-ado*, *-ido*, *-ando*, *-iendo* o *-yendo*. Si el verbo termina en *-ar*, agregas *-ado* a la raíz para formar el participio. Si termina en *-er* o *-ir*, agregas *-ido* a la raíz para formar el participio. Se escribe *-ído*, con tilde, cuando antes de la *i* hay una vocal fuerte (*a, e, o*) y la acentuación cae en la *í*: reído. Con los sufijos *-ando*, *-iendo* formas el gerundio, que describe una acción que aún está en desarrollo. Si el verbo termina en *-ar*, agregas *-ando* a la raíz. Si el verbo termina en *-er* o *-ir*, se agrega *-iendo*. Si la *i* de *-iendo* queda en medio de dos vocales, cambia por *y*, *-yendo*.

Mi TURNO Clasifica las palabras debajo del sufijo correcto.

PALABRAS DE ORTOGRAFÍA

actuando	oído	traído	peinado
sonreído	peinando	probando	sabido
leyendo	enviado	royendo	enviando
probado	comiendo	leído	roído
oyendo	actuado	sabiendo	sonriendo

-ado

-ido

-ído

-ando

-iendo

-yendo

43

LENGUAJE Y NORMAS

El sujeto y el predicado

Una oración tiene dos partes: el **sujeto** y el **predicado**. El **sujeto** cuenta sobre quién o qué trata la oración. El **predicado** describe la acción o el estado del sujeto. Un **sujeto completo** incluye un sustantivo y modificadores que lo describen. Un **predicado completo** incluye una acción o un estado del sujeto y otros modificadores que describen esa acción o estado.

Mi TURNO Identifica el sujeto completo y el predicado completo en estas oraciones. Subraya el sujeto completo una vez y el predicado completo dos veces.

1. Mi mamá cocinaba el desayuno al aire libre.
2. Mi casa era una pequeña caja de pan con ruedas.
3. Mi papá trabajaba para gente jubilada.

Mi TURNO Corrige este borrador agregando sujetos y predicados completos para aclarar el significado del párrafo.

Los padres de Juan Felipe Herrera eran. Los tres viajaban a diferentes lugares de California para recoger distintos alimentos, según la estación del año. Recibía como pago por su trabajo sacos de camotes, baldes de peces, conejitos vivos y bolsas de aguacates, entre otras cosas. Cuando Juan tenía ocho años. Era hora de que Juanito fuera a la escuela.

44

NARRACIÓN PERSONAL | TALLER DE ESCRITURA

La narración personal

Una **narración personal** es una historia verdadera sobre una experiencia real en la vida del escritor. Al igual que muchos cuentos de ficción, una narración personal trata sobre personas. Tiene un ambiente y una secuencia de sucesos bien desarrollada. A diferencia de los cuentos de ficción, una narración personal trata sobre personas y sucesos reales, e incluye lo que el escritor piensa y siente acerca de su experiencia.

Mi TURNO Piensa en un libro que hayas leído para responder a las siguientes preguntas.

Meta de aprendizaje

Puedo usar los elementos de la no ficción narrativa para escribir una narración personal.

El **narrador** relata el cuento. ¿Quién es el **narrador**? ¿Quiénes son las otras personas o animales importantes del cuento?

El **ambiente** es el momento y el lugar. ¿Dónde y cuándo ocurre la experiencia del narrador?

La **secuencia de sucesos**, o de acontecimientos, es lo que ocurre. Enumera, en orden, de tres a cinco sucesos importantes.

NARRACIÓN PERSONAL

Conocer al narrador

Una narración se cuenta desde la perspectiva del **narrador**. Los autores desarrollan la **voz** del narrador a través de la selección de palabras, y cuando deciden qué información van a incluir en el texto y qué información van a dejar afuera.

Mi TURNO Escoge un libro que hayas leído. Luego completa las casillas.

¿Cómo suena el narrador? Describe la voz del narrador tal como describirías cómo habla un amigo tuyo.

Usa evidencia del texto para apoyar tu descripción de la voz del narrador.

Pregúntate por qué el narrador escogió contar esta experiencia en particular.

46

TALLER DE ESCRITURA

Conocer el ambiente y los sucesos

La **secuencia de sucesos** en una narración personal está formada por experiencias reales. Los escritores desarrollan la narración a partir de un problema o un conflicto que existe en un **ambiente** determinado. La secuencia de sucesos incluye un comienzo, un punto de inflexión y un final. El **punto de inflexión** ocurre cuando una decisión o una acción ocasionan un cambio.

Mi TURNO Trabaja con un compañero. Lee un texto de la biblioteca del salón de clases. Identifica elementos de la narración personal.

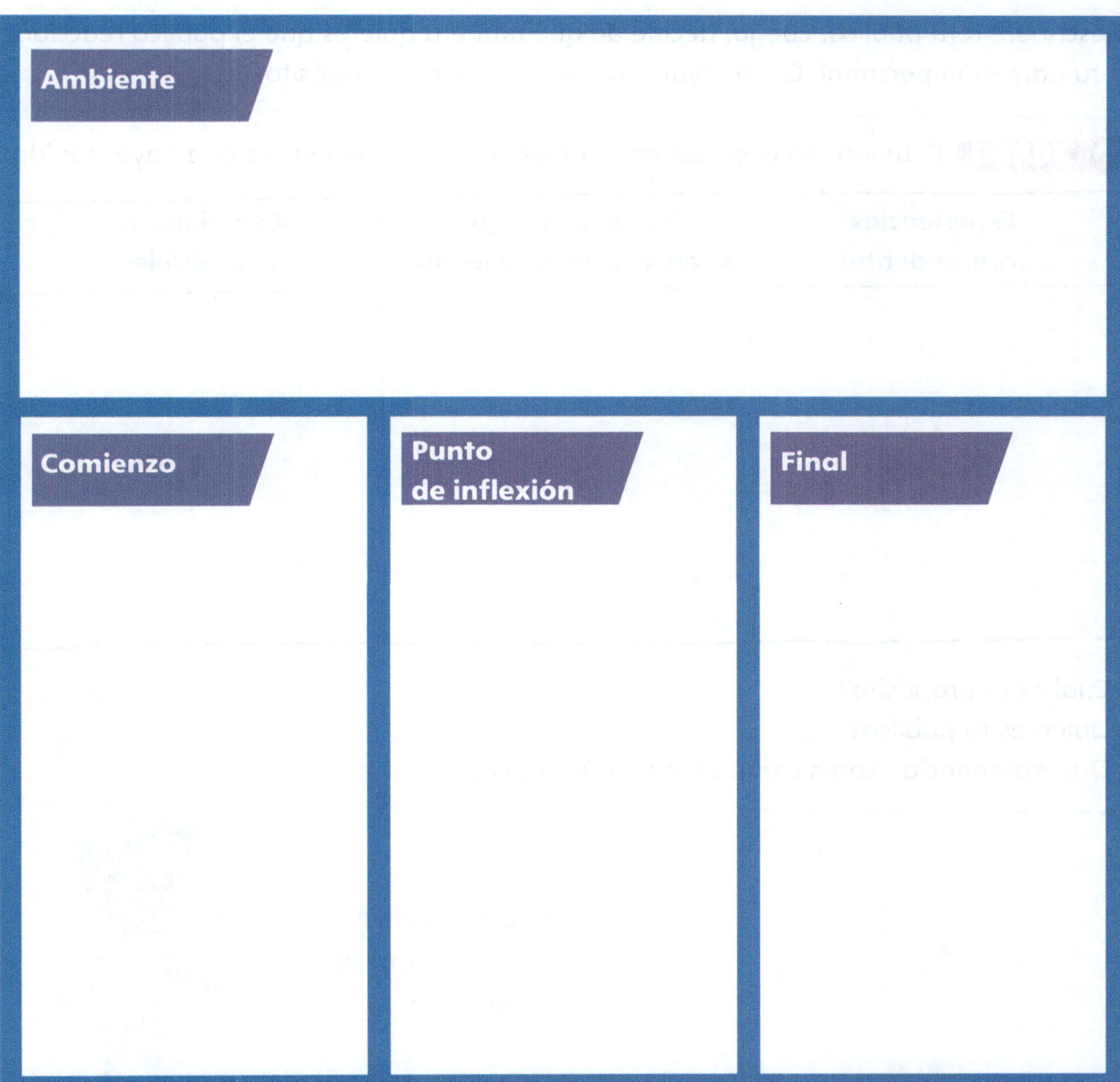

NARRACIÓN PERSONAL

Hacer una lluvia de ideas y establecer un propósito

Antes de escribir, los autores recopilan ideas, o **hacen una lluvia de ideas**.

Tu narración personal tendrá un tema, un propósito y un público. El **tema** es la experiencia sobre la que escribes. Para determinar tu **propósito**, piensa por qué escribes tu narración. ¿Quieres entretener a los lectores, explicarles algo o hacer que estén de acuerdo contigo? Para decidir tu propósito, piensa en tus lectores, o tu **público**.

Descríbete a tu público. Luego, decide de qué manera quieres que el público reaccione a tu narración personal. Eso te ayudará a determinar tu propósito.

Mi TURNO Enumera en cada columna al menos tres experiencias que hayas tenido.

Experiencias sorprendentes	Experiencias que te enseñaron una lección	Experiencias inolvidables

¿Cuál es tu propósito? _____
¿Quién es tu público? _____
¿Qué experiencia usarás como tu tema? Resáltala.

Escribe sobre una experiencia significativa.

48

TALLER DE ESCRITURA

Planificar tu narración personal

Contar tu historia en voz alta puede ayudarte a planificar el comienzo, el punto de inflexión y el final de tu narración personal. También puede ayudarte a identificar temas más amplios, o lecciones importantes, para enfocarte en tu escritura.

Mi TURNO Basándote en tu tema, completa los círculos.

Comienzo

Punto de inflexión

Final

Usa los círculos para contar tu experiencia al Club de escritura. Responde a los comentarios o preguntas de los miembros del grupo. Decide si necesitas cambiar de plan según la reacción del club.

49

PRESENTACIÓN DE LA SEMANA: INFOGRAFÍA

🔘 INTERACTIVIDAD

DÓNDE vivimos

REGIÓN
La región en la que vives es un área que tiene características físicas y humanas en común. ¿En qué región vives? ¿En qué se diferencia tu región de otras regiones?

CADA PERSONA ES PARTE DE UNA RED
Incluye los lugares a los que vas y la manera en que interactúas con esos lugares.

INTERACCIÓN ENTRE LAS PERSONAS Y EL MEDIOAMBIENTE
Los seres vivos y los seres no vivos que te rodean son parte de tu medioambiente. ¿Qué seres vivos y objetos inanimados son parte de tu medioambiente?

Pregunta de la semana

¿De qué maneras puede el medioambiente enriquecer nuestras vidas?

Escritura rápida Piensa en un lugar importante de tu red. ¿De qué manera ese lugar tiene una conexión personal con tu vida?

INTERACCIÓN ENTRE LAS PERSONAS Y LA COMUNIDAD

Una comunidad es un grupo de personas que viven en la misma área. ¿Qué lugares y personas hay en tu comunidad?

GÉNERO: NO FICCIÓN NARRATIVA

Meta de aprendizaje

Puedo aprender más sobre la no ficción narrativa analizando cómo un autor apoya las ideas con detalles en una biografía.

Enfoque en el género

La biografía

La **no ficción narrativa** es un texto informativo que narra una historia sobre personas y sucesos reales. Dos tipos de no ficción narrativa son la autobiografía y la biografía. Una **autobiografía** es una historia verdadera sobre la propia vida del autor. Una **biografía** es una historia verdadera que un autor cuenta sobre la vida de otra persona.

Las **biografías** pueden informar y entretener al contar detalles interesantes sobre personas importantes.

INTERCAMBIAR ideas Con un compañero, describe un texto que hayas leído sobre una figura histórica o importante. Usa el Cartel de referencia para indicar cómo sabes si el texto que leíste es una biografía. Toma apuntes de tu conversación.

Mis APUNTES

En una biografía, lees una historia verdadera sobre la vida de una persona real.

52

TALLER DE LECTURA

CARTEL DE REFERENCIA: BIOGRAFÍA

PROPÓSITO: INFORMAR, ENTRETENER

UNA BIOGRAFÍA

★ está escrita desde el punto de vista de la tercera persona.

★ está organizada en orden cronológico u orden temporal.

★ Contiene hechos y detalles importantes sobre la vida de la persona, como información sobre su nacimiento, su familia, sus logros, desafíos o luchas.

★ está escrita con LENGUAJE DESCRIPTIVO que ayuda al lector a imaginar cómo era realmente la vida de la persona y POR QUÉ LA PERSONA ES ESPECIAL O IMPORTANTE.

Conoce al autor

Don Brown siempre ha sido un aficionado de la historia, además de un ilustrador talentoso. A medida que sus dos hijas crecían, le costaba encontrar libros inspiradores sobre mujeres importantes de la historia. Eso lo motivó a combinar su amor por la historia y sus destrezas de ilustración y crear sus propios libros.

Extraño tesoro

Primer vistazo al vocabulario

A medida que lees "Extraño tesoro", presta atención a estas palabras de vocabulario. Fíjate cómo comunican detalles importantes del texto.

> pobreza   persistió
> engañosos   notable   reunido

Lectura

Antes de leer, establece un propósito de lectura. Los lectores activos de **no ficción narrativa** siguen estas estrategias cuando leen un texto por primera vez.

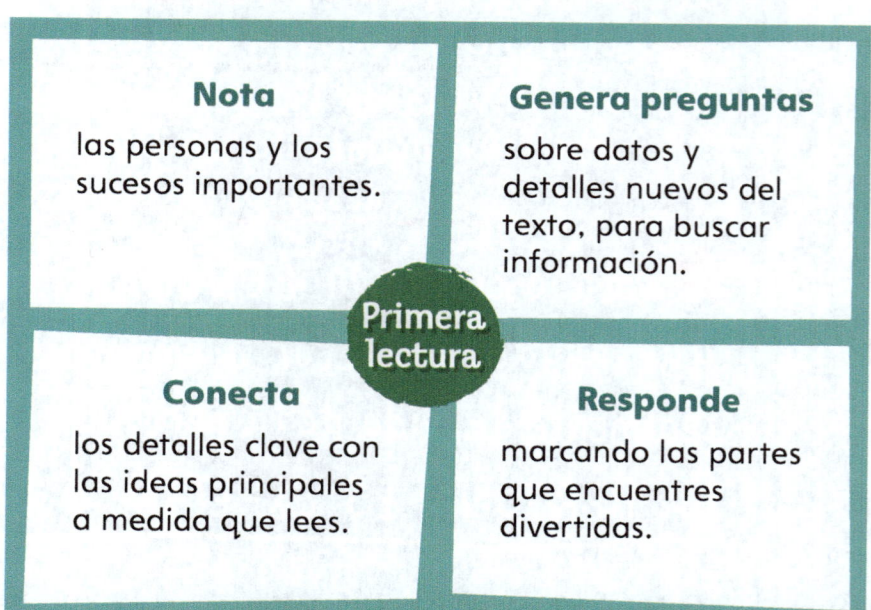

Nota las personas y los sucesos importantes.

Genera preguntas sobre datos y detalles nuevos del texto, para buscar información.

Conecta los detalles clave con las ideas principales a medida que lees.

Responde marcando las partes que encuentres divertidas.

Primera lectura

54

Extraño tesoro

LOS EXTRAORDINARIOS DESCUBRIMIENTOS DE MARY ANNING

POR DON BROWN

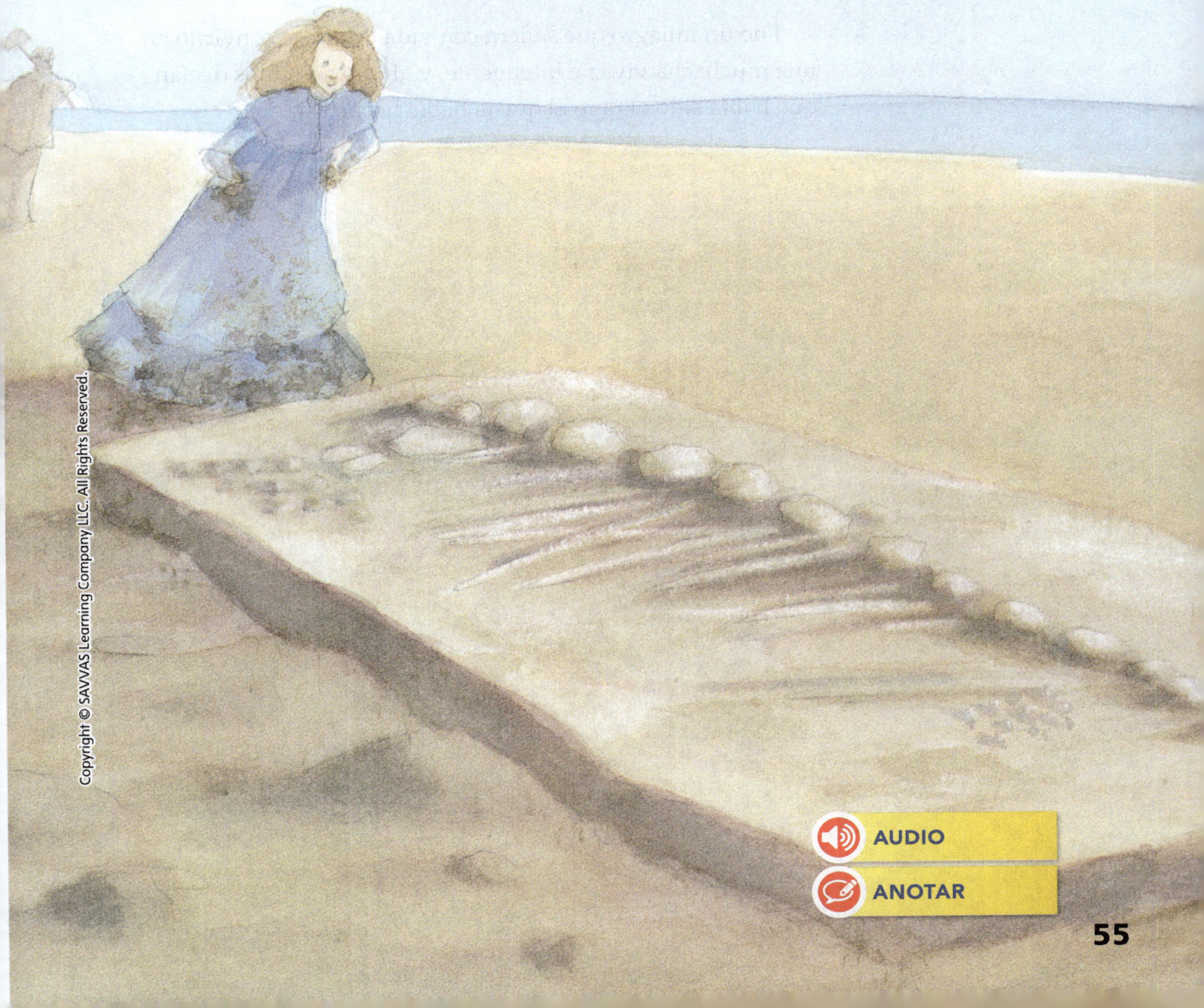

LECTURA ATENTA

Analizar la idea principal y los detalles

Subraya la evidencia que te ayuda a identificar una idea principal, o central, del texto.

1   Mary Anning nació en 1799, en Lyme Regis, un pequeño puerto inglés enclavado entre los acantilados y la costa.

2   Mary era humilde y su vida era dura… dura como una roca. Pero Mary también era curiosa e inteligente y su espíritu brillaba… brillaba como una gema.

3   La vida de Mary empezó con un estruendo, más precisamente, con el estruendo de un trueno. Un día, cuando era niña, Mary paseaba al aire libre junto con su niñera cuando se desató una tormenta súbita y atroz. La niñera tomó a Mary y corrió a refugiarse bajo un olmo junto con otras dos jóvenes. El cielo estalló ¡y un rayo golpeó el árbol!

4   Mary fue la única sobreviviente.

5   Fue un milagro que saliera con vida. Mary se convirtió en una muchacha vivaz e inteligente, y algunos vecinos decían que había sido el rayo el que la había hecho así.

6   Mary y su hermano mayor, Joseph, eran apenas niños cuando empezaron a visitar las playas del lugar junto con su padre. Richard Anning les enseñó a buscar fósiles.

7   Los fósiles eran extraños y misteriosos. Si bien ya se habían hallado fósiles antes, los científicos empezaban a entender que se trataba de restos de animales o de plantas que ya no existían, seres vivos que habían muerto hacía mucho tiempo.

8   Por lo general, los restos de plantas y animales se descomponen o sirven de alimento para otros animales, pero en ocasiones quedan cubiertos por la tierra o el barro. De estos últimos, muy pocos permanecen intactos durante millones de años. Mientras están enterrados, las partes blandas, como la carne, se descomponen y dejan huesos, caparazones o huellas impresas en el suelo. Los minerales se filtran dentro de los restos y se fosilizan. Esos fósiles quedan ocultos bajo el suelo hasta que se los descubre en una excavación, son empujados a la superficie por un terremoto o la erupción de un volcán, o bien quedan al descubierto cuando el viento o el agua erosionan el suelo.

LECTURA ATENTA

Hacer preguntas

Resalta palabras y frases que te ayuden a hacer o responder preguntas sobre la idea central del texto.

LECTURA ATENTA

Hacer preguntas

Recuerda una de las ideas centrales que identificaste en el texto. Resalta oraciones que te ayuden a hacer o responder preguntas sobre esa idea.

pobreza el estado de ser extremadamente pobre

9   La familia Anning instaló una mesa frente a la tienda de Richard, en la calle Bridge Street, para exhibir los desconcertantes pero encantadores fósiles que encontraban. Los turistas adinerados que visitaban el popular balneario de Lyme Regis los compraban como recuerdos.

10   Los Anning pasaban dificultades económicas y se mantenían gracias a los ingresos de Richard como carpintero y al dinero extra que ganaban vendiendo los fósiles. Entonces, el padre de Mary falleció y la familia cayó en la pobreza.

11   Mary y Joseph siguieron recolectando y vendiendo los fósiles que encontraban en la franja rugosa de la costa que separaba los acantilados del mar.

12   Un día, Joseph encontró un increíble cráneo fosilizado. Tenía casi la longitud del brazo de un hombre y un hocico largo que revelaba muchos dientes afilados.

13   ¿Era un cocodrilo? ¿Un dragón? ¿Un monstruo? ¿Qué aspecto tendría el resto de la criatura?

14   Transcurrió un año antes de que Mary hallara la respuesta.

15   En 1811, Mary encontró un esqueleto fosilizado bajo un acantilado llamado Black Ven, el mismo lugar donde Joseph había hallado el cráneo. Tenía el aspecto de una marsopa y medía cerca de siete pies de largo.

16   Algunos hombres la ayudaron a desenterrar el esqueleto. Mary se lo vendió a un vecino rico, que, a su vez, se lo enseñó a unos científicos. Los científicos quedaron extasiados con ese extraño tesoro, un fósil de un reptil que alguna vez habitó el mar. Los científicos lo llamaron ictiosaurio, que significa "pez lagarto". Se habían encontrado muy pocos fósiles de ictiosaurios, ninguno tan perfectamente conservado como este.

17   Casi todos olvidaron que Mary Anning, de doce años, y su hermano adolescente, habían sido los responsables del hallazgo.

LECTURA ATENTA

Analizar la idea principal y los detalles

Subraya detalles clave que ayuden a desarrollar la idea central del texto.

LECTURA ATENTA

Analizar la idea principal y los detalles

Subraya evidencia que apoye la idea central del texto.

persistió trabajó sin parar para obtener o lograr algo

18   Mary siguió recolectando fósiles y ganándose la vida por medio de trabajos menores que hacía para sus vecinos. Uno de ellos, la señora Stock, le regaló un libro de geología. Con este libro, Mary aprendió sobre las rocas, las montañas y el suelo. También leyó otros libros y aprendió acerca de los animales, los peces y los fósiles.

19   Pasó el tiempo. Cuando Mary tenía veinte años, ella, su madre y su hermano aún vivían juntos. Siguieron siendo muy humildes, al punto de tener que vender sus muebles para pagar la renta.

20   Joseph se hizo tapicero y Mary recolectaba fósiles por su cuenta. Dedicó su vida a ese trabajo.

21   Debe de haberle resultado muy placentero, porque persistió pese a los peligros de la costa rocosa. Bloques de rocas caían desde los acantilados, torrentes de barro denso se deslizaban desde las alturas, el mar abierto que aporreaba la costa y el oleaje podían arrasar con el visitante distraído. Sin embargo, en la playa había muchos fósiles. A medida que los acantilados se desmoronaban, surgían nuevos especímenes. Muchos eran más pequeños que un pulgar. Otros tenían muchas yardas de longitud y estaban incrustados en rocas pesadas y duras. Había que llamar obreros para sacar las rocas de la tierra y luego se necesitaban caballos para acarrearlas.

22   Mary vendía sus tesoros en una tienda pequeña y abarrotada de Broad Street. Allí terminaba de quitarles el polvo, la arena y la roca. Mary trabajaba con esmero, a veces durante días, para evitar dañar los fósiles. A veces pegaba los fósiles a un marco para sostenerlos. También hacía dibujos de los fósiles y estudiaba sus libros de ciencias.

LECTURA ATENTA

Hacer preguntas

Resalta detalles que te ayuden a hacer o responder preguntas sobre la idea central del texto.

LECTURA ATENTA

Hacer preguntas

<mark>Resalta</mark> evidencia que demuestre la importancia de hacer preguntas sobre la idea central del texto y de encontrar las respuestas.

23   En 1823, Mary descubrió el primer fósil completo de un plesiosaurio, otro reptil marino. Se trataba de una asombrosa criatura de nueve pies de longitud, de largo cuello con forma de serpiente, cabeza de lagarto, dientes de cocodrilo, costillas de camaleón y aletas de ballena.

24   El descubrimiento fascinó a los científicos. Al igual que el anterior descubrimiento de Mary, el ictiosaurio fosilizado, se trataba de una pista poco común para resolver el enigma de la vida en un pasado lejano. ¿Qué criatura se había convertido en esta mezcla de huesos atrapados en la roca? ¿Cómo se desplazaba? ¿De qué se alimentaba? ¿En qué se parecía a las criaturas modernas? La respuesta a estas preguntas contribuyó a develar el mundo antiguo en el que vivió el plesiosaurio.

25   La fama de Mary Anning creció a medida que el mundo se enteró de que era una extraordinaria coleccionista de fósiles y una científica talentosa. Las personas solían acompañarla en sus expediciones. Juntos, caminaban lentamente sobre las rocas escarpadas, se internaban en el agua hasta las rodillas y escalaban los acantilados para evitar las rompientes.

26   Cierta vez, Mary debió rescatar de las aguas turbulentas a una adolescente llamada Anna Maria Pinney. Pinney dijo que Mary la cargó con facilidad, "como si cargara a un bebé".

27   William Buckland, un famoso geólogo, trasladó a su familia a Lyme Regis para conocer a Mary y buscar fósiles. Mary acompañó a Buckland y a sus hijos en distintas expediciones. Richard Owens, el científico que inventó la palabra *dinosaurio*, también recorrió minuciosamente la playa junto con Mary.

LECTURA ATENTA

Analizar la idea principal y los detalles

Subraya evidencia que apoye una idea central acerca de la vida de Mary Anning.

LECTURA ATENTA

Vocabulario en contexto

Las **claves del contexto** pueden ayudarte a detectar cuál de todos los sentidos posibles de una palabra de varios sentidos se está usando en ese momento. Usa claves del contexto para determinar el significado de *aguda* en este caso.

Subraya las claves del contexto que apoyan tu definición.

engañosos inseguros debido a peligros ocultos

28   Día tras día, Mary examinaba las sombras de los engañosos acantilados; a veces, caminaba hasta diez millas en un solo día. Su aguda visión le permitía descubrir fósiles allí donde otros no veían nada. El perro de Mary trotaba fielmente a su lado. Se decía que el perro custodiaba sus descubrimientos mientras Mary iba en busca de sus herramientas o de ayuda.

29   En el transcurso de una expedición, se desmoronó una parte de un acantilado. Rocas muy pesadas se estrellaron junto a Mary, y por poco la aplastan.

30   En otra ocasión, Mary encontró un fósil muy grande. Ella y su asistente trabajaron mucho para recuperarlo. Como estaban tan concentrados en la tarea, no se dieron cuenta de que la marea subía cada vez más a la playa. Las olas no tardaron en empaparlos, pero lograron salvar el tesoro. Más tarde, Mary le preguntó a su asistente por qué no le había advertido sobre la marea creciente. "Me avergonzaba decir que tenía miedo cuando usted ni siquiera lo había notado", respondió.

64

31   En 1828, Mary descubrió un fósil muy extraño de pterodáctilo, un reptil volador con cuerpo de lagarto y hocico de cocodrilo. El pterodáctilo de Mary fue exhibido en el Museo de Historia Natural de Londres, donde aún permanece.

32   Mary intentó encontrar el sentido de sus descubrimientos. Leyó libros de ciencias y estudió su propia colección. Comentó sus ideas con los científicos más distinguidos, que valoraron las opiniones de una joven notable que había abandonado la escuela a los once años.

33   Se decía: "Nadie sabe tanto de esa ciencia como ella".

LECTURA ATENTA

notable extraordinario o sobresaliente

LECTURA ATENTA

Analizar la idea principal y los detalles

Subraya detalles que apoyen una idea sobre la singularidad de los fósiles de Mary Anning.

reunido puesto junto

34   Hacia 1836, Mary había hallado los fósiles de tres ictiosaurios, dos plesiosaurios, un pterodáctilo, un raro pez con aspecto de tiburón llamado Squaloraja, y una incalculable cantidad de fósiles pequeños o incompletos.

35   Para entonces, la tienda de fósiles de Mary en Broad Street estaba atestada de clientes.

36   Un visitante quiso registrar el nombre de la mujer que había reunido una colección tan maravillosa. Con mano firme, Mary escribió su nombre en la libreta del hombre.

37 "Me conocen en toda Europa", afirmó con orgullo.

38 Mary Anning vivió desde 1799 hasta 1847, pero su espíritu habitaba un tiempo antiguo, cuando los monstruos y dragones que ahora conocemos como dinosaurios vagaban por la Tierra. Nunca tuvo mucho dinero, pero la riqueza de su espíritu era enorme. No fue una persona instruida, pero los académicos valoraban sus opiniones. Rara vez se alejó de su hogar, pero su nombre se hizo popular en todas partes. Mary Anning extrajo fósiles del suelo, pero su verdadero aporte fue todo el conocimiento que sacó a la luz.

LECTURA ATENTA

Hacer preguntas

Resalta evidencia del texto que puedas usar para hacer preguntas acerca de cómo influyó el trabajo de Mary Anning en otras personas.

VOCABULARIO

Desarrollar el vocabulario

En una biografía, el lenguaje que usan los autores ayuda a los lectores a entender los sucesos y detalles importantes de la vida de una persona. Los autores pueden escoger palabras con significados parecidos para que sus textos contengan variedad.

Mi TURNO Completa el organizador gráfico. Para cada palabra de vocabulario escribe tres palabras más que tengan significados relacionados. Puedes usar el texto de *Extraño tesoro* o diccionarios impresos o en línea como ayuda para leer con precisión las palabras desconocidas de sílabas múltiples y resolver el ejercicio.

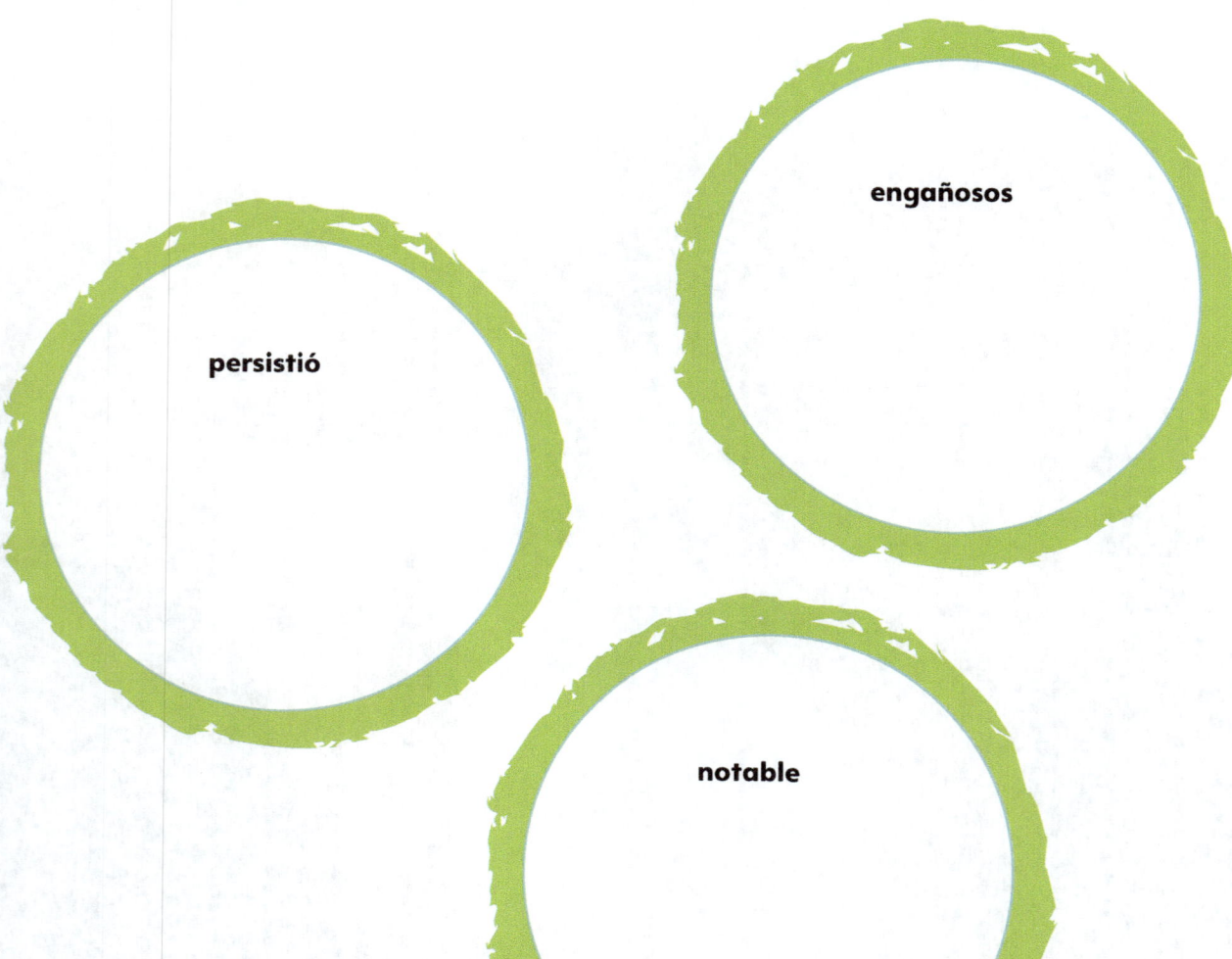

COMPRENSIÓN
TALLER DE LECTURA

Verificar la comprensión

Mi TURNO Vuelve a mirar el texto para responder a las preguntas.

1. Nombra tres detalles del texto que te ayudan a reconocerlo como una biografía.

2. ¿Qué conclusiones puedes sacar respecto de que Don Brown repite la misma estructura en las oraciones del último párrafo?

3. Cita evidencia del texto que apoye la idea de que recolectar fósiles era un trabajo peligroso.

4. Basado en el título y en los sucesos del texto, ¿qué conexiones puedes sacar sobre la vida de Mary?

69

LECTURA ATENTA

Analizar la idea principal y los detalles

Para desarrollar un tema, los autores exploran muchas ideas en un texto, pero la idea más importante sobre un tema se llama **idea principal**. Los autores desarrollan esta idea incluyendo **detalles** o elementos que apoyan la evidencia.

1. **Mi TURNO** Vuelve a las notas de Lectura atenta de "Extraño tesoro" y subraya detalles importantes en el texto.

2. **Evidencia del texto** Usa tu evidencia para escribir detalles en la tabla. Luego determina la idea central de "Extraño tesoro".

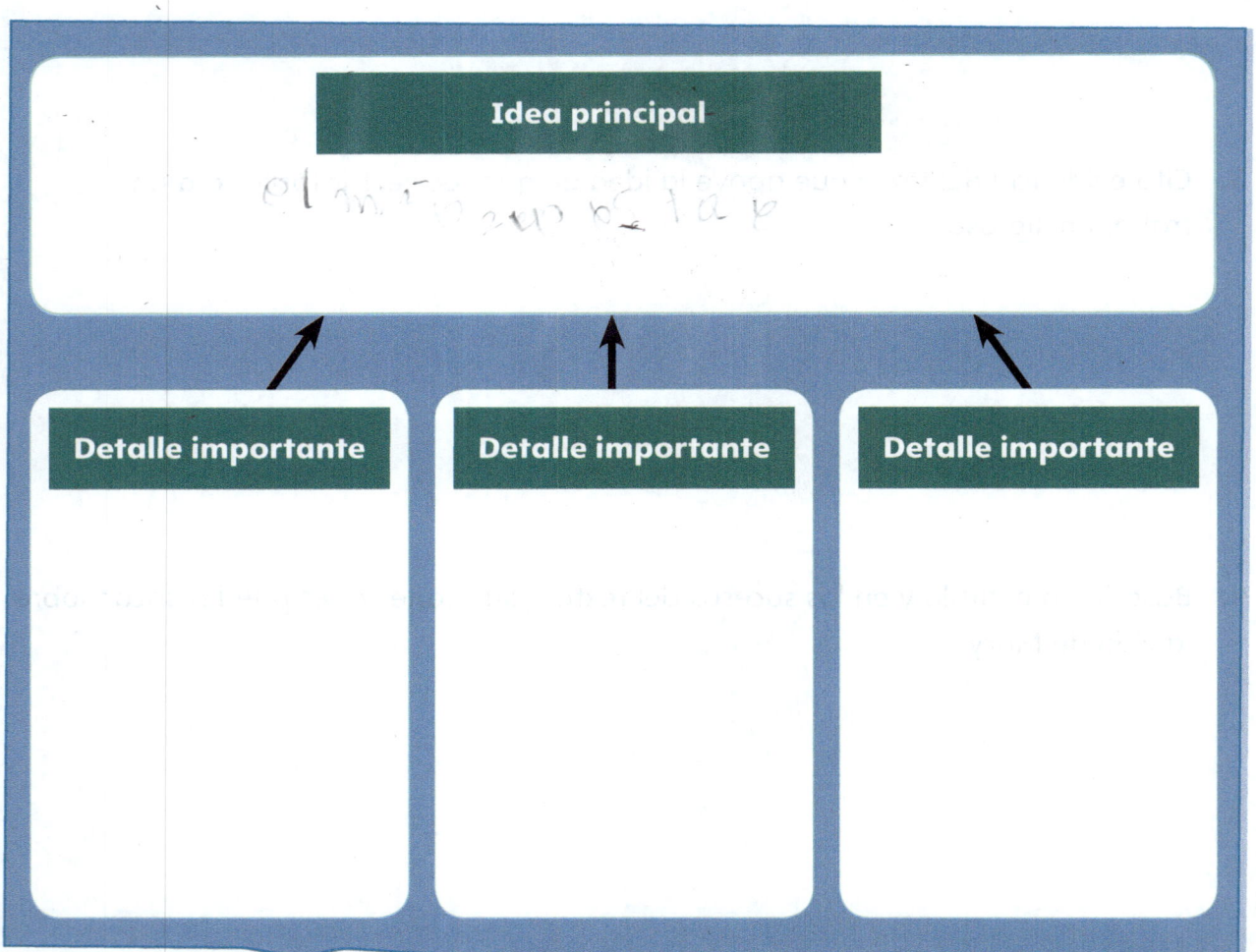

70

TALLER DE LECTURA

Hacer preguntas

Para comprender mejor el texto, **haz preguntas** antes, durante y después de la lectura. Busca en el texto las respuestas a esas preguntas a medida que lees. Ese proceso te ayudará a comprender mejor la idea principal.

1. **Mi TURNO** Vuelve a las notas de Lectura atenta. Resalta las evidencias que te ayudan a hacer preguntas sobre el trabajo de Mary Anning.

2. **Evidencia del texto** Anota las preguntas que se te ocurrieron mientras leías. Luego, anota la evidencia que resaltaste y saca una conclusión sobre una idea principal basada en esa evidencia.

Tus preguntas	Evidencia	Conclusión sobre la idea principal
¿Qué llevó a Mary a empezar a coleccionar fósiles?	"Richard Anning les enseñó a buscar fósiles".	Tras interesarse en los fósiles cuando era pequeña, Mary los siguió coleccionando toda su vida.

71

RESPONDER AL TEXTO

Reflexionar y comentar

Escribir basándose en las fuentes Piensa en todos los textos que has leído esta semana. ¿Sobre qué lugares aprendiste? ¿Qué hace únicos a esos lugares? Usa las siguientes preguntas para escribir una oración que exprese una opinión acerca de qué hace a un lugar especial. Luego usa el siguiente proceso para recopilar evidencia del texto para un párrafo de opinión.

Usar la evidencia del texto En la escritura de opinión, es importante recopilar evidencia del texto para apoyar tus ideas. La evidencia debe estar relacionada con tu opinión o afirmación acerca de un tema.

Elige dos textos que hayas leído esta semana. Elige evidencia de apoyo de cada texto. Usa las siguientes preguntas para evaluar tu evidencia:

- ¿Cuán bien apoya esta cita mi opinión?
- ¿Cuán bien me ayuda esta cita a convencer a los demás?
- ¿Qué otras citas harían que mi opinión sea aún más convincente?

Después de responder a estas preguntas, reemplaza la evidencia del texto según sea necesario. Luego, en una hoja aparte, usa tu oración de opinión y evidencia para escribir un párrafo de opinión.

Pregunta de la semana

¿De qué maneras puede el medioambiente enriquecer nuestras vidas?

VOCABULARIO

PUENTE ENTRE LECTURA Y ESCRITURA

Vocabulario académico

Un **sinónimo** es una palabra que tiene el mismo o casi el mismo significado que otra palabra. Un **antónimo** es una palabra que significa lo opuesto a otra palabra.

Meta de aprendizaje

Puedo aprender sobre el lenguaje para hacer conexiones entre la lectura y la escritura.

Mi TURNO En cada hilera de la tabla:

1. **Define** cada palabra.
2. **Escoge** dos sinónimos y antónimos para cada palabra.
3. **Confirma** tus definiciones, sinónimos y antónimos con un diccionario impreso o en línea.

contribuir, *verbo* des contribuir	Sinónimos:	Antónimos:
severo, *adjetivo*	Sinónimos:	Antónimos:
expuesto, *adjetivo*	Sinónimos:	Antónimos:

ESTUDIO DE PALABRAS

Los sufijos -dor, -dora, -ero, -era, -ura

Los **sufijos** son partes de palabras que se agregan a una raíz o palabra base. La raíz tiene el significado principal y el sufijo agrega información a esa raíz. Por ejemplo, la palabra *vendedor* termina con el sufijo *-dor*, que se refiere a una "profesión". Por lo tanto, *vendedor* es la "profesión" de una persona que vende algo.

Mi TURNO Decodifica cada palabra base y resalta el sufijo. Luego, escribe la palabra en el lugar correcto de la tabla. Agrega una definición en cada hilera. Si es necesario, comprueba tus definiciones en un diccionario.

comedor   tejedora   hormiguero   casera   frescura

Sufijo	Palabra	Definición
-dor "instrumento, lugar, profesión, oficio" o "relativo a" (palabra masculina)		
-dora "instrumento, lugar, profesión, oficio" o "relativo a" (palabra femenina)		
-ero "profesión, oficio, lugar, instrumento" o "relativo a" (palabra masculina)		
-era "profesión, oficio, lugar, instrumento" o "relativo a" (sustantivo o adjetivo femenino)		
-ura "cualidad" (sustantivo)		

ANALIZAR LA TÉCNICA DEL AUTOR

PUENTE ENTRE LECTURA Y ESCRITURA

Leer como un escritor

Los autores usan el lenguaje figurado, como los símiles y las metáforas, para expresar sus ideas de maneras ingeniosas. Un **símil** compara dos cosas distintas usando las palabras *tan* y *como*. Una **metáfora** compara dos cosas sin usar palabras de comparación.

¡Demuéstralo! Lee el texto de "Extraño tesoro".

> Mary y Joseph siguieron recolectando y vendiendo los fósiles que encontraban en la franja **rugosa de la costa** que separaba los acantilados del mar.

metáfora

1. **Identificar** Don Brown usa una metáfora para comparar la costa con una franja sin usar *como*.

2. **Preguntar** ¿De qué manera me ayuda a comprender las ideas del texto?

3. **Sacar conclusiones** Esta metáfora compara a la costa con una franja, que es algo angosto y largo. *Rugosa* sugiere que la costa es áspera.

Lee el texto.

> Mary era humilde y su vida era dura… dura como una roca.

Mi TURNO Sigue los pasos para analizar el lenguaje figurado.

1. **Identificar** Este pasaje contiene un _____ .

2. **Preguntar** ¿De qué manera me ayuda a comprender las ideas del texto?

3. **Sacar conclusiones** Este _____ compara _____ con _____ . Me ayuda a comprender _____

DESARROLLAR LA TÉCNICA DEL AUTOR

Escribir para un lector

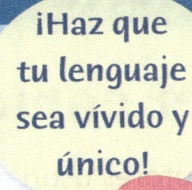

¡Haz que tu lenguaje sea vívido y único!

Los autores usan técnicas, como el lenguaje figurado, para describir ideas. Este lenguaje puede incluir **símiles**, que comparan dos cosas distintas usando *como* o *igual a*, o **metáforas**, que comparan dos cosas sin usar palabras de comparación.

Mi TURNO Don Brown usa lenguaje figurado en "Extraño tesoro" para describir ideas y sucesos importantes. Ahora identifica cómo puedes usar símiles y metáforas para ayudar a tus lectores a comprender mejor tu escritura.

1. Escribe un ejemplo de un símil y de una metáfora sobre una tormenta repentina. Luego, describe de qué manera el símil y la metáfora ayudan a los lectores a comprender cómo te sentiste durante la tormenta.

Símil	Metáfora

2. Escribe un pasaje sobre lo que ocurrió durante una tormenta real o imaginaria. Usa símiles y metáforas para crear una descripción nueva e ingeniosa.

_____
_____
_____
_____
_____
_____

ORTOGRAFÍA

PUENTE ENTRE LECTURA Y ESCRITURA

Escribir palabras con los sufijos *-dor*, *-dora*, *-ero*, *-era*, *-ura*

Los **sufijos** son partes de palabras que se agregan a una raíz o palabra base. Por ejemplo, la palabra *cartero* se forma a partir de la raíz de *carta*, agregando el sufijo *-ero*, y la palabra *dulzura* se forma agregando el sufijo *-ura* a la raíz de *dulce*.

Mi TURNO Lee las palabras. Luego, deletréalas y ordénalas alfabéticamente. Asegúrate de deletrear correctamente cada palabra base con su sufijo.

PALABRAS DE ORTOGRAFÍA

comprador	corredor	librero	basurero
vendedor	entendedor	cerrajero	llavero
operador	hermosura	cocinero	billetera
consejero	blancura	heladero	sombrerera
surtidor	calculadora	hormiguero	cartelera

Mi TURNO Cuando revises lo que escribiste, asegúrate de que usaste y escribiste correctamente las palabras con sufijos.

77

LENGUAJE Y NORMAS

Los sujetos y los predicados compuestos

Una oración tiene dos partes: el **sujeto** y el **predicado**. Un sujeto simple es la palabra o frase que indica sobre quién o qué trata la oración. Un **sujeto compuesto** está formado por dos o más sujetos simples unidos por una conjunción, como *y*. Un predicado simple es el verbo o la frase verbal que indica qué hace o qué es el sujeto. Un **predicado compuesto** está formado por dos o más predicados simples unidos por una conjunción.

Sujetos simples	Conjunción	Sujeto compuesto
Mary sacó fósiles que estaban en la roca. **Su compañero** sacó fósiles que estaban en la roca.	y	**Mary y su compañero** sacaron fósiles que estaban en la roca.

Predicados simples	Conjunción	Predicado compuesto
Mary **revisó la playa**. Mary **cavó en búsqueda de fósiles.**	y	Mary **revisó la playa y cavó en búsqueda de fósiles.**

Mi TURNO Corrige este borrador combinando los sujetos que comparten el mismo predicado y los predicados que tienen el mismo sujeto. Recuerda comprobar la concordancia entre el verbo y el sujeto.

> Mary aprendió a buscar fósiles. Su hermano, Joseph, aprendió a buscar fósiles. Usaban una pala para sacar los fósiles. Se fijaban dónde el viento o el agua dejaban los fósiles a la vista.

NARRACIÓN PERSONAL **TALLER DE ESCRITURA**

Representar a las personas

En una narración personal, el narrador es el escritor que cuenta la historia de una experiencia personal. El narrador usa pronombres en primera persona, como *yo*, *me*, *mi* y *mío*. Él o ella revela pensamientos y sentimientos a través de diálogos y detalles descriptivos.

> **Meta de aprendizaje**
>
> Puedo usar los elementos de la no ficción narrativa para escribir una narración personal.

Mi TURNO Lee una narración personal de la biblioteca de tu salón de clases. Resume en el organizador gráfico lo que aprendiste acerca del narrador.

Aspecto y voz	Acciones	Pensamientos	Cómo reaccionan otros personajes
¿Qué aspecto tiene el narrador y cómo suena?	¿Qué hace el narrador?	¿Qué piensa el narrador acerca de los sucesos?	¿Qué piensan otras personas sobre el narrador?

Mi TURNO En tu cuaderno de escritura, usa estas preguntas para describir al narrador de tu narración personal.

NARRACIÓN PERSONAL

Crear un ambiente

El **ambiente** es el tiempo y el lugar de una narración. Los detalles revelan cómo suena, se ve, huele y se siente el ambiente. El narrador puede usar detalles para revelar el momento del día y del año. El ambiente puede influir en lo que ocurre en una narración.

Mi TURNO Lee los siguientes párrafos de una narración personal. Subraya detalles del ambiente. Luego responde a la pregunta.

> Me desperté temprano aquel día. Afuera, la luz era de un amarillo raro, como si alguien hubiera metido al sol bajo el agua. Aunque era primavera, ningún pájaro cantaba. Pensé que quizá estaba soñando.
>
> Mientras estaba recostada mirando fijo el techo iluminado por esa luz rara, el perro lloriqueaba en la planta baja. Los pasos arrastrados de Perry se acercaban a la puerta trasera. La puerta se abrió y se cerró de golpe, y escuché cómo salpicaba la gravilla cuando el perro salió corriendo al patio. Una olla se llenaba de agua. El desayuno estaría listo pronto.
>
> El perro ladraba en la puerta trasera. El perro seguía ladrando. Perry gritó: "¡Detente ahí!", y yo escuché cómo se abría la puerta trasera de nuevo. "¡Ay no, no!", gritó Perry. Y salté de la cama.
>
> "¡Todos al sótano!", llamó Perry a los que estábamos arriba.

¿De qué manera influye el ambiente en los sucesos de la narración?
_____
_____
_____

Mi TURNO En una hoja, haz un borrador de un ambiente detallado para tu propia narración personal.

TALLER DE ESCRITURA

Desarrollar una idea con detalles relevantes

Las narraciones personales bien estructuradas se desarrollan a partir de una **idea interesante**. Una idea es interesante si atrae a un público. El escritor incluye detalles relevantes para que la idea sea interesante. Un **detalle relevante** se relaciona directamente con los sucesos, el ambiente o las personas de la narración. Un detalle no es relevante si distrae a los lectores del ambiente, las personas y los sucesos.

Idea interesante	Detalle	Por qué es relevante
La escuela necesita dinero para comprar un acuario nuevo para el salón de ciencias.	Los estudiantes quieren organizar un servicio de lavado de carros.	Los estudiantes, incluido el narrador, tienen la oportunidad de ayudar a resolver un problema.
	Ninguno de los estudiantes sabe cómo organizar un servicio de lavado de carros.	Alguien se tiene que hacer cargo de la resolución del problema.
	Los tíos del narrador tienen un lavadero de carros.	El narrador tiene la oportunidad de ayudar a resolver el problema.

Mi TURNO Lee este párrafo de una narración personal. Para mejorar la estructura del párrafo, tacha los detalles que no son relevantes.

> La clase de baile fue idea de mi mamá. Quería que yo explorara un nuevo pasatiempo. ~~Los martes siempre comemos espagueti.~~ Así que fui a la clase el martes, preocupada porque me aburriría. ¡Sí que me sorprendí! En vez de aburrida, como una mañana en la que no hay nada para hacer, la clase fue asombrosa.

Mi TURNO Haz que la idea de uno de tus borradores sea más interesante, agregando detalles relevantes como ayuda para describir a una persona, un ambiente o un suceso.

81

NARRACIÓN PERSONAL

Usar palabras y frases concretas

Los escritores componen una narración personal con palabras y frases concretas para brindar detalles sobre el ambiente, las personas y los sucesos. Las palabras y las frases concretas:

- Son **específicas** en lugar de generales.

  Juan manejaba un carro. → Juan manejaba el carro rojo.

- Se refieren a **cosas que se pueden tocar**.

  Me gusta lo acogedor. → *Me gustan las mantas de lana.*

- Son **precisas**.

  Era de madrugada. → Eran las 2 a. m.

Mi TURNO Corrige las oraciones para convertir las palabras y frases generales en palabras y frases concretas.

1. El tren hacía ruido.

El chillido de la bocina del tren me hizo saltar.

2. El tazón estaba lleno de sopa.

_____

_____

3. Me siento mejor

_____

_____

4. Habrá frutas en el desayuno.

_____

_____

Las palabras y las frases concretas crean imágenes.

Mi TURNO En uno de tus borradores, agrega detalles concretos y corrige los detalles generales para hacerlos más concretos.

82

TALLER DE ESCRITURA

Escribir con detalles sensoriales

Los **detalles sensoriales** ayudan al lector a ver, oír, saborear, tocar u oler los sucesos, las personas, los animales o los objetos que describes. En una narración personal, los detalles sensoriales permiten a los lectores compartir las experiencias del narrador. Contar los detalles en voz alta puede ayudarte a organizar y enfocar tu escritura.

Mi TURNO Lee estos párrafos. Enumera cinco detalles sensoriales y di qué describe cada uno. Comparte tu tabla con miembros de tu Club de escritura.

> La biblioteca es un lugar pequeño, con una estantería de libros nuevos cerca del mostrador y dos salas con libros viejos en los estantes. Los libros viejos huelen a humedad, pero sus páginas son suaves. A veces, una mancha o una marca te recuerdan que muchas otras personas leyeron el mismo libro.
>
> "¿Lo puedo ayudar?", preguntó el hombre de cabello blanco. Todavía podía sentir el gusto a menta en mi aliento. Me acomodé las gafas sobre la nariz. Luego dije: "Quiero postularme a un trabajo".

Sentido	Detalle sensorial	Lo que describe
Vista		
Oído		
Gusto		
Tacto		
Olfato		

Mi TURNO En uno de tus borradores, agrega detalles sensoriales para ayudar a los lectores a ver, oír, saborear, tocar u oler lo que describes. Usa detalles sensoriales cuando describas los eventos en voz alta a tu Club de escritura.

83

PRESENTACIÓN DE LA SEMANA: RECURSOS DIGITALES

 INTERACTIVIDAD

Tecnología espacial
DE TODOS LOS DÍAS

La exploración del espacio ha cambiado nuestras vidas. Muchos de los objetos que usamos todos los días en la Tierra fueron inventados por científicos de la Administración Nacional de la Aeronáutica y del Espacio, más conocida como NASA, por sus siglas en inglés. Estos científicos tenían que hallar maneras de resolver problemas relacionados con los viajes al espacio. Mira estos recursos digitales para ver algunos ejemplos. Estos inventos se hicieron para la vida en el espacio, ¡pero también nos pueden ayudar a estar seguros en la Tierra!

La NASA desarrolló trajes especiales que protegen a los astronautas de las temperaturas extremas del espacio. Los bomberos usan trajes similares en la actualidad.

 MIRA

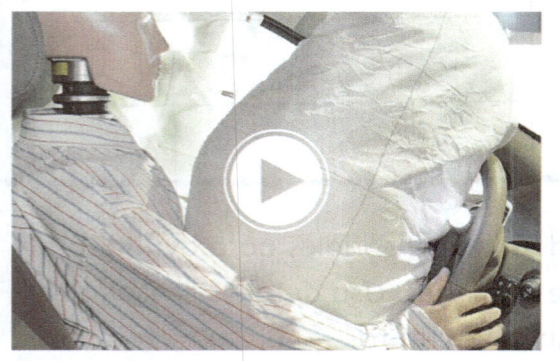

Los científicos de la NASA querían mejorar la comodidad y la seguridad de los pilotos, entonces inventaron la espuma con memoria. Ahora se usa en muchos productos, entre ellos colchones, almohadas y juegos de los parques de diversiones.

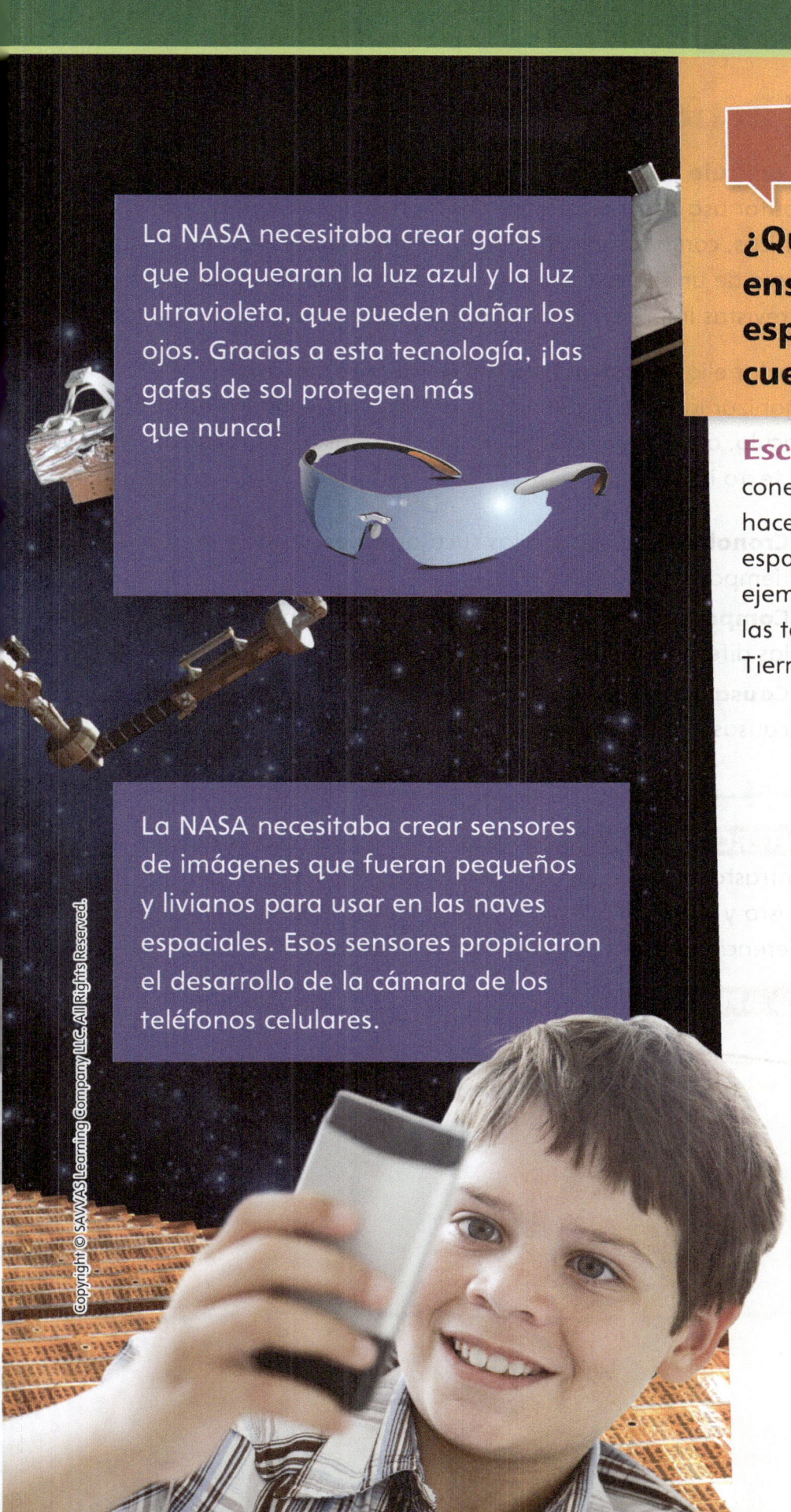

La NASA necesitaba crear gafas que bloquearan la luz azul y la luz ultravioleta, que pueden dañar los ojos. Gracias a esta tecnología, ¡las gafas de sol protegen más que nunca!

La NASA necesitaba crear sensores de imágenes que fueran pequeños y livianos para usar en las naves espaciales. Esos sensores propiciaron el desarrollo de la cámara de los teléfonos celulares.

SEMANA 3

Pregunta de la semana

¿Qué puede enseñarnos el espacio acerca del cuerpo humano?

Escritura rápida ¿Qué conexiones personales puedes hacer con las tecnologías del espacio? Escribe o dibuja más ejemplos de cómo podemos usar las tecnologías del espacio en la Tierra.

85

GÉNERO: ARTÍCULO DE REVISTA

Meta de aprendizaje

Puedo aprender más acerca del tema *Redes* al analizar la estructura del texto de un artículo de revista.

El artículo de revista

Un **artículo de revista** es un tipo de texto informativo. El autor usa hechos, detalles descriptivos y elementos gráficos, como fotografías, para informar a los lectores acerca de un tema. Los artículos por lo general se publican en revistas impresas y en línea.

El autor elige la **estructura del texto**, o la manera de organizar las ideas, que mejor se ajusta al propósito del artículo, al público y al contenido. Los tipos de estructuras del texto incluyen:

- **Cronológica**: presenta los sucesos ordenados en el tiempo.
- **Comparación y contraste**: describe las semejanzas y las diferencias entre dos sucesos, personas o ideas.
- **Causa y efecto**: identifica los efectos y las posibles causas de cada suceso.

¿En qué se diferencian un artículo de revista y un texto de no ficción narrativa?

INTERCAMBIAR ideas Con un compañero, compara y contrasta géneros. ¿En qué se parecen los *artículos de revista* y los textos de *no ficción narrativa*? ¿En qué se diferencian? Toma apuntes de tu conversación.

Mis APUNTES

TALLER DE LECTURA

Cartel de referencia: Artículo de revista

Propósito:
Informar a los lectores acerca de un tema, a menudo un suceso actual

Ubicación:
- En una publicación impresa o en línea
- Con otros artículos que le interesan al mismo público

Elementos:
- Encabezados que dividen el texto en secciones
- Responde a las preguntas

¿Quién? ¿Qué? ¿Por qué?
¿Cuándo? ¿Dónde? ¿Cómo?

- Puede contener entrevistas e investigaciones hechas por el autor

Estructura del texto:
- La que mejor se ajuste al propósito del artículo, al público y al contenido

Conoce a la autora

Rebecca Boyle creció en Colorado, a la que se refiere con orgullo diciendo que "está una milla más cerca del espacio". Como escritora científica premiada, investiga descubrimientos en astronomía, medicina, robótica y otros campos fascinantes. A Boyle le gusta descifrar "cómo funcionan las cosas complicadas" y explorar el mundo (y más allá) a través de su escritura.

Gemelos en el espacio

Primer vistazo al vocabulario

A medida que lees "Gemelos en el espacio", presta atención a estas palabras de vocabulario. Fíjate cómo dan claves acerca de las ideas y la estructura del texto.

| idéntico | radiación | duplicados |
| comparar | ADN | cromosomas |

Lectura

Antes de empezar, establece un propósito de lectura. Los lectores activos de **artículos de revista** siguen estas estrategias cuando leen un texto por primera vez.

Primera lectura

Nota datos y detalles descriptivos que te informan acerca del tema.

Genera preguntas para comprender mejor el texto y obtener información.

Conecta ideas marcando palabras y frases de transición, o de enlace.

Responde a los pensamientos, ideas o datos que te interesan o te sorprenden.

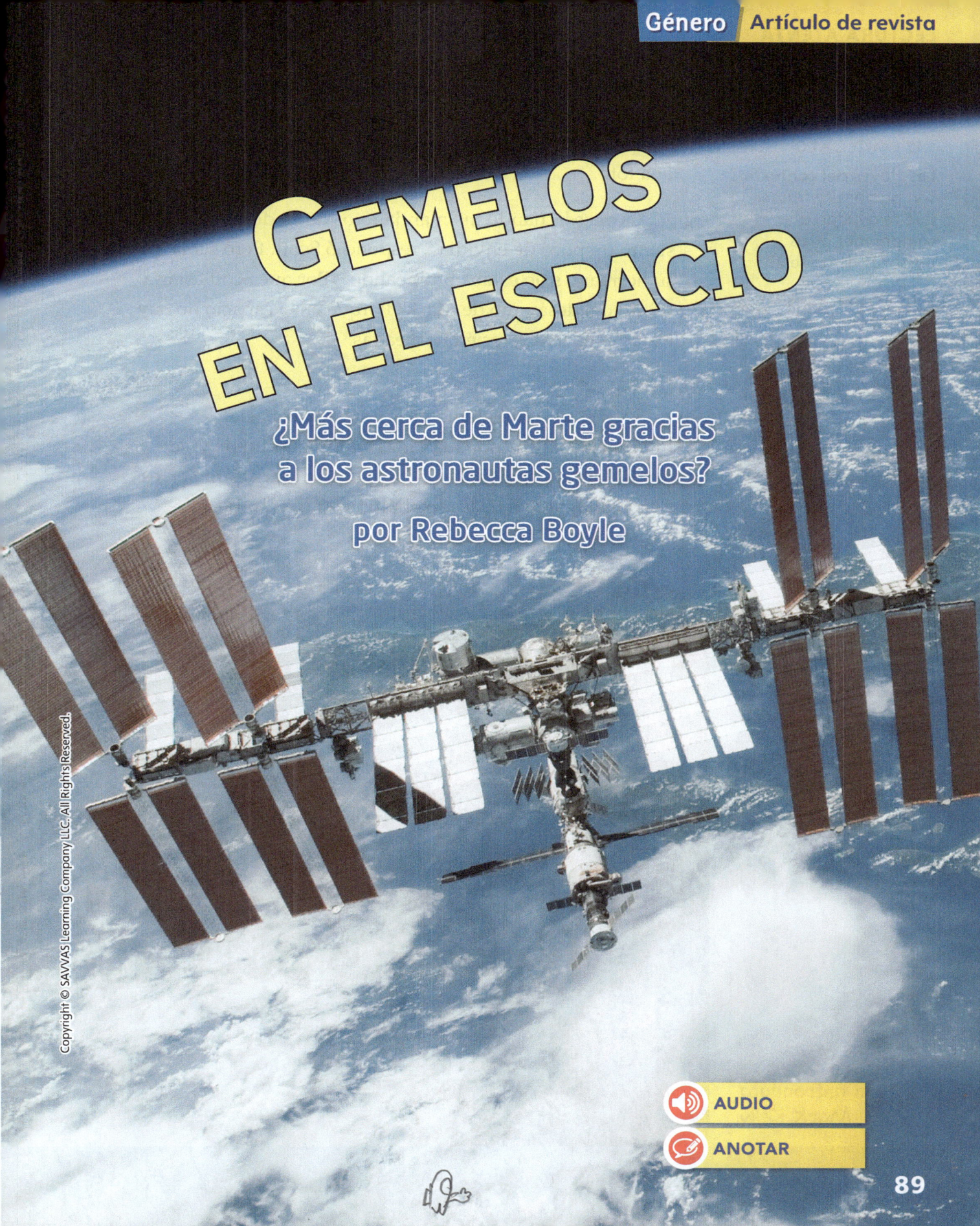

Género | Artículo de revista

GEMELOS EN EL ESPACIO

¿Más cerca de Marte gracias a los astronautas gemelos?

por Rebecca Boyle

LECTURA ATENTA

Vocabulario en contexto

Las **claves del contexto** son palabras y frases que te ayudan a comprender otras palabras de un texto.

Subraya las claves del contexto que te ayudan a comprender el significado de la palabra *envidia*.

idéntico que parece ser exactamente igual

1   Un día, durante el desayuno, Mark Kelly sintió muchos deseos de compartir la comida con su hermano gemelo idéntico, Scott. Pero en realidad no podía compartirla porque Scott estaba demasiado lejos, así que le envió una foto.

2   "A veces, cuando me manda fotos de su desayuno, siento un poco de envidia", respondió Scott. Pero sabía que su hermano solo estaba bromeando. ¿Por qué Scott estaría celoso del desayuno de Mark? Porque en el espacio no hay tostadas calientes recién horneadas.

Arriba y abajo

3   Scott es el comandante de la Estación Espacial Internacional (ISS, por sus siglas en inglés), donde vive desde hace un año. Su hermano gemelo, Mark, también es astronauta, pero ha pasado el último año en la Tierra.

El astronauta Mark Kelly

90

4   Mark come la comida normal de la Tierra, se ejercita al aire libre y vive su vida como siempre. Scott solo tiene comida fresca cuando una nave de carga la lleva al espacio. Solo puede hacer ejercicio en una cinta de correr especial para sitios sin gravedad, y no puede salir de la nave sin un traje espacial. Y esas no son las únicas diferencias. En el espacio, Scott recibe más descargas de radiación energética que Mark. Y, por supuesto, Scott se desplaza flotando en vez de caminar.

5   La NASA está estudiando lo que les sucede a ambos gemelos durante el año, con el objetivo de averiguar cómo la vida en el espacio afecta al cuerpo humano. Ya saben que los astronautas suelen sufrir dolores de cabeza y cambios en la vista, sus huesos y músculos se debilitan y es más probable que se enfermen. Los científicos se preguntan si permanecer más tiempo en el espacio agrava estos problemas. Los gemelos están ayudándolos a responder estas preguntas. Y eso ayudará a preparar a futuros astronautas para misiones largas a Marte u otros lugares lejanos.

LECTURA ATENTA

Analizar la estructura del texto

Subraya la idea principal, o central, que se desarrolla en el texto.

radiación energía que se desplaza en forma de ondas hacia afuera y desde una fuente, como el Sol

El astronauta Scott Kelly

LECTURA ATENTA

Evaluar los detalles

Resalta la información más importante para comprender el propósito del estudio que realiza la NASA.

duplicados exactamente iguales

comparar analizar cosas para ver en qué se parecen

ADN la sustancia de las células que determina las características de un ser vivo

Astronautas duplicados

6   A los gemelos se les ocurrió esta idea cuando Scott fue elegido por la NASA para una misión de un año en la ISS. Los hermanos pidieron a la NASA asesoramiento para responder preguntas sobre ser gemelos y astronautas, y la NASA vio una ocasión única para investigar.

7   Los viajes espaciales tienen efectos un poco distintos en cada persona. Y la salud de cada uno es diferente. ¿Cómo se puede saber, entonces, qué cambios en la salud son causados por estar en el espacio, y cuáles habrían sucedido de todos modos? Ayudaría mucho si se pudiera hacer una copia del astronauta, que se quedara en tierra firme, para comparar. ¡Llamen a los gemelos!

8   Scott y Mark son gemelos idénticos, de modo que comparten el mismo ADN. Además, los dos son astronautas, por lo que su salud general y su entrenamiento son bastante similares. Pero ¿cuán diferente será Scott después de pasar un año en el espacio?

Desde la Estación Espacial Internacional, Scott tiene una gran vista de la Tierra y ve 15 amaneceres por día.

9   Como dice Susan Bailey, una científica de la Universidad Estatal de Colorado que estudia a los gemelos: "Al ser idénticos, o al menos lo más idénticas que pueden ser dos personas, podemos decir que cualquier diferencia que veamos entre los gemelos no se debe a diferencias en su ADN, sino al efecto de los viajes espaciales en el cuerpo humano. Por eso los gemelos son tan importantes".

10 Para ayudar a Bailey a estudiar esas diferencias, los hermanos se someten a exámenes médicos al mismo tiempo. Se miden todos los días y entregan muestras de sangre, orina y materia fecal regularmente. Las muestras de Scott son enviadas a la Tierra en transbordadores y luego en avión a un laboratorio de Colorado, donde son analizadas y comparadas con las de Mark.

LECTURA ATENTA

Analizar la estructura del texto

Subraya la evidencia de los párrafos 8 a 10 que te ayuda a comprender semejanzas y diferencias que apoyan la idea central de Rebecca Boyle.

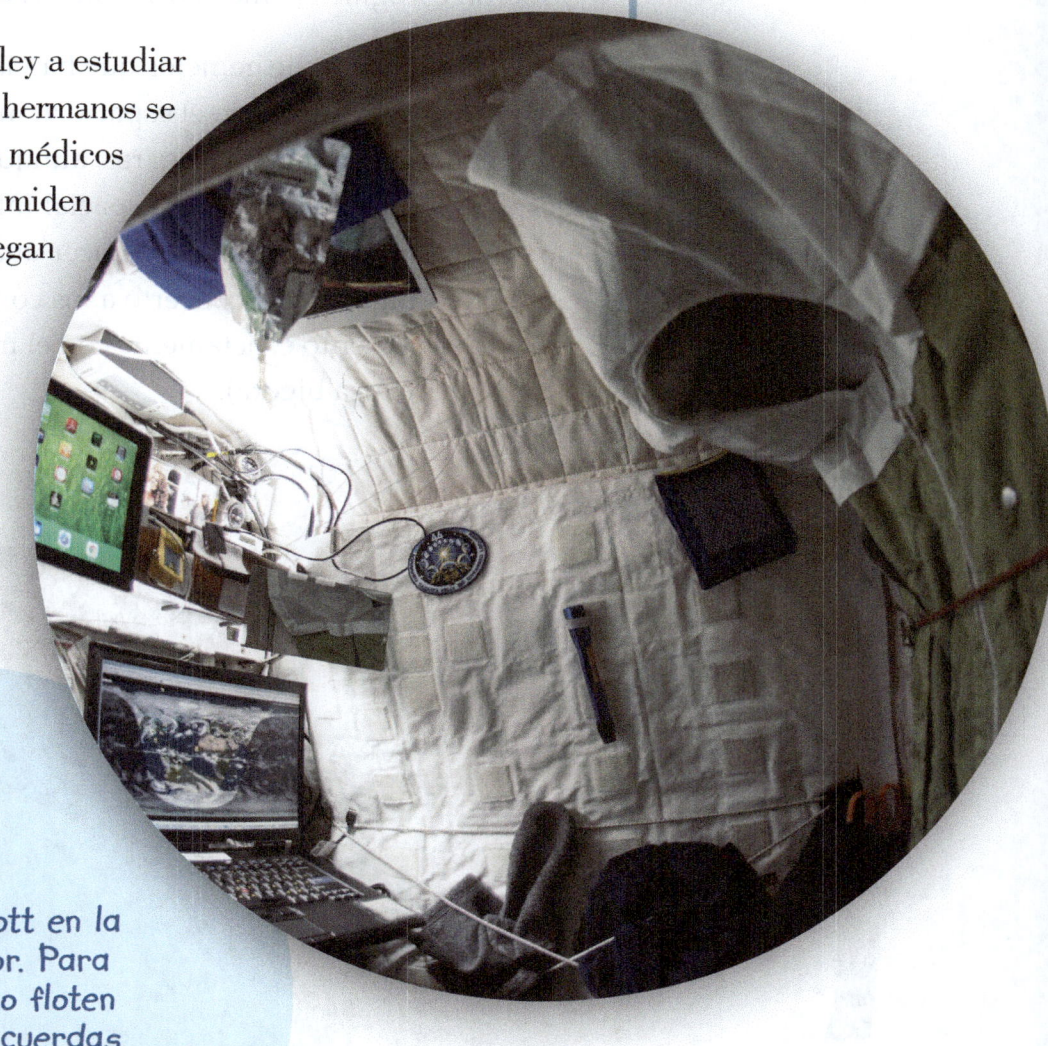

El cuarto de Scott en la ISS es acogedor. Para que sus cosas no floten a la deriva, usa cuerdas elásticas y velcro.

LECTURA ATENTA

Evaluar los detalles

Resalta la información más importante para comprender de qué manera Scott y Mark se diferencian de otros gemelos.

Un trabajo soñado

11   Seguramente entregar muestras de orina no es lo primero que imaginas cuando piensas en astronautas, pero es parte del trabajo... un trabajo que los hermanos Kelly deseaban desde que eran pequeños. Scott y Mark recuerdan cuando vieron el alunizaje del Apolo 11 en 1969, cuando tenían cinco años, y planearon construir su propia nave espacial. Más adelante, los dos se unieron a la marina y se convirtieron en pilotos de prueba. Ambos se presentaron a la NASA en 1995 y fueron escogidos como astronautas el año siguiente.

12   Son el único par de gemelos que ha viajado al espacio, pero nunca han estado en el espacio al mismo tiempo. Y nunca han intercambiado lugares, aunque el día que Scott despegó rumbo a la Estación Espacial Internacional, Mark no pudo resistir la tentación de hacer una pequeña broma. Se afeitó el bigote y desconcertó a los controladores de vuelo cuando se presentó exactamente con el mismo aspecto que Scott (que no usa bigote).

13   "Nos engañó a todos", le dijo más tarde a Scott el director de la NASA, Charles Bolden, por teléfono. "El bigote es la única forma que tenemos para diferenciarlos".

14   Los hermanos sostienen que no hay competencia entre, ellos pero a los dos les gusta bromear. Por ejemplo, a Mark le gusta señalar que él es el hermano mayor... por apenas seis minutos.

15   Pero cuando su año en el espacio termine, probablemente el cuerpo de Scott parezca más viejo, por la sola razón de que los viajes espaciales son muy estresantes.

LECTURA ATENTA

Analizar la estructura del texto

Subraya la evidencia que señala cómo se estructura el texto.

Comer sin usar las manos es divertido cuando no hay gravedad, pero salir de la nave requiere preparativos serios. ¿Ves el cartel de "Speed limit 17500" (Velocidad máxima 17500)? Así de rápido se mueve la ISS cuando orbita la Tierra.

LECTURA ATENTA

Analizar la estructura del texto

Subraya detalles que expliquen por qué los científicos están estudiando los contrastes que hay entre los gemelos.

cromosomas partes del ADN que contienen a los genes

Mi hermano menor más viejo

16   A Bailey le interesan especialmente los paquetes de ADN llamados cromosomas. Un cromosoma tiene el aspecto de una X o una Y, formada por una cadena larga y retorcida de ADN. Los extremos de los brazos se llaman telómeros.

17   Cada vez que una célula se divide, los telómeros se acortan un poco. Con el tiempo, ya no quedan extremos y esa célula individual muere. Nuestro cuerpo reemplaza células gastadas todo el tiempo, pero si se gastan demasiado rápido, pueden aparecer problemas de salud.

18   La radiación y el estrés también pueden hacer que los telómeros se acorten, dice Bailey. Y los astronautas sufren ambas cosas.

19   "Imagina que te sujetan a una nave espacial, te lanzan al espacio y te quedas allí por un año", comenta. "El aislamiento, el estrés físico, el estrés emocional y la exposición a la radiación son cosas que no sufrimos en la Tierra."

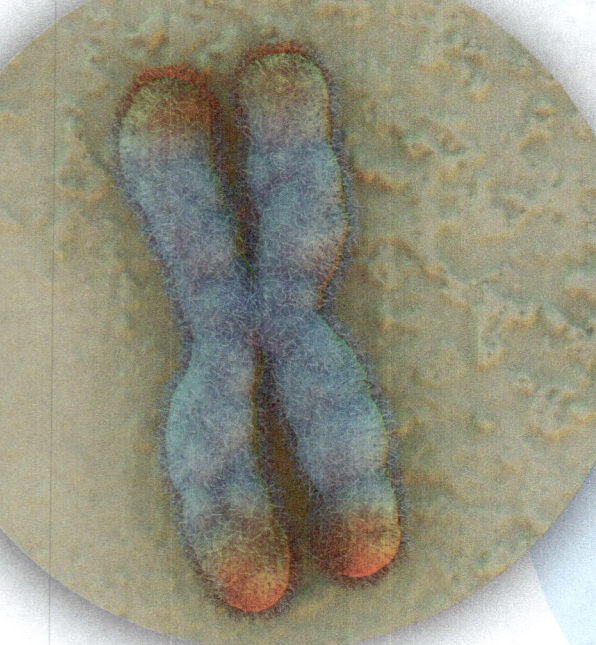

Los telómeros (coloreados de rojo) están en los extremos de los cromosomas, que son pequeños paquetes de ADN en el interior de las células. Los telómeros se acortan cada vez que una célula se divide.

20   Al analizar la sangre de Scott, Bailey espera ver que sus telómeros se acortan a un ritmo más rápido que el de su hermano. Eso significa que, debido al estrés del espacio, Scott está envejeciendo más rápido que Mark.

21   El estudio de Bailey es uno entre muchos. Los científicos también están comparando las bacterias beneficiosas que viven en los estómagos de los hermanos, para ver cómo cambian estos microbios en el espacio. En otro estudio, se administrará a ambos la misma vacuna contra la gripe y se comparará cómo reacciona el cuerpo de cada uno. Y otro analiza los cambios en la visión con el tiempo. Al terminar el año, los astronautas gemelos "serán las personas más estudiadas del mundo", dice Bailey.

LECTURA ATENTA

Evaluar los detalles

Resalta las comparaciones importantes que otros estudios hacen sobre los gemelos.

Casi idénticos

A lo largo de tu vida, lo que comes y lo que haces puede modificar qué partes de las instrucciones del ADN (los genes) se activan o se desactivan en el interior de las células. La radiación y el estrés también pueden cambiar el ADN. A medida que los gemelos envejecen, empiezan a parecerse cada vez menos, aunque siguen siendo más parecidos que otras personas.

LECTURA ATENTA

Analizar la estructura del texto

Subraya palabras y frases que te ayuden a comprender la relación entre el encabezado **En casa y lejos de casa** y la forma en que la autora organizó el texto de los párrafos 22 a 24.

En casa y lejos de casa

22   Aunque los viajes espaciales pueden ser estresantes, Scott dice que los astronautas tienen un hogar cómodo en la Estación Espacial Internacional. Cuando no está ocupado haciendo caminatas espaciales o trabajando en experimentos científicos, toma fotos de la Tierra, escribe correos electrónicos a su familia y amigos, y mira fútbol americano. A veces, cuando extrañan la Tierra, él y sus compañeros, reproducen grabaciones de aves, lluvia u otros sonidos. Extraña a su familia y a sus amigos, pero dice que lo que más extraña es poder salir al exterior.

Australia se ve magnífica desde la ventana de la estación.

98

23 "Este es un ambiente muy cerrado. No podemos salir nunca. La iluminación es siempre más o menos la misma. Los olores, los sonidos, todo es igual", dice. "Creo que hasta los presos pueden salir al aire libre ocasionalmente. Pero nosotros no. Y eso es lo que más extraño, además de la gente".

24 Y también los desayunos calientes.

El resplandor verde es la aurora boreal, una lluvia de partículas energéticas solares que chocan contra los gases en la parte superior de la atmósfera.

VOCABULARIO

Desarrollar el vocabulario

En "Gemelos en el espacio", Rebecca Boyle usa vocabulario de dominio específico para ayudar a los lectores a comprender las ideas científicas que describe.

Mi TURNO Completa la red de palabras. Usa un diccionario impreso o uno digital para definir la palabra de vocabulario científico en cada círculo. Luego escribe una oración con la palabra.

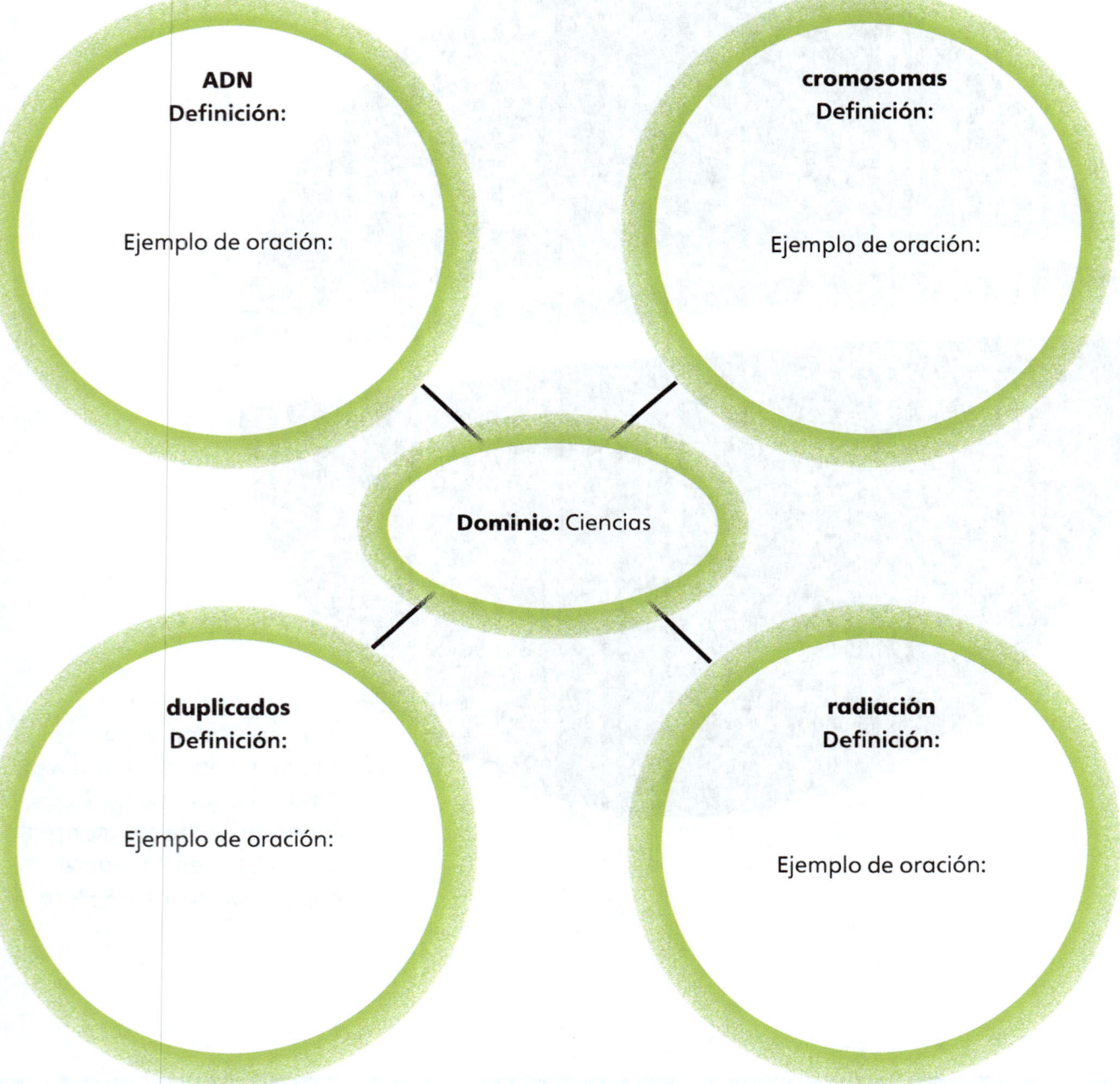

100

COMPRENSIÓN
TALLER DE LECTURA

Verificar la comprensión

Mi TURNO Vuelve a mirar los textos para responder a las preguntas.

1. ¿En qué se diferencia un artículo de revista de un texto de no ficción narrativa? Incluye ejemplos de "Gemelos en el espacio" y "Extraño tesoro".

2. Explica el propósito de la autora en "Gemelos en el espacio". ¿De qué manera apoya la sección "Mi hermano menor más viejo" ese propósito?

3. Cita dos evidencias del texto que describan por qué los científicos quieren estudiar a los gemelos idénticos.

4. Basándote en lo que leíste en "Gemelos en el espacio", analiza lo que les falta aprender a los científicos acerca de los viajes al espacio.

101

LECTURA ATENTA

Analizar la estructura del texto

La **estructura del texto** se refiere a la manera en que el autor organiza el texto. Los autores pueden usar más de una estructura del texto para organizar la información y las ideas. En "Gemelos en el espacio", Rebecca Boyle usa una estructura de comparación y contraste para describir el estudio de la NASA sobre los hermanos Kelly.

1. **Mi TURNO** Vuelve a las notas de Lectura atenta de "Gemelos en el espacio". Usa las partes que subrayaste para determinar de qué manera Rebecca Boyle apoya su idea principal con detalles que comparan o contrastan.

2. **Evidencia del texto** Usa las partes que subrayaste para completar la tabla.

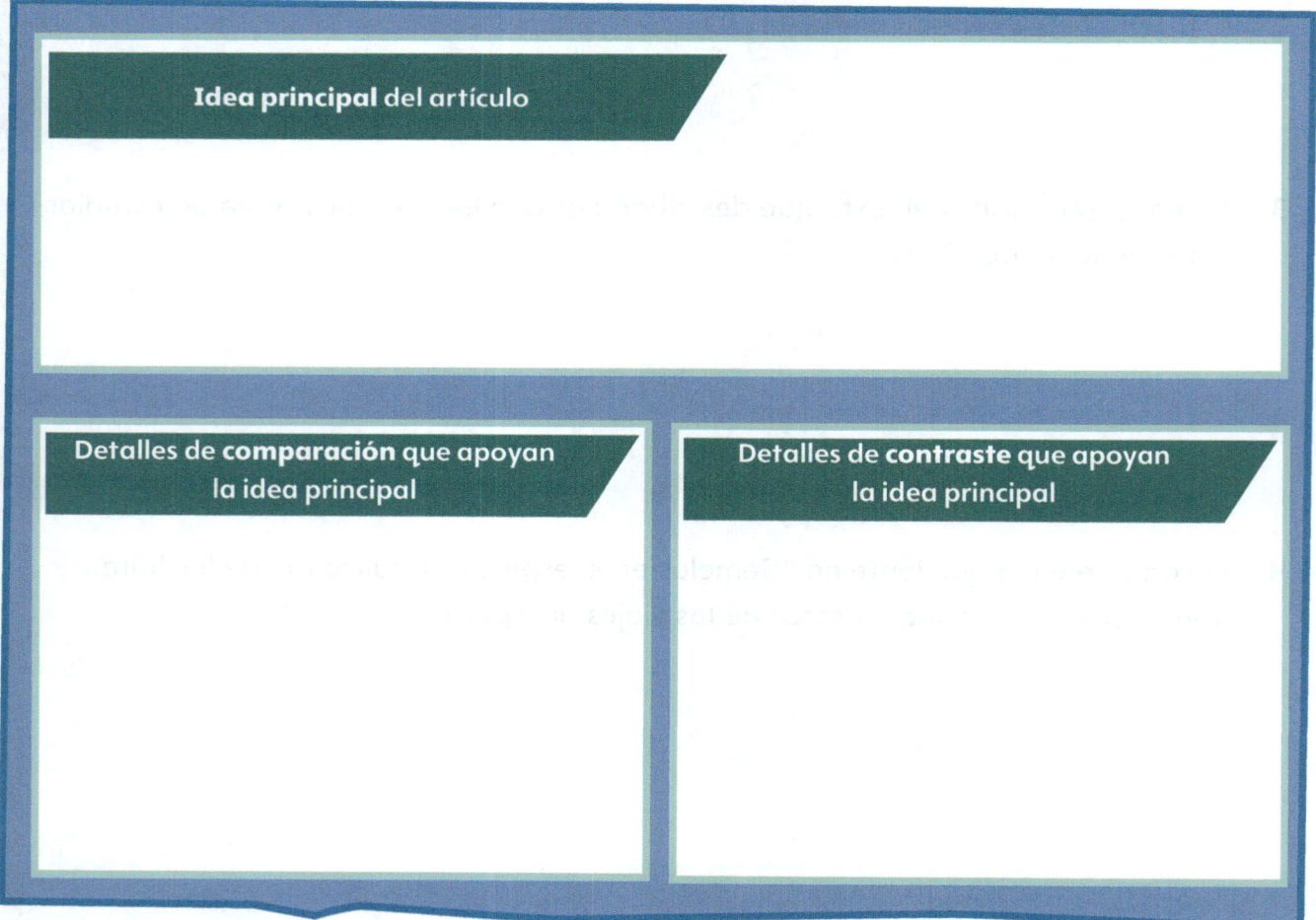

TALLER DE LECTURA

Evaluar los detalles

Los lectores pueden reconocer la idea principal de un texto informativo preguntándose de qué se trata principalmente el texto. Pueden hallar y evaluar detalles, o evidencia de apoyo, para desarrollar ideas clave acerca del tema.

1. **Mi TURNO** Vuelve a las notas de Lectura atenta y resalta la evidencia que mejor se relacione con la idea principal.

2. **Evidencia del texto** Anota en el organizador gráfico las partes que resaltaste. Luego evalúa cada detalle, o evidencia de apoyo, y explica por qué es importante para comprender la idea principal.

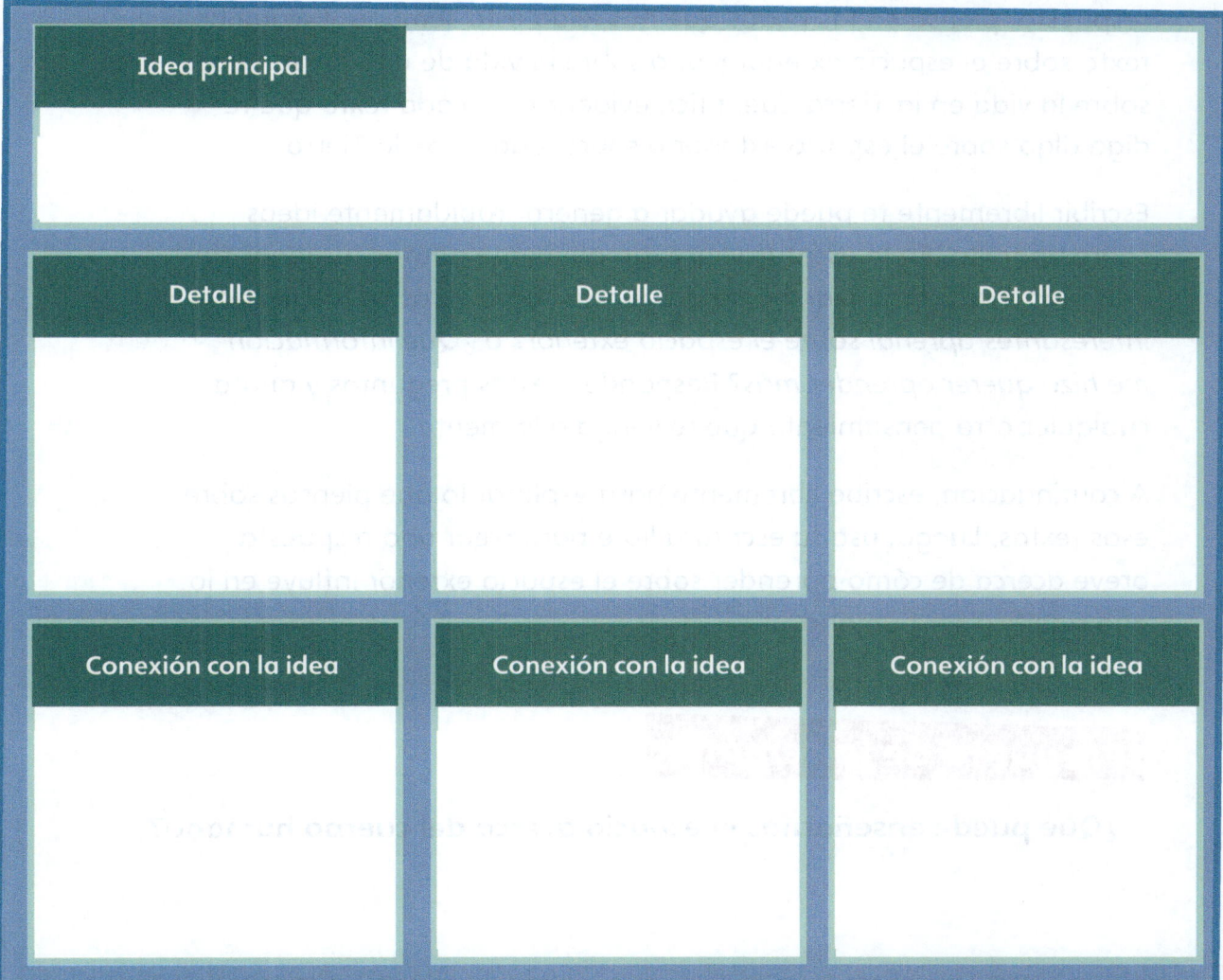

103

RESPONDER AL TEXTO

Reflexionar y comentar

Escribir basándose en las fuentes A medida que más personas estudian el espacio exterior, como los científicos de "Gemelos en el espacio", aprendemos más sobre nuestro universo e, incluso, sobre nosotros mismos.

¿De qué manera aprender más sobre el espacio exterior ha influido en lo que significa ser humano? Usa el siguiente proceso para escribir y apoyar una respuesta.

Interacción con las fuentes Para muchos escritores, un hecho o idea puede inspirar a seguir investigando y reflexionando. Para tu respuesta, piensa en los textos que has leído esta semana. Escoge un texto sobre el espacio exterior y uno sobre la vida de una persona o sobre la vida en la Tierra. Identifica evidencia en cada texto que te diga algo sobre el espacio exterior o sobre lugares de la Tierra.

Escribir libremente te puede ayudar a generar rápidamente ideas sobre un texto. En la escritura libre, simplemente anotas tus ideas sin editarlas. Para comenzar, hazte preguntas como estas: *¿Qué hechos interesantes aprendí sobre el espacio exterior?* o *¿Qué información me hizo querer aprender más?* Responde a estas preguntas y anota cualquier otro pensamiento que te venga a la mente.

A continuación, escribe libremente para explorar lo que piensas sobre esos textos. Luego, usa tu escritura libre para crear una respuesta breve acerca de cómo aprender sobre el espacio exterior influye en lo que significa ser humano.

Pregunta de la semana

¿Qué puede enseñarnos el espacio acerca del cuerpo humano?

VOCABULARIO

PUENTE ENTRE LECTURA Y ESCRITURA

Vocabulario académico

Las **claves del contexto** son palabras y frases de una oración o de oraciones cercanas que te ayudan a determinar el significado de palabras poco comunes.

Meta de aprendizaje

Puedo aprender sobre el lenguaje para hacer conexiones entre la lectura y la escritura.

Mi TURNO En cada una de las siguientes oraciones:

1. **Subraya** la palabra de vocabulario académico.

2. **Resalta** la clave o las claves del contexto.

3. **Escribe** una definición de la palabra basándote en las claves.

Uno de los hábitos de Diya es cepillarse los dientes todas las mañanas y todas las noches.

Definición: _____

El arqueólogo removió con cuidado el yeso. Finalmente, el artefacto que estaba enterrado quedó expuesto.

Definición: _____

Al trabajar juntos, todos los jugadores contribuyeron al éxito general del equipo.

Definición: _____

El informe del tiempo mostraba signos de un severo temporal, que podría incluir una combinación peligrosa de granizo y vientos fuertes.

Definición: _____

El museo le daba un significativo valor a su colección de arte egipcio poco común.

Definición: _____

105

ESTUDIO DE PALABRAS

El hiato de vocales fuertes

Un **hiato** es una combinación de dos vocales juntas que se encuentran en sílabas distintas. El hiato formal, o de vocal fuerte, está formado por dos **vocales fuertes distintas:** *a*, *e*, *o*. Por ejemplo: *ca-er, te-a-tro, ma-re-o, po-e-ta, ca-os, ca-no-a*.

La palabra *idea* en el párrafo 6 de "Gemelos en el espacio" tiene un hiato formal: la *e* está en la segunda sílaba, y la *a*, en la tercera sílaba. *Idea* se divide así: *i-de-a*.

Mi TURNO Lee estas oraciones sobre "Gemelos en el espacio". Subraya todas las palabras que tengan un hiato con vocales fuertes distintas. Luego, separa en sílabas las palabras con hiato que subrayaste.

> Un día, Mark le mandó a Scott una foto de su desayuno. Scott sintió deseos de comer las mismas tostadas recién horneadas y beber cacao caliente.
>
> Lo que Scott más extraña de la vida en la Tierra es hacer una barbacoa o pasear en canoa.
>
> Tanto Scott como su hermano Mark comenzaron volando aeronaves de la marina como pilotos de prueba. Luego la NASA los escogió como astronautas. Ahora, son héroes para su familia.

Mi TURNO Combina las siguientes sílabas en el orden correcto para formar palabras con hiato formal. Luego, en una hoja aparte, escribe una oración propia con cada palabra.

1. se-de-o _____
2. er-ca _____
3. ne-lí-a _____

ANALIZAR LA TÉCNICA DE LA AUTORA

PUENTE ENTRE LECTURA Y ESCRITURA

Leer como un escritor

La estructura del texto de comparación y contraste muestra semejanzas y diferencias entre dos sucesos, ideas, personas o cosas. Algunas palabras que se usan para comparar son *también*, *ambos* y *mismo* o *igual*. Algunas palabras que se usan para contrastar son *pero*, *sin embargo* y *diferente*.

¡Demuéstralo! Lee el texto de "Gemelos en el espacio".

> Scott es el comandante de la Estación Espacial Internacional (ISS, por sus siglas en inglés), donde vive desde hace un año. Su hermano gemelo, Mark, **también** es astronauta, **pero** ha pasado el último año en la Tierra.

palabra que contrasta   palabra que compara

1. **Identificar** Rebecca Boyle compara y contrasta a Mark y Scott usando las palabras *también* y *pero*.

2. **Preguntar** ¿Por qué Boyle compara y contrasta a los hermanos?

3. **Sacar conclusiones** Boyle compara y contrasta a los hermanos para mostrar a los lectores en qué se parecen y en qué se diferencian sus vidas.

Vuelve a leer el párrafo 8 de "Gemelos en el espacio".

Mi TURNO Sigue los pasos para analizar la estructura del texto.

1. **Identificar** Rebecca Boyle compara y contrasta a los hermanos usando las palabras: _____.

2. **Preguntar** ¿Por qué Boyle compara y contrasta a los hermanos?

3. **Sacar conclusiones** Boyle compara y contrasta a los hermanos porque _____

107

DESARROLLAR LA TÉCNICA DE LA AUTORA

Escribir para un lector

Los autores usan palabras clave como ayuda para crear una estructura del texto que sea específica. Para la estructura de comparación y contraste, los autores usan palabras para comparar, entre ellas *también* y *ambos*, para indicar semejanzas. Usan palabras para contrastar, entre ellas *pero* y *sin embargo*, para indicar diferencias.

Usa palabras para comparar, para explicar en qué se parecen dos ideas o conceptos.

Mi TURNO Piensa en cómo Rebecca Boyle usa palabras clave para crear una estructura de comparación y contraste en "Gemelos en el espacio". Ahora piensa en cómo puedes usar palabras clave para crear esta estructura del texto en tu propia escritura.

1. Si estás tratando de mostrar en qué se parecen dos lugares, ¿qué palabras o frases para **comparar** podrías usar?

2. Si estás tratando de mostrar en qué se diferencian dos lugares, ¿qué palabras o frases para **contrastar** podrías usar?

3. Escribe un párrafo en el que compares y contrastes dos lugares para vivir. Usa palabras clave para crear tu estructura del texto.

Escribir palabras con hiato de vocales fuertes

Se forma un **hiato** cuando hay dos vocales juntas que se encuentran en sílabas distintas. Al hacer una separación silábica, o al separar en sílabas una palabra con hiato, como *roedor*, recuerda que la *o* está en una sílaba y la *e* está en otra: *ro - e - dor*.

Usa este conocimiento para escribir correctamente palabras con hiatos.

Mi TURNO Lee las palabras y sepáralas en sílabas en la columna que corresponda. Aplica tu conocimiento de los diptongos para escribir las palabras correctamente.

PALABRAS DE ORTOGRAFÍA

teatro	camaleón	geógrafo	roedor
aldea	pasear	canoa	peatones
héroe	aerolínea	pasea	maestra
anchoa	poetisa	toalla	oboe
paella	poesía	oeste	creativos

ea

ae

oe

eo

oa

109

LENGUAJE Y NORMAS

Las oraciones completas

Las **oraciones completas** tienen un sujeto y un predicado. Cuando escribes párrafos puedes unir oraciones con conjunciones coordinantes (coordinación), como *y*, *pero*, *o*, o con signos de puntuación (yuxtaposición) para expresar ideas más complejas. Los escritores prefieren usar la coordinación y evitan el uso de la yuxtaposición.

> **Oraciones cortas:** Los telómeros se acortan cuando una célula se divide. Pronto los extremos desaparecen. La célula finalmente muere.
>
> **Oraciones combinadas con punto y coma (yuxtaposición):** Los telómeros se acortan cuando una célula se divide; pronto, los extremos desaparecen. La célula finalmente muere.
>
> **Oraciones combinadas con una coma y una conjunción coordinante:** Los telómeros se acortan cuando una célula se divide. Pronto, los extremos desaparecen, y la célula finalmente muere.

Mi TURNO Corrige este borrador uniendo las oraciones completas simples con conjunciones coordinantes. Evita las yuxtaposiciones.

> Creo que ser astronauta es muy interesante. Debe ser muy difícil. No puedes salir. Solo puedes comer comida fresca cuando llega una nave de carga. Sin embargo, tiene recompensas. Puedes realizar experimentos. Ayudar a las personas a aprender más acerca de la vida en el espacio. Mejorar la vida de todos los seres en la Tierra.

110

NARRACIÓN PERSONAL | TALLER DE ESCRITURA

Desarrollar y crear una introducción

Las narraciones personales bien estructuradas, o bien organizadas, comienzan con una introducción que da un contexto a los lectores.
En uno o dos párrafos, este comienzo presenta al narrador el ambiente y la situación.

Meta de aprendizaje

Puedo usar elementos de la no ficción narrativa para escribir una narración personal.

- **En una narración personal, el narrador es el escritor.** Los lectores necesitan saber quién es el escritor y por qué va a contar esta experiencia.

- **El ambiente es el momento y el lugar.** Los lectores necesitan saber cuándo y dónde tuvo lugar la experiencia.

- **La situación es un problema que enfrenta el narrador.** La situación pone en movimiento los sucesos de la narración personal. Los lectores necesitan saber cómo ocurrió la situación y qué tuvo que ver con la experiencia del escritor.

Mi TURNO En tu cuaderno de escritura, crea la estructura de la introducción de tu narración personal. Usa la siguiente lista como guía.

La introducción dice a los lectores:
- [ ] Dónde está el narrador.
- [ ] Por qué el narrador escribe sobre esta experiencia.
- [ ] Dónde y cuándo comenzó la experiencia.
- [ ] Qué problema enfrentó el narrador.
- [ ] Cómo ocurrió el problema.

111

NARRACIÓN PERSONAL

Crear una secuencia de sucesos

Una narración personal relata la experiencia real de un escritor a través de sucesos contados en orden. Relata los sucesos en orden para que los lectores comprendan qué ocurre primero, después y al final.

Una secuencia de sucesos debe guiar a los lectores a través de las experiencias del escritor hasta el punto de inflexión de la narración. No es necesario que la secuencia incluya todos los detalles de lo que ocurrió. El escritor elige qué sucesos relacionados con la experiencia serán más significativos para los lectores.

Mi TURNO Numera los sucesos para ponerlos en la secuencia adecuada. Escribe una X delante de los sucesos que no sean necesarios.

_____ En junio, el zoológico planea abrir una exhibición nueva de osos polares.

_____ Mi familia y yo estábamos pensando en viajar a Alaska el próximo verano.

_____ Decidimos ir al zoológico en lugar de ir a Alaska.

_____ Al siguiente día, vi un anuncio sobre nuestro zoológico.

_____ En la clase de geografía, estamos estudiando sobre Rusia.

_____ En los bosques que hay cerca de nuestra ciudad, viven linces.

_____ Les mostré el anuncio a mis padres.

Los sucesos principales de una narración personal llevan al punto de inflexión y producen un cambio en el narrador.

Mi TURNO En tu cuaderno de escritura, organiza una secuencia de sucesos para tu propia narración personal.

TALLER DE ESCRITURA

Usar las palabras y frases de transición

Las palabras y frases de transición, o de enlace, que indican tiempo y orden y las que indican causa y efecto guían a los lectores a través de la secuencia de sucesos de una narración personal. Usa transiciones de tiempo y orden para que el orden de los sucesos sea claro. Usa transiciones de causa y efecto para explicar por qué ocurre algo.

Tiempo y orden		Causa y efecto	
antes	a continuación	por lo tanto	como resultado
primero	tan pronto como	porque	la razón
después	al final	entonces	con el fin de
luego		por qué	

Mi TURNO Elige una palabra o frase de transición para completar los espacios en blanco del siguiente párrafo.

Necesitaba un proyecto para mi clase de ciencias. _____, le pedí a mi hermano que me ayudara a buscar una idea. _____, hablamos sobre las cosas que me interesan. _____, mi hermano dijo que creía que hacer un modelo de un barco iba a ser lo mejor, _____ a mí me gustan más los barcos que los carros. _____, me decidí por hacer un modelo de un velero.

Mi TURNO Incluye palabras de transición en uno de tus borradores para estructurar tu escrito y para que la secuencia de sucesos sea clara.

NARRACIÓN PERSONAL

Escribir un diálogo

Los **diálogos** son conversaciones escritas. Los escritores usan diálogos para mostrar cómo las personas responden a las situaciones o los sucesos, o cómo responden unas a otras. En un diálogo, las palabras de una persona se llaman discurso directo. Sigue estas reglas cuando escribas un diálogo.

Regla	Ejemplo
Usa una raya, o guion largo, de diálogo al comienzo de las palabras de la persona que habla. También la raya al final si después dices quién habla. Si dices al principio quién habla, usa dos puntos y luego la raya.	—Estoy haciendo un libro con mis dibujos. —Estoy haciendo un libro con mis dibujos —dijo Juan. Juan dijo: —Estoy haciendo un libro de mis dibujos.
Comienza una línea nueva cada vez que cambia la persona que habla.	—Bob, por favor acércate —dijo Juan durante la clase de arte. —Muy bien —dijo Bob—. ¿Qué necesitas?
Cuando, en un diálogo, una persona está pensando, habla para sí o repite lo que dijo otra persona, usa dos puntos y comillas.	—Me cuesta hacer que la perforadora agujeree todos los papeles —dijo Juan con un poco de vergüenza y pensó: "Tengo que hacer que funcione".
Comienza una oración con letra mayúscula.	—Déjame que sostenga bien los papeles —dijo Bob. —Esa es una buena idea —respondió Juan.
Coloca los signos de exclamación y de interrogación de cierre antes de la raya que finaliza las palabras.	—¡Muy bien! —exclamó Juan mientras sostenía con fuerza la perforadora. —¿Necesitas algo más? —preguntó Bob.
Cuando hay texto intercalado y usas una palabra como "dijo" o "agregó", escribe la raya de cierre y luego dos puntos.	—No. Eso es todo —dijo Bob y agregó—: Muchas gracias por tu ayuda.

Mi TURNO Agrega rayas donde corresponda en el siguiente diálogo.

Lan es un nadador fuerte dijo Nenna y aseguró : Va a ganar un premio en esta carrera.

¿Qué crees tú, Bella? preguntó Sam.

Estoy de acuerdo contigo respondió Bella.

Mi TURNO Escribe el borrador de un diálogo breve que podrías agregar a tu narración personal.

114

TALLER DE ESCRITURA

Desarrollar y crear una conclusión

El punto de inflexión de una narración personal da lugar a la **conclusión** o final. El narrador ha experimentado un cambio. Una conclusión por lo general tiene uno o dos párrafos de largo. Puede incluir:

- Un informe de los sucesos que siguen al punto de inflexión.
- Un resumen breve de cómo cambió el narrador.
- Los pensamientos y sentimientos del narrador acerca de la experiencia.

Mi TURNO Usa el siguiente organizador para crear la conclusión de tu narración personal en tu cuaderno de escritura.

¿Qué sucesos ocurrieron después del punto de inflexión?

En una oración, ¿cómo me cambió la experiencia?

¿Qué de mis pensamientos y sentimientos quiero destacar para mis lectores?

Mi TURNO Identifica un tema, un propósito y un público. Luego, elige un género y haz una lluvia de ideas para planificar un borrador.

PRESENTACIÓN DE LA SEMANA: INFOGRAFÍA

 INTERACTIVIDAD

HOGARES FASCINANTES
en todo el mundo

EN EL BOSQUE TROPICAL
Algunas personas viven en **casas en los árboles**. Las personas que viven en una casa en el árbol como esta tienen una vista panorámica y pueden ver mucho más lejos de lo que podrían ver a nivel del suelo.

EN LA ESTEPA Una **yurta** es un hogar redondo hecho de madera flexible y un material suave llamado fieltro. Su portabilidad y forma redonda la hacen muy adecuada para los espacios amplios y abiertos, y los vientos fuertes de la estepa.

EN LAS MONTAÑAS Originalmente, las **cabañas de troncos** se construían con madera blanda. Estos hogares se podían construir fácilmente en unos días, con herramientas manuales sencillas, como una sierra, un hacha y una barrena, que es un tipo de herramienta que sirve para hacer agujeros en la madera.

Pregunta de la semana

¿Cuáles son las ventajas de vivir en distintos lugares?

Ilustrar Dibuja una casa del área donde vives. Muestra detalles, como los materiales de los que está hecha la casa, y cómo su forma o ubicación se relacionan con el entorno.

EN EL ÁRTICO Los **iglús** se construyen con bloques de hielo compactos que se extraen del suelo. Mantienen el frío afuera y una temperatura cálida adentro para las personas. Por lo general, los iglús son refugios temporales.

GÉNERO: TEXTO INFORMATIVO

> **Meta de aprendizaje**
>
> Puedo aprender más acerca del tema *Redes* al leer y analizar la estructura de un texto informativo.

El texto informativo

El objetivo de los autores de **los textos informativos** es ayudar a los lectores a aprender acerca de un tema. El propósito del texto es *informar*. Para eso, los autores incluyen hechos y detalles. Además, pueden usar elementos de formato y del texto para llamar la atención sobre determinada información o para aclarar relaciones entre las ideas.

> **INTERCAMBIAR ideas** ¿Qué tipos de información muestra un mapa? ¿De qué manera te ayuda un mapa a comprender determinadas ideas? Con un compañero, compara y contrasta la experiencia de leer un mapa y la de leer un párrafo acerca de un lugar.

Leer con fluidez Leer en voz alta para un público se parece, de alguna forma, a leer en silencio. Cuando lees, verificas lo que comprendes del texto. También lees a un **ritmo** que es adecuado para el texto.

Cuando leas un texto informativo en voz alta:

- Lee a un ritmo que sea lo suficientemente lento para no pasar palabras por alto.

- Lee casi a la misma velocidad con la que hablarías normalmente.

- Si te encuentras con una palabra que no conoces, usa lo que ya sabes sobre los patrones de sonidos y grafías para leerla.

TALLER DE LECTURA

Cartel de referencia: Texto informativo

Propósito:
Informar o explicar

Elementos del texto:
- Las palabras en letra negrita señalan el vocabulario principal.
- Los encabezados organizan la información.

Elementos visuales:
★ Las fotografías y las ilustraciones presentan la información de manera visual.
★ Los diagramas muestran procesos o establecen relaciones.
★ Los cuadros, las tablas y las gráficas presentan datos numéricos.
★ Los mapas muestran ubicaciones geográficas.

Conoce a la autora

Veronica Ellis siente un amor por las palabras y por contar historias que comenzó en su lugar de nacimiento: Liberia. Ese amor continuó a lo largo de sus años escolares, en Inglaterra, así como durante sus años universitarios, en Estados Unidos. Ellis enseña escritura en la Facultad de Comunicación de la Universidad de Boston. Es autora de varios libros para niños.

La vida en la cima

Primer vistazo al vocabulario

A medida que lees "La vida en la cima", presta atención a estas palabras de vocabulario. Fíjate cómo te ayudan a comprender lo que lees y lo que ves en el texto.

> resistencia   sobresalir   capacidad
> tesón   motivación

Lectura

Antes de leer, echa un vistazo para buscar elementos del texto. Haz predicciones acerca de lo que aprenderás en el texto basándote en lo que ves. Anota tus predicciones en una hoja aparte. Luego sigue estas estrategias a medida que lees este **texto informativo** por primera vez.

Primera lectura

Nota cómo enfatiza o aclara los hechos el autor.

Genera preguntas para averiguar acerca de la organización y la estructura del texto.

Conecta detalles del texto con personas y lugares que conozcas.

Responde escribiendo oraciones acerca de partes que te resulten confusas.

Género Texto informativo

La vida en la cima
por Veronica Ellis

AUDIO

ANOTAR

LECTURA ATENTA

Analizar los elementos del texto

<u>Subraya</u> detalles del texto que se apoyen en la fotografía y la leyenda.

resistencia capacidad de seguir adelante

1   Algunas personas escalan montañas porque aman los desafíos. Otras escalan para disfrutar la vista desde la cima. Permanecen arriba el tiempo suficiente para tomar algunas fotografías y, luego, emprenden el regreso. Pero existe otro grupo. Sus integrantes escalan y escalan y al llegar a la cima permanecen allí durante días, semanas e incluso meses. Algunos incluso se mudan allí de forma permanente.

2   Se trata de atletas que creen en el potencial de vivir en lo más alto. Están persuadidos de que entrenar en una gran altitud —a 8000 pies o más sobre el nivel del mar— es la clave para el máximo rendimiento deportivo. Están convencidos de que la altitud fortalece el corazón y los pulmones, y mejora la resistencia. Así, cuando estos atletas compiten a nivel del mar, son más rápidos, más fuertes y mucho mejores que aquellos que nunca se alejaron del nivel del mar.

Correr en las alturas

3   A los corredores, en particular, les encanta entrenar en las alturas. En la actualidad, el entrenamiento en altitud forma parte de los programas de entrenamiento de casi todos los corredores importantes. Desde 1968, el 95 % de todos los corredores que ganaron medallas en campeonatos mundiales o en los Juegos Olímpicos se entrenaron o vivieron en altitudes elevadas. ¡Eso debería ser motivo suficiente para convencer a cualquier atleta de partir hacia las colinas!

4   Muchos corredores asisten a campos de entrenamiento especiales, en altitudes elevadas, para preparase para las maratones, los Juegos Olímpicos y otras competencias. Uno de los campos de entrenamiento más famosos se encuentra en Kenia, África. Lleva el (nada sorprendente) nombre de Centro de Entrenamiento en Altitud.

LECTURA ATENTA

Confirmar o corregir predicciones

Usa la fotografía y el texto de esta sección para resaltar detalles que te ayuden a confirmar una predicción que hiciste antes de leer el texto.

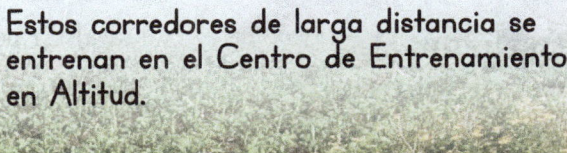

Estos corredores de larga distancia se entrenan en el Centro de Entrenamiento en Altitud.

123

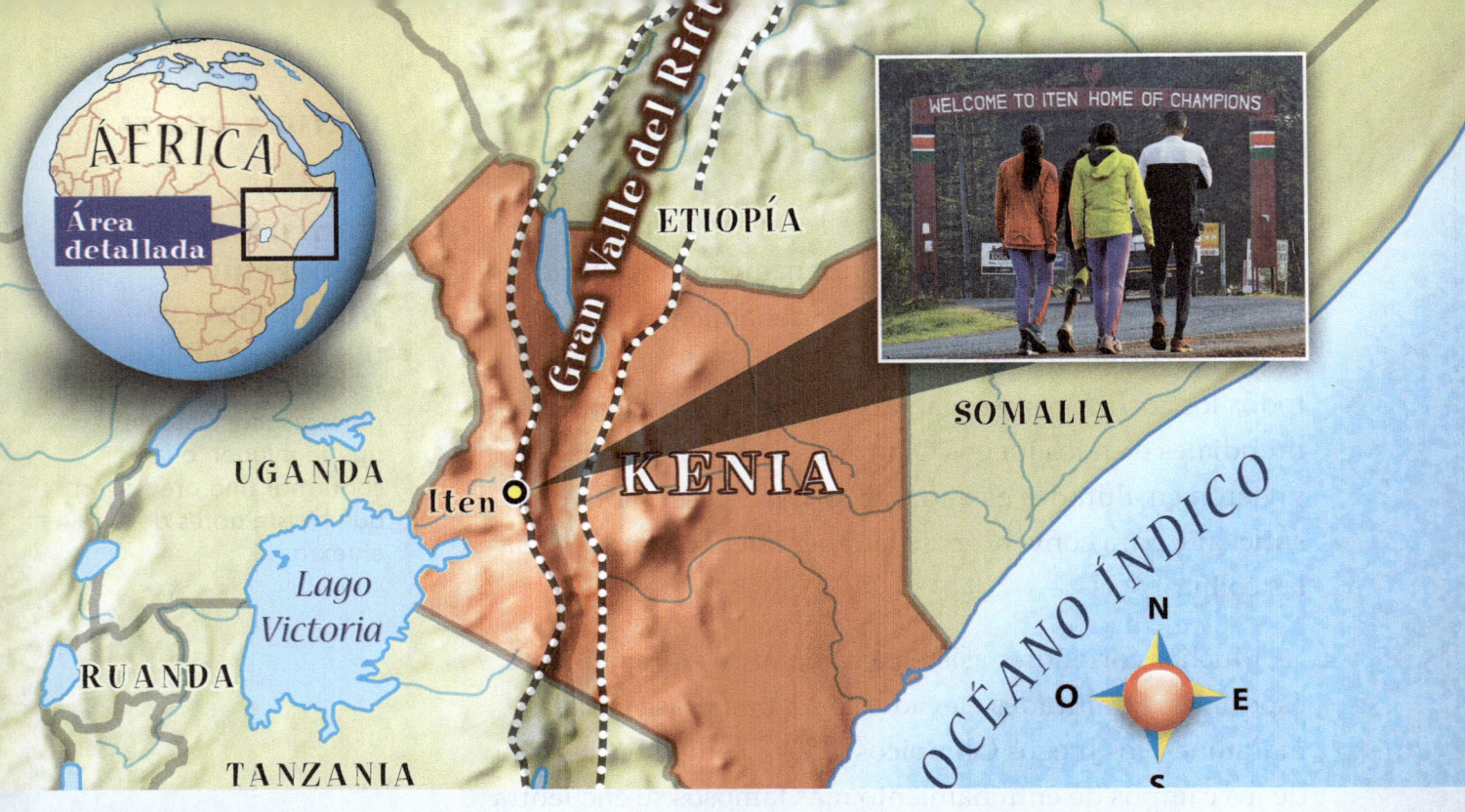

LECTURA ATENTA

Analizar los elementos del texto

Subraya los elementos del texto que pueden ayudarte a pronunciar palabras de otro idioma.

5   El Centro está situado en la localidad de Iten (se pronuncia ay-ten), en la cima de un abrupto acantilado, con vista al Gran Valle del Rift, en Kenia. En las zonas de mayor altitud, el Gran Valle del Rift alcanza los 7000 pies sobre el nivel del mar. Oficialmente, no se encuentra a "gran altitud", pero casi.

6   El Centro de Entrenamiento en Altitud fue fundado por Lornah Kiplagat. Kiplagat es una corredora keniana que participó en muchas competencias de larga distancia en todo el mundo. Participó en los Juegos Olímpicos, ganó tres veces el Campeonato Mundial de Media Maratón, además de la medalla de oro en el Campeonato Mundial de Campo a Través. En otras palabras, para Lornah, correr es algo serio.

7   Como atleta, Kiplagat contribuyó a acrecentar la fama deportiva de Kenia y la de sus coterráneos, los kalenjin (se pronuncia ca LEN yin), que viven en el Gran Valle del Rift. Como fundadora del Centro de Entrenamiento en Altitud, Lornah ayudó a muchos corredores de todo el mundo a alcanzar su potencial.

124

8   Kiplagat fundó el centro de entrenamiento en el año 2000. Se propuso una meta sencilla: dar a las niñas y mujeres de Kenia la oportunidad de entrenarse y sobresalir.

9   La decisión de crear un centro de entrenamiento en altitud en Iten fue un paso natural para Kiplagat. Al fin y al cabo, el centro está ubicado encima del lugar donde creció y se convirtió en atleta: el Gran Valle del Rift.

LECTURA ATENTA

Analizar los elementos del texto

Subraya una oración que se apoye en la fotografía y la leyenda.

sobresalir distinguirse o ser el mejor en algo

Lornah Kiplagat, con atuendo naranja, es la atleta campeona que fundó el Centro de Entrenamiento en Altitud.

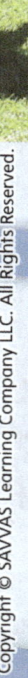

La corredora keniana Joyce Chepkirui (en el extremo derecho) fue la ganadora de esta carrera de 8 kilómetros.

LECTURA ATENTA

Analizar los elementos del texto

<u>Subraya</u> información del texto que se apoya en elementos del texto.

Beneficios de la altitud

10   El hecho de haber crecido y de haberse convertido en corredora en el Gran Valle del Rift, le permitió a Kiplagat experimentar de primera mano los beneficios de entrenar en altitud. Y Kiplagat es solo una de las muchas corredoras de nivel mundial que nacieron en esa región.

11   Estas son algunas estadísticas que respaldan esa afirmación. El periodista keniano John Manners pasó gran parte de su carrera estudiando a los corredores de su país. Llegó a la conclusión de que los corredores oriundos de los kalenjin, como la propia Kiplagat, han ganado aproximadamente tres cuartos del total de competencias en Kenia. Sin embargo, los kalenjin constituyen del 10 al 12 por ciento de la población del país. Otra investigación demostró que, a lo largo de un periodo de diez años, los atletas kalenjin ganaron casi el 40 % de todas las carreras importantes internacionales de media y larga distancia.

¿Qué ocurre allí arriba?

12   ¿Vivir y entrenar a una altura elevada contribuye al éxito de estos atletas? Los corredores que acuden a entrenar a centros como el de Kiplagat evidentemente piensan que sí. Pero, ¿qué dice la ciencia sobre esto?

13   Existe mucha investigación sobre el tema. Sin embargo, los científicos no están completamente seguros de que el entrenamiento en altitud mejore el rendimiento atlético. Lo que sí puede afirmarse es que el cuerpo se comporta de otro modo cuando está muy por encima del nivel del mar.

14   Si alguna vez has estado en un lugar a altitud elevada, habrás notado que es difícil respirar... por lo menos al principio. Esto se debe a que, cuanto mayor es la altura, menor es la presión del aire. Cuando esto ocurre, las partículas del aire están más separadas. Las partículas del aire contienen oxígeno. Entonces, en la altura, inspiramos menos partículas de aire e ingresa menos oxígeno en el cuerpo que si estuviéramos a nivel del mar.

LECTURA ATENTA

Confirmar o corregir predicciones

Usa la fotografía y lo que has leído hasta ahora para resaltar detalles que te ayuden a confirmar o corregir una predicción que hiciste acerca del texto.

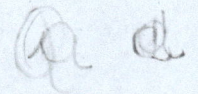

127

LECTURA ATENTA

Analizar los elementos del texto

Subraya detalles que se relacionen con la información del diagrama.

15   Pero, tras estar un rato a una altitud elevada, el cuerpo se adapta y empieza a producir más glóbulos rojos; La función de los glóbulos rojos es transportar oxígeno al cuerpo. Si hay más glóbulos rojos, se puede respirar con más facilidad.

16   Una vez que te adaptas, puedes caminar, escalar, andar en bicicleta o correr durante más tiempo que si estuvieras a nivel del mar. Esto se debe a que hay más oxígeno en la sangre. También aumenta la eficiencia de los pulmones, que se expanden para incorporar más aire. En la altura, la respiración se vuelve más intensa y profunda para poder inhalar más aire.

17   La altitud elevada también puede ser beneficiosa para el corazón. Los científicos creen que el menor nivel de oxígeno en el aire puede estimular determinados genes del cuerpo. Se trata de genes que hacen que los músculos del corazón trabajen de manera más eficaz.

18   Para adaptarse a la altura, el cuerpo también pierde peso. Al vivir en una zona de altitud elevada, el apetito disminuye en comparación con el de las personas que viven a nivel del mar. ¿A qué se debe? El cuerpo segrega mayores cantidades de una hormona que nos hace sentir saciados más rápido. El resultado es que se come menos.

19   Esto es vital para los corredores. Ser más delgado ayuda a correr más rápido. Cuando corremos, nos movemos hacia delante dando saltos en el aire. Al dar saltos, luchamos contra la gravedad. Y, cuanto más pesados somos, más difícil es correr más rápido.

20   Todos estos beneficios de la altitud pueden significar un mejor rendimiento atlético a nivel del mar. Y no resulta difícil entender el porqué. Los atletas que se entrenan a 8000 pies o más de altitud tienen mayor capacidad pulmonar, fortaleza cardíaca y resistencia. Así, pueden dejar atrás a alguien que se ha entrenado a nivel del mar.

capacidad habilidad de contener algo

LECTURA ATENTA

Analizar los elementos del texto

Subraya detalles del texto que apoyen lo que ves en la imagen.

¿El secreto está solo en la altitud?

21 ¿En qué medida el éxito de los corredores kalenjin se debe a la altitud? ¿Es posible que intervengan otros factores?

22 Por ejemplo, la geografía del Gran Valle del Rift es mayormente plana y el clima es templado durante todo el año. Esto significa que los corredores pueden entrenar con regularidad al aire libre, y eso supone una gran ventaja. Desde ya, no es el único lugar con superficies planas del mundo, y hay muchos otros lugares con buen clima. Sin embargo, de ninguna parte surgen tantos buenos corredores.

23 Hay quienes afirman que la dieta de los kalenjin contribuye a su velocidad. Llevan una dieta sencilla que incluye maíz, camotes y otros cultivos de la zona. El plato principal se llama ugali, una pasta hecha de harina de maíz. Se suele servir acompañado de vegetales guisados. Si bien se trata de una comida sencilla, contiene gran cantidad de nutrientes. También es rica en carbohidratos, que aportan al cuerpo la energía que necesita. Sin embargo, muchas personas tienen dietas similares, ¡pero no ganan la mayoría de las competencias mundiales de larga distancia!

24 Por otro lado, hay otra explicación sobre la grandeza de los corredores kalenjin. Está relacionada con su estilo de vida activo. Gran parte de las familias kalenjin se dedican a criar ganado y a arrearlo. Esta actividad implica mucho movimiento. Aunque, una vez más, muchas personas hacen lo mismo en otras partes del mundo.

LECTURA ATENTA

Confirmar o corregir predicciones

Resalta detalles que te ayuden a confirmar o corregir una predicción que hiciste acerca del texto.

Un medallista olímpico entrenando en el Centro de Entrenamiento en Altitud.

LECTURA ATENTA

motivación razón para hacer algo

25   A menudo se dice que los niños kalenjin corren más que el resto de los niños. Circulan muchas historias sobre niños que corren todos los días en grupo hasta la escuela, también corren de regreso. Según estas historias, los niños por lo general corren descalzos. Este detalle es importante, porque quienes corren descalzos solo tocan el piso con la parte delantera o media del pie. Los científicos afirman que correr de este modo produce menos tensión que golpear primero el piso con el talón. Cuanto menor es la tensión sobre el pie, mayor es la velocidad al correr. Sin embargo, es posible que las historias sobre los niños sean un tanto exageradas. Muchos corredores kalenjin adultos afirman que tomaban el autobús o iban caminando a la escuela. Así que adiós a esa teoría.

26   Existen otras dos explicaciones acerca de por qué hay tantos buenos corredores kalenjin. Una de ellas se centra en la economía. Kenia es un país pobre. Por ello, al ganar una maratón, un kalenjin puede ganar el dinero suficiente para vivir sin preocupaciones durante el resto de su vida. Suena como una gran motivación. Otra explicación es de tipo social. La fortaleza mental es un rasgo muy valorado por el pueblo kalenjin. Sin esa característica, no hay atleta que pueda triunfar. Además, los corredores kalenjin están siempre rodeados de otros corredores. Eso también es un gran estímulo.

El papel de la comunidad y... el trabajo duro

27   El Centro de Entrenamiento en Altitud de Lornah Kiplagat y otros similares fueron construidos con el propósito de entrenar y desarrollar el potencial máximo dentro de una comunidad. El entrenamiento en altitud puede lograr que los atletas corran más rápido. Sin embargo, el apoyo de los demás ayuda a muchos atletas a seguir adelante cuando quizá querrían rendirse.

28   Mary Keitany es otra campeona mundial oriunda de Kenia. Ella también se entrenó en Iten. Al igual que Lornah Kiplagat, Keitany participa y triunfa en maratones y carreras de larga distancia en todo el mundo. Gana tanto en altitudes elevadas como bajas.

LECTURA ATENTA

Confirmar o corregir predicciones

Resalta detalles que te ayuden a confirmar o corregir una predicción acerca de por qué los corredores de altura tienen éxito.

En 2017, la corredora Mary Keitany estableció un nuevo récord mundial en maratón.

LECTURA ATENTA

Vocabulario en contexto

Las claves del contexto son palabras o frases que te ayudan a comprender el significado de una palabra.

Usa claves del contexto para determinar el significado de *expandirse*.

<u>Subraya</u> las claves del contexto que apoyan tu definición.

29   Keitany comenzó a correr profesionalmente hace casi diez años. Primero, ganó la competencia más importante en Kenia, en la que solo participan mujeres. Lleva el nombre de Shoe4Africa 5K. (La organización Shoe4Africa cuenta con el respaldo de Lornah Kiplagat, entre otros. Su misión es recaudar dinero para brindar asistencia médica y educación a toda África). En algunas entrevistas, Keitany ha reconocido que sus buenos resultados responden al esfuerzo, y no a la altitud. Pero no cabe duda de que, tanto para Keitany como para Kiplagat, entrenar en altitudes elevadas las ha ayudado a conseguir excelentes resultados.

30   En la actualidad, el entrenamiento en altitud no se limita solo a Kenia. La tendencia a entrenarse de este modo parece expandirse a la misma velocidad que la capacidad pulmonar de los corredores. Han surgido centros de entrenamiento en altitud elevada en todas partes del mundo. Existen en la cordillera de los Pirineos franceses, en Sudáfrica e incluso en Colorado.

31   Para que el entrenamiento en altitud resulte eficaz, no basta solo con situarse a 8000 pies de altitud. Los entrenadores que promueven los beneficios de la altitud suelen obedecer reglas. En primer lugar, sostienen que los atletas deben permanecer a una altitud elevada de 18 a 28 días. Un periodo menor no garantiza obtener todos los beneficios del entrenamiento.

32   Muchos entrenadores creen que los atletas también deben tomar el tiempo de su entrenamiento con precisión. Algunos expertos estiman que los corredores que bajan de la altitud más de dos o tres semanas, antes de una carrera, perderán los beneficios del entrenamiento en altitud.

En 2017, Edna Kiplagat ganó la maratón de Boston.

33   ¿Qué pueden aprender otros atletas de los corredores kalenjin? No cabe duda de que los kalenjin tienen la geografía a su favor. Su tierra está situada a una altitud elevada, es plana y el clima es templado. Además, tienen una dieta rica en nutrientes y un estilo de vida activo.

34   Pero lo más importante, quizá, sean el tesón y la determinación. Al fin y al cabo, los kalenjin no solo ganan carreras por la geografía del área donde viven. Los atletas que desean mejorar su desempeño pueden considerar el entrenamiento en altitud. Sin embargo, también deben tener presente que los kalanjin posiblemente sean los corredores más tenaces de toda la Tierra.

LECTURA ATENTA

tesón ambición o motivación para seguir adelante

Fluidez

Lee los párrafos 33 y 34 en voz alta con un compañero. Presta atención al ritmo a medida que lees. Practica leer a un ritmo que ayude a tu compañero a comprender el texto.

VOCABULARIO

Desarrollar el vocabulario

En los textos informativos, los autores usan palabras precisas para describir ideas importantes acerca de un tema. Por ejemplo, en "La vida en la cima", Veronica Ellis usa *altitud* y *a nivel del mar* para describir ideas básicas acerca de cómo influye la ubicación en el cuerpo de un corredor.

Mi TURNO Lee cada par de palabras de "La vida en la cima". Luego, explica cómo te ayudan estas palabras a comprender una idea del texto.

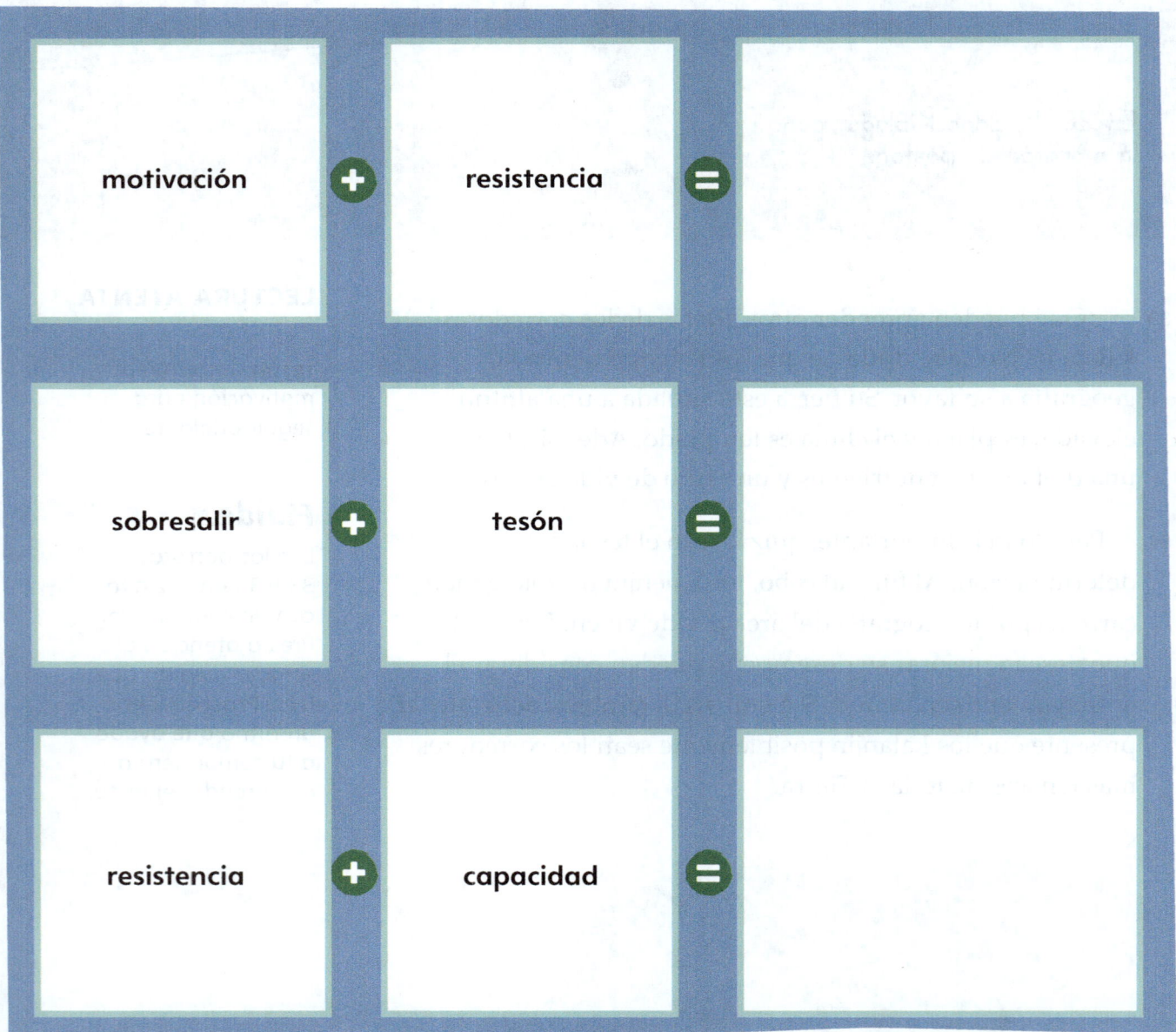

136

COMPRENSIÓN

TALLER DE LECTURA

Verificar la comprensión

Mi TURNO Vuelve a mirar el texto para responder a las preguntas.

1. ¿Qué características de "La vida en la cima" te dicen que se trata de un texto informativo?

2. ¿Por qué crees que Veronica Ellis incluyó un diagrama? Cita evidencia del texto y detalles del diagrama en tu respuesta.

3. Basándote en la sección "¿El secreto está solo en la altitud?", saca una conclusión acerca de los factores que conducen al éxito de los corredores kalenjin.

4. ¿Qué evidencia de "La vida en la cima" sería la más convincente en un argumento acerca de por qué todos los corredores deberían entrenar en altitud?

137

LECTURA ATENTA

Analizar los elementos del texto

Los autores usan **elementos del texto**, como encabezados, mapas, diagramas, fotografías e ilustraciones, para organizar y apoyar las ideas de un texto. Al analizar los elementos del texto y los elementos gráficos, los lectores pueden comprender mejor el texto.

1. **Mi TURNO** Vuelve a las notas de Lectura atenta de "La vida en la cima" y subraya la información relacionada con los elementos del texto.

2. **Evidencia del texto** Usa la evidencia que subrayaste para completar la tabla.

Elementos del texto	Lo que dicen o muestran

Cómo me ayudan a entender

TALLER DE LECTURA

Confirmar o corregir predicciones

Usa el título, los encabezados y los elementos del texto para hacer predicciones antes de leer. Luego, confirma o corrige tus predicciones a medida que lees. Busca información del texto que apoye, o **confirme**, tu predicción. Otra información puede ayudarte a comprobar y **corregir** tu predicción.

1. **Mi TURNO** Vuelve a mirar la página de Primera lectura y las predicciones que hiciste acerca de "La vida en la cima". Luego, vuelve a las notas de Lectura atenta y resalta los detalles que te ayudaron a confirmar o corregir una predicción que hiciste.

2. **Evidencia del texto** Usa una de tus predicciones y el texto subrayado para completar el organizador gráfico.

Predicción

Evidencia relacionada con mi predicción

139

RESPONDER AL TEXTO

Reflexionar y comentar

Escribir basándose en las fuentes

En "La vida en la cima", Veronica Ellis explica los beneficios que obtienen los atletas cuando entrenan en altitudes elevadas. ¿Qué otros lugares ofrecen ventajas a las personas que viven allí? Elige dos lugares acerca de los que hayas leído esta semana. Luego, usa ejemplos de los textos para escribir y apoyar una respuesta.

Comparar y contrastar Los escritores pueden usar la estructura del texto de comparación y contraste para explorar ideas en profundidad. Analizan las semejanzas y las diferencias como ayuda para evaluar lo que piensan acerca de un tema. Usa un diagrama de Venn para tomar apuntes acerca de los dos lugares que elegiste. Usa tus apuntes para escribir una respuesta que compare y contraste los dos lugares que elegiste. Usa información de los textos que leíste para apoyar tus ideas.

Pregunta de la semana

¿Cuáles son las ventajas de vivir en distintos lugares?

VOCABULARIO

PUENTE ENTRE LECTURA Y ESCRITURA

Vocabulario académico

El **lenguaje figurado** es un lenguaje que da a las palabras un significado que va más allá de su definición normal y cotidiana. Un tipo de lenguaje figurado es el símil, que compara dos cosas usando las palabras *tan*, *igual* y *como*.

Mi TURNO En cada una de las siguientes oraciones:

1. **Lee** las oraciones y subraya el símil.

2. **Une** cada palabra del banco de palabras con el símil que mejor se relacione con la definición de la palabra.

3. **Escoge** dos símiles. Luego, escribe una oración con cada símil y su palabra de vocabulario académico relacionada.

> **Meta de aprendizaje**
>
> Puedo aprender sobre el lenguaje para hacer conexiones entre la lectura y la escritura.

BANCO DE PALABRAS

expuesto   hábito   severo   significativo

Tomás salía de su casa a la misma hora todos los días como un relojito.

El ejercicio frecuente es tan vital como la sangre.

Cuando todos supieron el secreto, fue como abrir las cortinas.

Su expresión de enojo era como un temporal a punto de estallar.

141

ESTUDIO DE PALABRAS

El hiato con vocal fuerte y vocal débil tónica: *ía, úa, eí, aí, ío, aú*

Un **hiato** es una combinación de dos vocales juntas que se encuentran en sílabas distintas. El hiato puede estar formado por una **vocal fuerte** (*a, e, o*) y una **vocal débil tónica,** o acentuada (*í, ú*). Según las reglas ortográficas se dividen así: *pa-ís, ma-íz, ba-úl, pú-a*.

La palabra *desafíos* en el párrafo 1 de "La vida en la cima" tiene el hiato *ío*. Si divides la palabra en sílabas, verás que la *í*, que es la vocal débil tónica, está en una sílaba, y la vocal *o*, que es la vocal fuerte, está en otra: *de-sa-fí-os*.

Mi TURNO Escribe una palabra con cada uno de los siguientes hiatos. Luego, divide las palabras según las reglas ortográficas. Si es posible, incluye palabras de "La vida en la cima".

Hiatos con vocal fuerte y vocal débil tónica
ía   úa   eí   aí   ío   aú

Mi TURNO Combina las siguientes sílabas en el orden correcto para formar palabras con hiatos.

1. a-tí _____
2. rí-son-e _____
3. íz-ma _____

Mi TURNO En uno de tus propios borradores, verifica la escritura correcta de palabras con patrones ortográficos, como los hiatos.

142

ANALIZAR LA TÉCNICA DE LA AUTORA

PUENTE ENTRE LECTURA Y ESCRITURA

Leer como un escritor

Los autores usan elementos del texto o elementos gráficos para ayudar a los lectores a encontrar información. Los encabezados organizan ideas basadas en un tema o un concepto en común. Las fotografías y otros elementos gráficos ayudan a los lectores a visualizar ideas del texto.

> **¡Demuéstralo!** Mira la fotografía que está cerca de los párrafos 8 y 9 de "La vida en la cima".
>
> 1. **Identificar** La fotografía muestra a Lornah Kiplagat, una mujer de Kenia, corriendo una carrera.
> 2. **Preguntar** ¿Por qué Veronica Ellis incluye este elemento del texto?
> 3. **Sacar conclusiones** Veronica Ellis usa este elemento para mostrar un ejemplo de una corredora que vive en una altitud elevada y corre muy rápido.

Observa este elemento del texto y lee el texto.

> **¿El secreto está solo en la altitud?**
>
> ¿En qué medida el éxito de los corredores kalenjin se debe a la altitud? ¿Es posible que intervengan otros factores?

Mi TURNO Sigue los pasos para analizar cómo usa el autor un elemento del texto.

1. **Identificar** El encabezado es _____.
2. **Preguntar** ¿Por qué Veronica Ellis usa este elemento del texto?
3. **Sacar conclusiones** Veronica Ellis usa este elemento para _____

143

DESARROLLAR LA TÉCNICA DE LA AUTORA

Escribir para un lector

Los encabezados pueden ayudarte a organizar tus ideas.

Los autores usan elementos del texto y elementos gráficos para organizar y apoyar sus ideas. Usan encabezados para agrupar información relacionada. Usan fotografías, diagramas y otros elementos visuales para ayudar a los lectores a visualizar ideas del texto.

Mi TURNO Piensa en el propósito de Veronica Ellis al usar los elementos del texto en "La vida en la cima". Ahora piensa cómo usas elementos del texto en tu escritura.

1. Si quisieras escribir un párrafo acerca de cómo comer bien puede ayudar a un atleta a nadar más rápido, ¿qué elementos del texto podrías usar?

2. Usa los elementos que identificaste para escribir un pasaje acerca de cómo la dieta de un atleta puede influir en cuánto tiempo y qué distancia puede correr.

144

ORTOGRAFÍA

PUENTE ENTRE LECTURA Y ESCRITURA

Escribir palabras con hiato con vocal fuerte y vocal débil tónica

Si en una palabra hay una **vocal fuerte** (*a*, *e*, *o*) seguida de una **vocal débil tónica** (*í*, *ú*), o una vocal débil tónica seguida de una vocal fuerte, se forma un **hiato** y las vocales pertenecen a sílabas separadas. Por ejemplo, en *freír* se forma el hiato *eí*. La e forma parte de una sílaba y la *í* forma parte de otra sílaba: *fre-ír*. En *resfrío*, la *í* forma parte de una sílaba y la o forma parte de otra sílaba: *res-frí-o*.

Usa este conocimiento para escribir correctamente palabras con hiatos.

Mi TURNO Lee las palabras y sepáralas en sílabas en la columna que corresponda. Aplica tu conocimiento de los hiatos para escribir las palabras correctamente.

PALABRAS DE ORTOGRAFÍA

leía	garantía	bohío	cacatúa
actúa	había	gentío	Raúl
sonreírse	río	baúl	María
maíz	recaída	proteína	batería
sabía	distraído	aúlla	mío

ía

aí

úa

ío

aú

eí

145

LENGUAJE Y NORMAS

Corregir las oraciones mal formadas

Hay **oraciones mal formadas** si, por ejemplo, faltan conjunciones o la puntuación es incorrecta. Para corregir las oraciones mal formadas, agrega o cambia las conjunciones o la puntuación (coma, punto y coma, punto). Recuerda que cuando agregas o quitas un punto, separas o unes oraciones. También ten en cuenta que debes corregir el uso de las mayúsculas.

Oraciones mal formadas	Oraciones completas
Al ganar una maratón, un kalenjin puede ganar el dinero suficiente para vivir sin preocupaciones durante el resto de su vida eso suena como una gran motivación.	Al ganar una maratón, un kalenjin puede ganar el dinero suficiente para vivir sin preocupaciones durante el resto de su vida. Eso suena como una gran motivación.
Primero, ganó la competencia más importante en Kenia en la que solo participan mujeres lleva el nombre de Shoe4Africa 5K.	Primero, ganó la competencia más importante en Kenia, en la que solo participan mujeres. Lleva el nombre de Shoe4Africa 5K.
Los corredores pueden entrenar con regularidad al aire libre eso supone una gran ventaja.	Los corredores pueden entrenar con regularidad al aire libre y eso supone una gran ventaja.

Mi TURNO Corrige la puntuación en las oraciones mal formadas del siguiente párrafo.

Muchos corredores asisten a campos de entrenamiento para prepararse para las carreras uno de los campos más famosos se encuentra en Kenia, África. En estos campos, los corredores comen alimentos como maíz, camotes y otros cultivos de la zona estos alimentos tienen carbohidratos que aportan al cuerpo la energía que necesita.

NARRACIÓN PERSONAL **TALLER DE ESCRITURA**

Agregar ideas para tener coherencia y claridad

Para que las **narraciones personales** sean más claras, los escritores agregan ideas que:

- Conectan los sucesos unos con otros.
- Muestran cómo actúan, piensan y sienten las personas.

Las ideas pueden ser palabras, partes de oraciones u oraciones enteras.

> **Meta de aprendizaje**
>
> Puedo usar elementos de la no ficción narrativa para escribir una narración personal.

Mi TURNO Analiza el siguiente párrafo para aprender cómo el autor agregó ideas en azul para que el texto sea más claro. Luego, agrega dos oraciones del Banco de detalles para que el texto sea aún más claro. Elige solo los detalles más relevantes.

Banco de detalles

Hay restricciones de estatura, peso y edad.   Las mulas pisan con seguridad.

La gente admira la vista.   Las personas van en mula para llegar hasta el cañón.

La visita al Gran Cañón fue increíble. Era más profundo de lo que habíamos imaginado. ¿Cómo íbamos a llegar hasta el fondo? _____. Las mulas saben cómo caminar por los senderos angostos que serpentean hasta abajo. No todos pueden ir en mula. _____

Mi TURNO En uno de tus propios borradores, identifica ideas que puedan ser vagas o estén incompletas. Agrega detalles para aclarar tus ideas.

NARRACIÓN PERSONAL

Eliminar ideas para tener coherencia y claridad

Para que sus narraciones sean más claras, los escritores eliminan ideas que:

- Son repetitivas.
- No se relacionan con los sucesos o los temas principales.

Mi TURNO Lee este párrafo corregido. El autor tachó ideas para que el párrafo sea más claro. Escribe en la tabla por qué el escritor eliminó cada detalle.

> Un día en la biblioteca, encontré un libro viejo ~~que decidí leer. Era~~ sobre la Declaración de Independencia. Leí sobre el verano de 1776, cuando se escribió la declaración. ~~Les llevó un tiempo a las personas firmarla.~~ El libro tenía ~~páginas comunes, pero también tenía páginas de papel brillante. Esas páginas mostraban~~ pinturas de personas que firmaron la Declaración de Independencia. Fue muy interesante ver a las personas que decidieron declarar la independencia.

Idea eliminada	Por qué se eliminó
Primer detalle eliminado	
Segundo detalle eliminado	
Tercer detalle eliminado	

Mi TURNO Revisa uno de tus borradores y borra ideas repetitivas o innecesarias para lograr coherencia.

TALLER DE ESCRITURA

Corregir para incluir adjetivos

Un **adjetivo** describe o identifica a un sustantivo. Los adjetivos concuerdan en género y número con el sustantivo: *carro rojo, carros rojos, lámpara nueva, lámparas nuevas*. Pero hay adjetivos que son iguales para las palabras femeninas y las masculinas: *niñas felices, niños felices*.

Los adjetivos se ubican generalmente después del sustantivo, pero también pueden ir delante. Por ejemplo, podemos decir *rica manzana* y *manzana rica* sin que se dé un cambio de significado. Algunos se "acortan" cuando se los ubica delante del sustantivo, formando **apócopes**, como *buen padre* versus *padre bueno*; *gran casa* versus *casa grande*; *algún cambio* versus *cambio alguno*.

Sustantivo	Adjetivo	Ejemplos
computadora	vieja	La computadora vieja no funciona muy bien.
plátanos	maduros	Como plátanos maduros en el desayuno.
cuadros	hermosos	Hay cuadros hermosos en el museo.
ranas	ruidosas	Las ranas ruidosas no paran de cantar.
ideas	interesantes	El libro tiene ideas interesantes.
libro	interesante	Me regaló un libro muy interesante.

Cuando un adjetivo va antes del sustantivo, la frase suele tener un significado más poético: *Los hombres vestían finos trajes*. Además, suele haber un cambio de significado, como en *amigo viejo* (un amigo mayor) y *viejo amigo* (un amigo que tenemos hace muchos años).

Mi TURNO Resalta los adjetivos correctos en estas oraciones.

El caballo asustado/asustada corre por el camino corto/cortos junto a los árboles altos/altas, hasta llegar al establo. Espero que mañana esté tranquilo/tranquilos para poder subirme a él. Montar a caballo es un gran/grande pasatiempo.

Mi TURNO Corrige uno de tus propios borradores para asegurarte de usar los adjetivos correctamente.

NARRACIÓN PERSONAL

Corregir para incluir adverbios

Los escritores usan adverbios para agregar detalles a su escritura. Los **adverbios** dicen cómo, dónde o cuándo sucede una acción. Dos clases de adverbios son los adverbios de frecuencia y los adverbios de grado (indican cantidad o intensidad).

Tipo	Propósito	Ejemplos	Ejemplo de oración
Adverbio de frecuencia	Dice cuán a menudo ocurre la acción que indica el verbo.	siempre, a menudo, frecuentemente, a veces, ocasionalmente, generalmente	Generalmente termino la tarea en mi cuarto.
Adverbio de grado	Indica la intensidad de aquello que describe un adjetivo u otro adverbio.	muy, extremadamente, totalmente, bastante, levemente, casi, completamente	Ella se siente muy nerviosa, aunque le va bien casi siempre.

Un **adverbio relativo** conecta dos cláusulas relacionadas. Una **cláusula** tiene un sujeto y un verbo. Los adverbios relativos son *donde, cuando, como* y *cuanto*.

Cláusula 1	Adverbio relativo	Cláusula 2
Esta es la caja	donde	guardaba el anillo.
Me caí	cuando	salí de la cama.
Juntaré la basura	como	me pediste.

Mi TURNO Corrige el uso de los adverbios subrayados en el párrafo.

> Cada sábado, la abuela de Maddie <u>totalmente</u> le enseña algo <u>normalmente</u> nuevo sobre la costura. Eso explica por qué Maddie se fue del cumpleaños de Harun para poder llegar a tiempo a la casa de su abuela <u>cuanto</u> habían acordado.

Mi TURNO Usa adverbios para agregar detalles concretos a tu narración personal.

TALLER DE ESCRITURA

Corregir para incluir pronombres

Los **pronombres** reemplazan a los sustantivos o frases que incluyen sustantivos. Un pronombre puede ser:

- **Personal:** funciona, por ejemplo, como un sujeto. **Ellos** estudian.
- **Posesivo:** se usa como reemplazo de algo que pertenece a alguien. <u>Tus ojos</u> son azules. Los **míos** son negros.
- **Demostrativo:** sirve para señalar algo que está cerca: *este*; algo más alejado: *ese*; algo que está lejos: *aquel* (y todas las formas femeninas y plurales). <u>Esta mesa</u> es pequeña. **Esa** es grande. **Aquella** es enorme.
- **Interrogativo o exclamativo:** reemplaza un sustantivo en preguntas o enunciados exclamativos. *¿Quiénes son ellos? ¡Cuántos vinieron a la fiesta!*

Usa estas normas del español estándar sobre los pronombres personales y posesivos al corregir borradores.

Pronombres personales (sujeto)	Pronombres posesivos (acompañados de artículo)	Pronombres demostrativos	Pronombres interrogativos y exclamativos
yo, tú, él/ella, nosotros, ustedes, ellos	mío, tuyo, suyo, nuestro, suyo, suyo (y todas las formas femeninas y plurales)	este, esta, estos, estas, ese, esa, esos, esas, aquello, aquella, aquellos, aquellas	quién, quiénes, qué, cuál, cuáles, cuánto, cuánta, cuántos, cuántas

Mi TURNO Completa las oraciones con pronombres demostrativos e interrogativos.

¿_____ es tu actor favorito?
¿_____ hay en esa caja?
¿_____ viven en _____ casa?
¿_____ cuesta _____ libro?

Mi TURNO Corrige uno de tus propios borradores usando las normas del español estándar para comprobar que no haya errores en el uso de los pronombres personales y posesivos.

151

PRESENTACIÓN DE LA SEMANA: FUENTE PRIMARIA

 INTERACTIVIDAD

VOLANDO hacia las ESTRELLAS

La Administración Nacional de la Aeronáutica y del Espacio (NASA, por sus siglas en inglés) es la agencia del gobierno estadounidense que lleva adelante el programa espacial civil y toda la investigación aeronáutica y aeroespacial. Fue responsable de poner el primer hombre en la Luna.

Administración Nacional
de la Aeronáutica y del Espacio

Oficina del Administrador
Washington, DC 20546-001

Acta de la Administración Nacional de la Aeronáutica y del Espacio de 1958 (sin enmiendas)

Un acta:

para colaborar con las investigaciones de los distintos problemas que pudieran surgir en vuelos dentro y fuera de la atmósfera terrestre, entre otros;

que sea promulgada por el Senado y la Cámara de los Representantes de los Estados Unidos de América reunidos en el Congreso.

TÍTULO ABREVIADO

Sección 101. Este acta puede citarse como "Acta de la Aeronáutica Nacional y del Espacio de 1958".

DISPOSICIONES GENERALES Y OBJETO

Sección 102. (a) Por la presente, el Congreso declara que es política de los Estados Unidos que las actividades espaciales se lleven a cabo con fines pacíficos y para el beneficio de toda la humanidad.

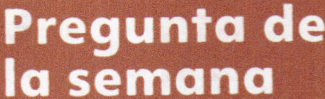

Pregunta de la semana

¿De qué manera las personas pueden modificar los lugares donde viven?

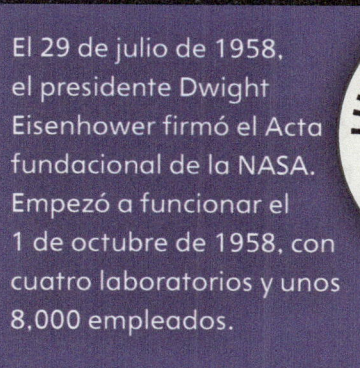

El 29 de julio de 1958, el presidente Dwight Eisenhower firmó el Acta fundacional de la NASA. Empezó a funcionar el 1 de octubre de 1958, con cuatro laboratorios y unos 8,000 empleados.

INTERCAMBIAR ideas Los gobiernos suelen crear instituciones y centros que se relacionan con el resto de la comunidad. Por ejemplo, muchas veces crean puestos de trabajo que hacen crecer una ciudad. ¿Existe alguna universidad o algún centro de investigación cerca del lugar donde vives? ¿Cómo cambian esos lugares tu comunidad? Coméntalo con un compañero. Toma notas de tu conversación.

Sección 102. (c) Las actividades aeronáuticas y espaciales de los Estados Unidos deben contribuir a los siguientes objetivos:

(1) expandir el conocimiento que se tiene sobre los fenómenos de la atmósfera y el espacio;

(2) mejorar la utilidad, la seguridad y la eficiencia de los vehículos aeronáuticos y espaciales;

(3) poner en funcionamiento vehículos con la capacidad de transportar instrumentos, y organismos vivos en el espacio;

(4) realizar estudios a largo plazo sobre los beneficios, las oportunidades y los problemas en las actividades aeronáuticas y espaciales con fines científicos y pacíficos;

153

GÉNERO: NO FICCIÓN NARRATIVA

Meta de aprendizaje

Puedo aprender más sobre la no ficción narrativa y leer un texto que me ayude a comprender la estructura del texto en una biografía.

Enfoque en el género

La biografía

Una **biografía** es un tipo de no ficción narrativa que relata la vida de una persona o parte de ella. Esa persona es el sujeto de la biografía. El sujeto aún puede estar vivo o puede haber vivido en el pasado.

En una biografía, los autores por lo general usan una **estructura cronológica**, u ordenada en el tiempo. Los autores usan esta estructura del texto para contar la vida del sujeto. A menudo incluyen fechas y momentos específicos para ayudar a los lectores a comprender mejor al sujeto. Por ejemplo, los autores pueden describir un período de tiempo específico para ayudar a los lectores a comprender de qué manera la vida del sujeto se relaciona con los sucesos de la historia.

Establecer un propósito El **propósito**, o la razón, para leer una biografía es aprender acerca de sucesos significativos en la vida de una persona. Los elementos narrativos de las biografías ayudan a mantener el interés de los lectores.

Las biografías relatan historias acerca de personas reales. ¿Qué quieres aprender cuando lees una biografía?

Mi PROPÓSITO _____
_____
_____
_____

INTERCAMBIAR ideas Con un compañero, establece un propósito para leer *Ellen Ochoa, la primera astronauta latina*. Comenta cómo influirá este propósito en tu plan de lectura.

TALLER DE LECTURA

Cartel de referencia:
ORDEN CRONOLÓGICO

- También llamado orden temporal
- Cuenta los sucesos en el orden en el que sucedieron.
- Se usa en muchos géneros, como la ficción, la autobiografía, la biografía y los textos informativos.
- Generalmente, implica el uso de palabras o frases de transición para mostrar el orden de los sucesos.

Palabras o frases de transición de orden cronológico

Primero	Con el tiempo	
Luego	Finalmente	En un tiempo
Después	Al principio	Más adelante

Conoce a los autores

Lila y Rick Guzmán son autores de libros de aventuras. Viven con su familia cerca de Austin, Texas. Rick es un abogado que tiene su propio despacho. Fue oficial del ejército de los Estados Unidos al mismo tiempo que Lila lo fue de la marina. Lila obtuvo un Ph.D. en Español y ha ganado varios premios literarios.

Ellen Ochoa, la primera astronauta latina

Primer vistazo al vocabulario

Lee la lista de palabras. Luego mira la portada de *Ellen Ochoa, la primera astronauta latina*. ¿Acerca de qué predices que tratará esta selección? Presta atención a las palabras de vocabulario a medida que lees el texto.

> astronauta   ingeniería   coinventora
> tripulación   portátil

Lectura

Los lectores activos de **biografías** siguen estas estrategias cuando leen un texto por primera vez.

Primera lectura

Nota las relaciones históricas entre los sucesos y las personas.

Genera preguntas acerca de temas sobre los que te gustaría saber más.

Conecta ideas y sucesos dentro de la selección, unos con otros.

Responde escribiendo o dibujando acerca de lo que te recuerda la selección.

Género Biografía

Ellen Ochoa
la primera astronauta latina

por Lila y Rick Guzmán

AUDIO

ANOTAR

1   La música de flauta flotaba a 160 millas por encima de la Tierra. Dentro del transbordador espacial *Discovery*, la astronauta Ellen Ochoa tocaba una canción. Tocar la flauta en el espacio era casi lo mismo que tocarla en la Tierra. Había solo una diferencia. En el espacio, el instrumento y las páginas de música flotaban. Para Ellen, lo más asombroso de todo era mirar hacia abajo al bello planeta Tierra mientras tocaba.

2   Ellen Ochoa nació el 10 de mayo de 1958, en Los Ángeles, California. Los padres de su padre eran de México. Vinieron a los Estados Unidos antes de que naciera Joseph, el padre de Ellen. Su madre, Rosanne, era de Oklahoma. Ellen tiene una hermana y tres hermanos. Cuando era pequeña, su familia se mudó de Los Ángeles a La Mesa, un pueblo cerca de San Diego, California.

3   Cuando Ellen tenía un año, su madre empezó a asistir a la universidad. La mayoría de las personas pueden terminar la universidad en cuatro años. A Rosanne Ochoa le tomó veintidós años porque solo tomaba una clase a la vez. Ella tenía cinco hijos y vivía muy ocupada.

4   La madre de Ellen estaba muy interesada en sus clases universitarias. Ella les hablaba a sus hijos acerca de lo que estudiaba. De su madre, Ellen aprendió que la educación es importante y emocionante. Aprendió a esforzarse y a no darse por vencida.

5   El 20 de julio de 1969, los astronautas estadounidenses fueron a la Luna. Neil Armstrong fue el primer ser humano en caminar en la Luna. Ellen tenía once años cuando lo vio en televisión. Era asombroso, pero ella no pensó en convertirse en astronauta. En aquel tiempo, todos los astronautas eran hombres.

LECTURA ATENTA

Resumir un texto

Resalta información que incluirías en un resumen de estos párrafos.

astronauta una persona que viaja al espacio exterior

Analizar la estructura del texto

Un autor puede incluir una anécdota o historia breve en una narración para ilustrar un punto o tema importante del texto. Lee los párrafos 1 y 2 para aprender acerca de algo que hizo Ellen Ochoa mucho después que otro evento narrado.

Subraya evidencia que te indique la estructura cronológica del texto, es decir, que los hechos del segundo párrafo son anteriores a los del primero.

LECTURA ATENTA

Analizar la estructura del texto

Subraya detalles que señalen sucesos importantes que suceden a lo largo del tiempo.

6   Los padres de Ellen se divorciaron cuando ella estaba en la escuela secundaria. Ella y sus hermanos vivían con su madre. En la secundaria, Ellen estudiaba mucho. Le gustaban sus clases de matemáticas y de lectura. También le encantaba la música y tocaba la flauta en una orquesta juvenil en San Diego.

7   En 1975, Ellen se graduó de la escuela secundaria Grossmont High School en la ciudad de La Mesa. Era la mejor estudiante en su clase. Decidió ir a una universidad local, San Diego State University. Ella sabía que su mamá, como madre soltera, trabajaba mucho, entonces, quería estar cerca de su familia para poder ayudar con sus hermanos menores.

8   En San Diego State University, Ellen tuvo que escoger una materia favorita para estudiar. Ella estaba interesada en muchas cosas. Disfrutaba de la música, las matemáticas, el inglés y los negocios. Finalmente, después de tomar una clase de física, Ellen se decidió.

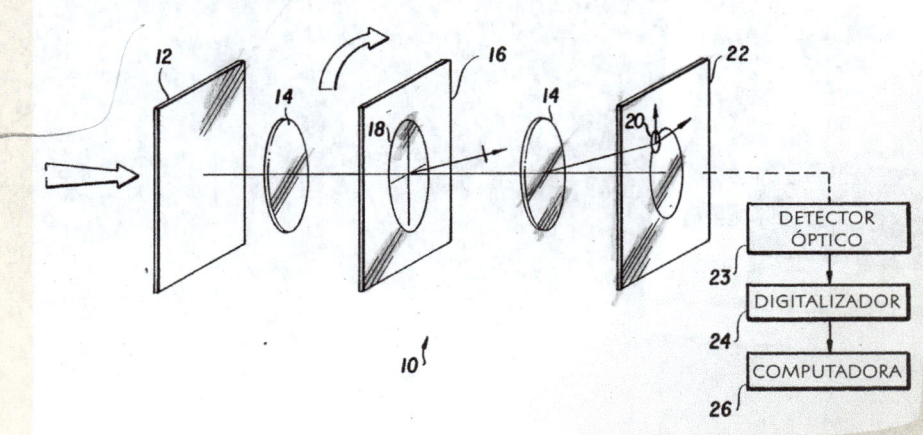

Patente de los Estados Unidos N° 4,838,644. Ellen ayudó a inventar un aparato que utiliza tecnología óptica para identificar un objetivo particular.

LECTURA ATENTA

Resumir un texto

Resalta información que deberías incluir si quieres explicar lo que hacen los ingenieros eléctricos.

9   La física es la ciencia que estudia la materia, la energía y el movimiento. Trata de entender por qué las cosas son como son y actúan como lo hacen. ¿Cómo se forma un arco iris? ¿Por qué ondean las banderas en el viento?

10   En 1980 Ellen recibió un título en Física de San Diego State University. Una vez más, ella fue la mejor estudiante de su clase. ¿Qué iba a hacer ahora? Ellen pensó que quizás le gustaría un trabajo tocando la flauta en una orquesta. Sin embargo, aún había mucho que quería aprender acerca de las ciencias. Así que Ellen se fue a estudiar a Stanford University. Es una de las mejores universidades del país. Esta vez, quería estudiar ingeniería eléctrica.

11   Los ingenieros eléctricos fabrican máquinas que usan la electricidad de nuevas maneras. Pueden diseñar computadoras o programas de computadoras. Pueden trabajar con láseres o robots e inventar toda clase de cosas nuevas. Mientras Ellen estaba en Stanford, ella realizó investigaciones en óptica, la ciencia de la luz. Ayudó a inventar una máquina óptica especial que puede "mirar" a los objetos y examinarlos a ver si tienen errores.

ingeniería técnica de aplicar los conocimientos científicos a la invención de nuevos instrumentos

161

LECTURA ATENTA

Analizar la estructura del texto

Subraya dos cosas que relata el texto que sucedieron por primera vez en la historia.

12   Ellen obtuvo dos títulos avanzados en ingeniería eléctrica de Stanford University. En 1981 recibió una Maestría en Ciencias. Y luego, en 1985, terminó su doctorado (Ph.D.). Este es el título más alto de una universidad. Las personas que reciben este título son llamadas doctores. Ellen se convirtió en la Dra. Ellen Ochoa. Obtuvo notas perfectas en Stanford y se graduó a la cabeza de su clase. Además de estudiar, tocaba la flauta con la Orquesta Sinfónica de Stanford y, gracias a eso, ganó el Premio de Estudiante Solista.

13   Mientras Ellen estaba en la universidad, a las mujeres se les permitió participar en el programa espacial por primera vez. Ahora, una mujer podía ser astronauta de la NASA (por sus siglas en inglés, National Aeronautics and Space Administration).

14   En 1983, Sally Ride llegó a ser la primera mujer estadounidense en el espacio. Debido al éxito de Sally Ride, Ellen vio que a cualquiera le era posible llegar a ser astronauta. Decidió que ella también quería serlo.

163

LECTURA ATENTA

Analizar la estructura del texto

Subraya detalles del texto que indiquen el orden cronológico de las distintas cosas que hizo Ellen.

coinventora una persona que, junto con otra, inventa un objeto nuevo

15 Ellen solicitó ingreso al programa de astronautas de la NASA en 1985, pero no la aceptaron. En vez de eso, comenzó a trabajar para los laboratorios Sandia National. Allí, realizó más investigaciones en óptica. En 1988 aceptó un puesto en el Centro de Investigaciones Ames de la NASA, haciendo trabajos en óptica. En Ames, ella estaba a cargo de un equipo de treinta y cinco científicos y fue coinventora de dos inventos más. Uno de ellos permitía que los robots fueran capaces de "ver" objetos. Esto ayudaría a los robots a movilizarse dentro de una nave espacial o en el espacio. La otra invención hizo más claras las fotografías tomadas por cámaras en el espacio.

16 Ellen aún esperaba unirse al Cuerpo de Astronautas de la NASA. Sabía que muchos astronautas eran pilotos y sabían volar aviones, así que tomó clases de vuelo. Obtuvo su licencia de piloto en 1986. Volvió a presentar su solicitud ante la NASA en 1987. Pero de nuevo la rechazaron.

17 En el Centro de Investigación Ames, Ellen conoció a Coe Fulmer Miles. Él también era un ingeniero de investigación. Ellos se enamoraron y se casaron el 27 de mayo de 1990.

164

18   Ellen estaba ocupada y feliz con su trabajo y su nuevo matrimonio, pero no renunciaba a su sueño. En 1990, dos mil personas presentaron su solicitud para convertirse en astronautas. Solo veintitrés fueron aceptadas y Ellen era una de ellas. Fue la primera latina en ser aceptada para el programa de entrenamiento de astronautas de la NASA.

19   El entrenamiento para astronautas se llevó a cabo en el Centro Espacial Johnson en Houston, Texas. Ella tuvo que esforzarse mucho. Tenía que ser fuerte y estar en buen estado físico. La NASA les enseñó a los nuevos astronautas lo que se sentía estar en un transbordador espacial. Aprendieron qué hacer en cualquier tipo de emergencia. Ellen practicó saltar de un avión en paracaídas. También tuvo que estudiar la Tierra, los océanos y las estrellas. Los nuevos astronautas debían convertirse en expertos en el transbordador espacial y su funcionamiento. Tenían que conocer cada pulgada de él, por dentro y por fuera. Después de meses de arduo trabajo, Ellen llegó a ser astronauta en julio de 1991.

LECTURA ATENTA

Analizar la estructura del texto

Subraya en el texto todo lo que tuvo que aprender Ellen para convertirse en astronauta.

165

20 El 8 de abril de 1993, Ellen salió en su primera misión espacial a bordo del transbordador espacial *Discovery*. El viaje duró nueve días. En el transbordador espacial, los astronautas hacen muchos experimentos mientras viajan alrededor de la Tierra. Ellen ayudó a recoger información acerca de cómo el Sol cambia el clima de la Tierra. Usó un brazo robótico para enviar un satélite al espacio para aprender más sobre el Sol. Luego, con el brazo robótico, trajo el satélite de regreso y lo colocó dentro del transbordador espacial.

21 En su segundo vuelo, Ellen pasó doce días en el transbordador espacial *Atlantis*, del 3 al 14 de noviembre de 1994.

22 Los científicos querían aprender más sobre la energía del Sol. De nuevo, Ellen usó un brazo robótico para atrapar un satélite de investigación al final de su vuelo de ocho días.

LECTURA ATENTA

Vocabulario en contexto

Analiza el significado de *transbordador*.

<u>Subraya</u> claves de contexto que te sirvan para entender de qué se trata el texto.

LECTURA ATENTA

Resumir un texto

<mark>Resalta</mark> en el texto los hechos importantes que ocurrieron en la vida de Ellen entre 1998 y 2000.

tripulación conjunto de personas que se encargan de conducir o manejar una nave

23   Wilson, su primer hijo, nació en 1998. Él celebraría su primer cumpleaños mientras su madre estaba en el transbordador espacial en su tercera misión. Antes de partir, Ellen grabó una videocinta de sí misma para que Wilson la viera todas las noches antes de acostarse. El 27 de mayo de 1999, despegó a bordo del transbordador espacial *Discovery* en una misión de diez días. Era una tripulación internacional. Miembros de la Agencia Espacial de Canadá y la Agencia Espacial Rusa iban con los astronautas estadounidenses.

24   El 29 de mayo, el transbordador espacial se acopló a la Estación Espacial Internacional. La tripulación estaba emocionada por ser el primer vuelo del transbordador espacial en acoplarse con la estación. La Estación Espacial Internacional es un lugar donde los seres humanos pueden vivir y trabajar en el espacio por largos períodos. Fue construida por personas de dieciséis países. La primera tripulación llegaría a la estación espacial en 2000.

LECTURA ATENTA

Resumir un texto

Resalta en el texto una oración que te sirva para hablar de la vida de Ellen.

portátil que puede ser transportado o llevado

25   Ellen y los otros astronautas ayudaron a preparar la estación espacial. Del transbordador espacial pasaron equipo médico, ropa, sacos de dormir, repuestos, agua y otras cosas que los astronautas necesitarían en la estación espacial.

26   Entregaron casi cuatro toneladas de provisiones.

27   El 8 de abril de 2002, Ellen participó en su cuarto viaje al espacio. Junto con la tripulación del *Atlantis* volvieron a la Estación Espacial Internacional. Ellen usó el brazo robótico de la estación espacial para ayudar a los astronautas a caminar en el espacio. El brazo los sostenía mientras ellos se movían fuera de la estación espacial. Esta fue la primera vez que el brazo se usaba con ese propósito.

28   El transbordador trajo consigo una nueva sección que sería agregada a la Estación Internacional para hacerla más grande. También entregó más experimentos científicos, computadoras portátiles, agua y otras cosas que los astronautas necesitarían en la estación espacial.

29   Al finalizar su cuarta misión, Ellen había pasado casi mil horas en el espacio.

30   La Dra. Ellen Ochoa ha ganado muchos premios por su liderazgo, por su servicio al programa espacial y por su trabajo en el espacio. También ha recibido honores de muchos grupos latinos. Aún es astronauta de la NASA y le gustaría ir al espacio otra vez. Por ahora, su trabajo es sobre tierra firme. Trabaja en el Centro Espacial Johnson en Houston, Texas. Ha estado a cargo de la tripulación que trabaja en la Estación Espacial Internacional. Otro de sus trabajos es decidir qué astronautas irán en los diferentes vuelos espaciales.

LECTURA ATENTA

Resumir un texto

Resalta las palabras que expresen las creencias de la doctora Ellen Ochoa.

31 En su tiempo libre, a Ellen le gusta pasear en bicicleta y jugar vóleibol. También disfruta tocando la flauta y volando aviones pequeños. Junto con su esposo, Coe, tienen dos hijos: Wilson, nacido en 1998, y Jordan, nacido en 2000. Ser madre y astronauta mantiene a Ellen muy ocupada.

32 Ellen Ochoa puede recordar cuando no había astronautas mujeres ni latinos. Para 2006 había treinta mujeres en el Cuerpo de Astronautas de NASA, así como trece latinos (todos hombres, con excepción de Ellen).

33 Ellen viaja por todo el país. Le gusta hablarles a niños y adultos acerca del programa espacial. Visita las escuelas para hablarles a los estudiantes y los anima a tomar clases de matemáticas y ciencias.

34 Ellen cree que la exploración espacial es muy importante. Llevará a la gente a nuevos mundos. "No tengas miedo de aspirar a las estrellas", dice. "Creo que una buena educación puede llevarte a cualquier lugar en la Tierra y más allá".

VOCABULARIO

Desarrollar el vocabulario

En la no ficción narrativa, los autores suelen describir los sucesos usando vocabulario de dominio específico, o palabras que son específicas para el tema. Estas palabras ayudan al lector a determinar la relación entre los sucesos y las personas del texto.

Mi TURNO Escribe el significado de cada palabra. Luego, escribe una oración con cada palabra para contar algo sobre el trabajo de Ellen Ochoa.

Palabra	Definición	Oración relacionada con el trabajo de Ellen Ochoa
astronauta		
ingeniería		
tripulación		

174

COMPRESIÓN TALLER DE LECTURA

Verificar la comprensión

Mi TURNO Vuelve a mirar el texto para responder a las preguntas.

1. ¿Qué características te dicen que *Ellen Ochoa, la primera astronauta latina* es una biografía?

2. ¿Por qué los autores incluyen muchas fotografías en la biografía?

3. ¿Por qué Ellen siguió solicitando su ingreso a la NASA para convertirse en astronauta a pesar de que ya la habían rechazado dos veces? ¿Qué te dice eso sobre Ellen?

4. ¿Qué hechos muestran que Ellen Ochoa es una científica muy respetada e importante, además de una buena ciudadana?

175

LECTURA ATENTA

Analizar la estructura del texto

En las biografías, a menudo se usa una **estructura del texto cronológica**, u ordenada en el tiempo, para organizar las ideas. Cuando el propósito de un autor es informar al lector acerca de una persona real, el orden cronológico ayuda a los lectores a entender sucesos importantes y cómo esos sucesos influyen en la vida de la persona de la biografía.

1. **Mi TURNO** Vuelve a las notas de Lectura atenta de *Ellen Ochoa, la primera astronauta latina* y subraya evidencia que revele la estructura del texto.

2. **Evidencia del texto** Usa las partes que subrayaste para completar la tabla y explicar de qué manera la estructura del texto revela el propósito de los autores.

Suceso 1: Sus padres se divorciaron cuando ella estaba en la escuela secundaria.

Suceso 2: Eso inspiró a Ellen, que decidió que también quería ser astronauta.

Suceso 3: En el entrenamiento, Ellen aprendió cómo era estar en un transbordador espacial, qué hacer en una emergencia, cómo saltar de un avión en paracaídas.

¿De qué manera revela la estructura del texto el propósito de los autores?

TALLER DE LECTURA

Resumir un texto

Usa la estructura cronológica para **resumir**. En el resumen de una biografía, incluye solo los sucesos y los detalles más importantes.

1. **Mi TURNO** Vuelve a las notas de Lectura atenta y resalta partes del texto para incluir en un resumen.

2. **Evidencia del texto** Usa el texto que resaltaste para completar la tabla. Identifica las palabras clave que usan los autores para crear una estructura del texto cronológica.

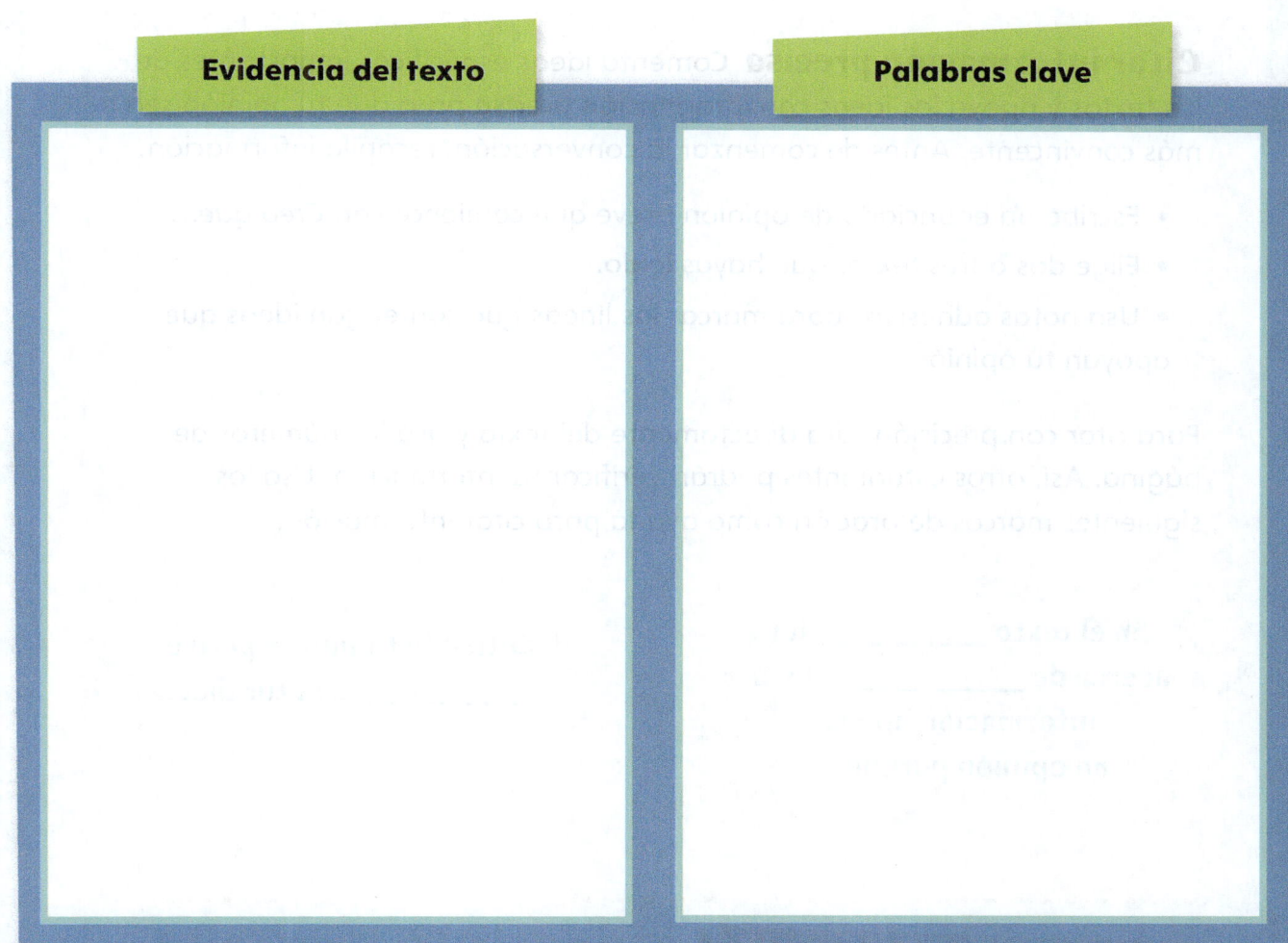

Evidencia del texto	Palabras clave

En una hoja aparte, usa tu evidencia del texto para resumir el texto. Incluye palabras clave similares para narrar los sucesos en orden.

RESPONDER AL TEXTO

Reflexionar y comentar

En tus palabras En *Ellen Ochoa, la primera astronauta latina*, los autores cuentan todo lo que Ellen Ochoa estudió y cómo se esforzó para ser astronauta y que ese fuera su trabajo. ¿Sobre qué otras personas que han estudiado y trabajado mucho para alcanzar su sueño has leído esta semana? ¿Es importante esforzarse para concretar los sueños y objetivos? Comenta ideas específicas de los textos para apoyar tu opinión.

Citar información precisa Comenta ideas específicas importantes de los textos y apoya las ideas con información precisa para que tu opinión sea más convincente. Antes de comenzar la conversación, recopila información.

- Escribe un enunciado de opinión breve que comience con *Creo que…*
- Elige dos o tres textos que hayas leído.
- Usa notas adhesivas para marcar las líneas que contengan ideas que apoyan tu opinión.

Para citar con precisión, cita directamente del texto y usa los números de página. Así, otros estudiantes podrán verificar tu información. Usa los siguientes marcos de oración como ayuda para citar información:

> En el texto _____, leí acerca de _____. Esta información apoya mi opinión porque…

> Entiendo tu punto, pero en _____ el autor dice…

Pregunta de la semana

¿De qué manera las personas pueden modificar los lugares donde viven?

VOCABULARIO

PUENTE ENTRE LECTURA Y ESCRITURA

Vocabulario académico

Las **clases de palabras** son categorías de palabras que incluyen:

- **Sustantivos,** palabras que nombran a personas, lugares o cosas.
- **Verbos,** palabras que indican una acción o un estado.
- **Adjetivos,** o palabras que describen a las personas, los lugares o las cosas que nombran los sustantivos.
- **Adverbios,** palabras que dicen cómo, dónde o cuándo sucede algo.

Muchas palabras pueden cumplir más de una función en una oración.

Meta de aprendizaje

Puedo aprender sobre el lenguaje para hacer conexiones entre la lectura y la escritura.

Mi TURNO En cada una de las siguientes oraciones:

1. **Subraya** la palabra de vocabulario académico.
2. **Identifica** a qué clase de palabra pertenece.
3. **Escribe** una nueva oración con el mismo significado, pero usando otra clase de palabra.

Oración	Clase de palabra	Mi oración
Juan <u>habitualmente</u> venía a la clase preparado.	adverbio	Era un hábito de Juan venir a la clase preparado. (sustantivo)
El líder hizo una contribución para ayudar a su comunidad.		
Una de las partes significativas de la misión es ayudar a los jóvenes.		
El reportero expuso la historia valientemente.		

179

ESTUDIO DE PALABRAS

Los prefijos *in-*, *im-*, *sobre-*, *sub-*, *inter-*, *mono-*

Los **prefijos**, o afijos, son partes de palabras que se agregan al comienzo de una raíz o de una palabra base para modificar su significado. Los prefijos *in-* e *im-* indican "no" o "lo contrario". El prefijo *sobre-* puede indicar "exceso", "más" o "arriba de". El prefijo *sub-*, "debajo de" o "inferioridad". El prefijo *inter-* significa "entre" o "en medio". El prefijo *mono-* significa "único". Conocer los prefijos, o afijos, ayuda a decodificar las nuevas palabras que se forman e identificar su significado.

Por ejemplo, la palabra *creíble* significa "que puede creerse". Cuando se agrega el prefijo *in-* a la palabra, se forma la palabra *increíble*. Esta palabra nueva significa "que no puede creerse".

Mi TURNO Decodifica y lee en voz alta las siguientes palabras bases. Luego, agrega el prefijo que está entre paréntesis. Escribe la palabra nueva y su definición.

1. perfecto (im-) _____

2. seguro (in-) _____

3. cargar (sobre-) _____

4. suelo (sub-) _____

5. regional (inter-) _____

6. color (mono-) _____

180

ANALIZAR LA TÉCNICA DE LOS AUTORES

PUENTE ENTRE LECTURA Y ESCRITURA

Leer como un escritor

El **propósito de un autor** es la razón por la que un autor escribe un texto, por ejemplo, informar, persuadir, entretener o expresar ideas y sentimientos. Analiza los detalles para determinar el propósito del autor.

¡Demuéstralo!
Lee el texto de *Ellen Ochoa, la primera astronauta latina*.

> La Dra. Ellen Ochoa ha ganado muchos premios por su liderazgo, por su servicio al programa espacial y por su trabajo en el espacio.

1. **Identificar** Lila y Rick Guzmán dan detalles acerca de la carrera de Ellen Ochoa.

2. **Preguntar** ¿De qué manera revelan estos detalles el propósito de los autores?

3. **Sacar conclusiones** Los detalles dan información acerca de una parte importante de la vida de Ellen. Revelan que el propósito principal de los autores es informar.

Lee el texto.

> Ellen se fue a estudiar a Stanford University. Es una de las mejores universidades del país. Esta vez, quería estudiar ingeniería eléctrica.

MI TURNO Sigue los pasos para explicar el propósito de los autores.

1. **Identificar** Este pasaje describe _____

2. **Preguntar** ¿De qué manera revelan estos detalles el propósito de los autores?

3. **Sacar conclusiones** Estos detalles _____

181

DESARROLLAR LA TÉCNICA DE LOS AUTORES

Escribir para un lector

Los autores incluyen hechos y detalles específicos para apoyar su propósito para escribir y revelar su mensaje general.

¿Qué información quieres que sepan tus lectores después de leer tu texto?

Mi TURNO Lila y Rick Guzmán incluyeron hechos y detalles en *Ellen Ochoa, la primera astronauta latina* para informar a los lectores acerca de cómo influyeron los hechos históricos en la vida de Ellen. Ahora analiza un suceso importante que influyó en tu vida. ¿Qué detalles incluirías para revelar tu propósito para escribir y tu mensaje general?

1. Elige un suceso importante de tu vida acerca del cual te gustaría escribir. ¿Cuál sería tu propósito para escribir acerca de ese suceso? ¿Qué hechos y detalles podrías incluir para apoyar tu propósito?

   Propósito: _____
   Hechos y detalles: _____
   _____
   _____
   _____

2. Escribe un pasaje acerca del suceso que elegiste. Incluye hechos y detalles que apoyen tu propósito para escribir y revelen tu mensaje.

   _____
   _____
   _____
   _____
   _____

182

ORTOGRAFÍA

Escribir palabras con prefijos

Los prefijos, o afijos, *in-*, *im-*, *sobre-*, *sub-*, *inter-* y *mono-* son partes de palabras que se agregan al comienzo de una palabra base para modificar su significado. Si al unir el prefijo con la palabra quedan dos vocales iguales juntas, muchas veces puede eliminarse una de las dos: *sobreentender*, *sobrentender*. Conocer los prefijos, o afijos, ayuda a decodificar las nuevas palabras que se forman e identificar su significado.

Los prefijos *in-* e *-im* tienen el mismo significado: se usa -im si la palabra comienza con *p* o *b*.

Mi TURNO Decodifica las palabras y escríbelas en la columna del prefijo que corresponda. Luego, con un compañero, identifiquen el significado de las palabras base a partir del afijo. Ten en cuenta que leer en voz alta las palabras te ayuda a identificar los afijos.

PALABRAS DE ORTOGRAFÍA

inacción	impuro	sobretodo	subrayar
subestación	imposible	subacuático	inagotable
impaciente	internacional	intermedio	sobresalir
sobreactuar	interactivo	subconjunto	sobrentendido
monoambiente	sobrellevar	incompleto	imborrable

in-

im-

sobre-

sub-

inter-

mono-

LENGUAJE Y NORMAS

Corregir los fragmentos de oraciones

Una oración completa necesita un sujeto y un predicado, y expresa una idea completa. Un **fragmento de oración** no es una oración completa. Un sujeto sin predicado no es una oración, es un fragmento; por ejemplo: *La bicicleta que compró Juan.* Tampoco es una oración una frase que indica un momento o un lugar: *Una noche en la que llovía.*

Fragmento	¿Qué se puede agregar?	Posible oración completa
Ellen dos títulos en Stanford University.	el verbo	Ellen obtuvo dos títulos en Stanford University.
Ellen y los otros astronautas.	el predicado	Ellen y los otros astronautas ayudaron a preparar la estación espacial.
Mientras Ellen estaba en la universidad.	el sujeto y el predicado	Mientras Ellen estaba en la universidad, las mujeres comenzaron a participar en el programa espacial.

Mi TURNO Corrige el párrafo para formar oraciones simples o compuestas.

Ellen ocupada y feliz con su trabajo y su nuevo matrimonio, pero no renunciaba a su sueño. En 1990, dos mil personas su solicitud para convertirse en astronautas. Ellen fue la primera latina en ser aceptada para el programa de entrenamiento de astronautas de la NASA. El entrenamiento para astronautas.

184

NARRACIÓN PERSONAL | **TALLER DE ESCRITURA**

Corregir los verbos irregulares

> **Meta de aprendizaje**
>
> Puedo usar los elementos de la no ficción narrativa para escribir una narración personal.

Hay dos tipos de verbos: **los verbos regulares** y **los verbos irregulares**. Un verbo es regular si mantiene siempre su raíz; por ejemplo, *cantar*: *canto*, *cantamos*, *cantarán*; las formas conservan la raíz *cant-*. Un verbo es irregular si cambia su raíz; por ejemplo, *ir*: *voy*, *fuimos*, *irán*; no todas estas formas conservan la raíz *ir-*. Conocer las reglas de ortografía te ayudará a aplicar correctamente la tilde a los verbos conjugados.

Regular	aplaudir	aplaudo	aplaudí
	hablar	hablo	hablé

Irregular	hacer	hago	hice
	saber	sé	supe
	tener	tengo	tuve

Nota que, por lo general, los verbos regulares (y algunos irregulares) en pretérito son palabras agudas terminadas en vocal, por lo que llevan tilde.

Mi TURNO Completa los espacios en blanco con las formas en pretérito de los verbos irregulares que se encuentran entre paréntesis. Aplica tu conocimiento para escribir correctamente el acento en los verbos que llevan tilde.

> Janice _____ (decir) que quería estar en el equipo de natación. Entonces, Liz y yo _____ (hacer) una carta de recomendación. La entrenadora _____ (estar) de acuerdo y la aceptó. Janice se _____ (sentir) muy feliz.

Mi TURNO Corrige uno de tus borradores para que todos los verbos irregulares se usen y escriban correctamente.

NARRACIÓN PERSONAL

Corregir los signos de puntuación

Combina oraciones cortas cuando las ideas estén relacionadas. Así se crean **oraciones compuestas**. Una oración compuesta tiene dos oraciones simples (con sujeto y predicado). A veces, están unidas por una coma y las conjunciones *pero* y *aunque*. A veces, por otras conjunciones como *y*. En este último caso, no se pone coma.

Oración 1	Unión	Oración 2
Me gustaría ir al zoológico contigo	, pero	no tengo tiempo en este momento.
Estoy muy cansada	, aunque	dormí muchas horas.

También usa una coma después de una palabra o frase introductoria en una oración (*Si tengo tiempo, iré al parque*), para separar el nombre de la persona a la que uno se dirige (*Juan, ¿me escuchas?*), para intercalar una explicación en una oración (*México D.F., la capital del país, es una ciudad muy bella*) y para separar los elementos de una enumeración (*El perro de Maggie es grande, peludo, juguetón y cariñoso*).

Usa **rayas de diálogo** para indicar correctamente quién habla en un diálogo en una narración personal. Por ejemplo, un diálogo con la puntuación correcta podría ser:

—¿Quieres ver una película? —le preguntó Jessica a su amiga Mabel.

—¡Me encantaría! —le respondió Mabel.

Mi TURNO Corrige el párrafo siguiente para que tenga la puntuación correcta.

> Vayamos al parque   le   dije a Leanna.
> Ella respondió que sí. Iría más tarde. Mientras tanto   yo tomé la pelota de tenis   las raquetas, unas botellitas con agua y el teléfono celular.

Mi TURNO Corrige uno de tus propios borradores para comprobar si has usado correctamente los signos de puntuación.

En una narración personal, los pensamientos del escritor pueden aparecer escritos como un diálogo y tener la puntuación de los diálogos.

186

TALLER DE ESCRITURA

Publicar y celebrar

Cuando tu narración personal esté terminada, es momento de publicarla. Piensa en tu público: compañeros de clase, lectores más jóvenes o adultos. Luego, publícala en el periódico de la escuela, en un periódico local, en un tablero de avisos o en otro lugar donde creas que tu público pueda llegar a leerla.

Mi TURNO Completa estas oraciones para hablar acerca de tu experiencia de escritura. Escribe de manera legible y en cursiva.

Decidí publicar mi narración personal en

Les conté a los lectores acerca del narrador de mi narración personal de esta manera:

Las palabras concretas, los adjetivos y los adverbios que usé en mi narración personal ayudaron a que la narración sea

La próxima vez que publique una narración personal, quiero

187

ESCRITURA DE FICCIÓN REALISTA

Prepararse para la evaluación

Mi TURNO Sigue un plan mientras te preparas para escribir una narración personal en respuesta a instrucciones.

1. **Estudia las instrucciones**.
   Recibirás una tarea llamada instrucciones para la escritura. Lee las instrucciones con atención. <mark>Resalta</mark> el tipo de escritura que debes hacer. Subraya el tema sobre el que se supone que debes escribir.

   > **Instrucciones:** Escribe una narración personal acerca de tu primera experiencia en un lugar nuevo.

2. **Haz una lluvia de ideas.**

   > Enumera tres experiencias personales acerca de las cuales podrías escribir. Luego, resalta tu experiencia favorita.

3. **Organiza y planifica tu narración personal.**

   > Introducción ➔ Suceso 1 ➔ Sucesos siguientes ➔ Punto de inflexión ➔ Suceso final ➔ Conclusión

4. **Escribe el borrador.**

   > Recuerda orientar a los lectores a través de la introducción y redondear la experiencia del narrador en tu conclusión.

5. **Revisa y edita tu narración personal.**

   > Aplica las destrezas y reglas que has aprendido para pulir tu escritura y corregir errores.

Recuerda: una gran narración personal desarrolla una idea interesante.

TALLER DE ESCRITURA

Evaluación

Mi TURNO Antes de escribir una narración personal para tu evaluación, califica cuán bien entiendes las habilidades que has aprendido en esta unidad. Repasa las habilidades marcadas con un "No".

		¡Sí!	No
Ideas y organización	• Puedo hacer una lluvia de ideas para elegir una idea interesante.	☐	☐
	• Puedo presentar personas y una situación.	☐	☐
	• Puedo describir un ambiente y organizar sucesos.	☐	☐
	• Puedo terminar la narración con una conclusión.	☐	☐
Técnica	• Puedo incluir detalles relevantes.	☐	☐
	• Puedo usar palabras y frases concretas.	☐	☐
	• Puedo incluir detalles sensoriales.	☐	☐
	• Puedo escribir diálogos entre las personas.	☐	☐
	• Puedo usar palabras y frases de transición.	☐	☐
	• Puedo agregar y eliminar ideas para que la escritura sea clara.	☐	☐
Normas	• Puedo usar adjetivos y adverbios correctamente.	☐	☐
	• Puedo usar pronombres reflexivos y relativos.	☐	☐
	• Puedo reconocer y usar verbos irregulares.	☐	☐
	• Puedo corregir oraciones compuestas para comprobar el uso de las comas y de las rayas de diálogo.	☐	☐

COMPARAR TEXTOS

TEMA DE LA UNIDAD
Redes
INTERCAMBIAR ideas

Hacer conexiones con el tema

En esta unidad, aprendiste muchas palabras nuevas para hablar sobre las **Redes**. Con un compañero, elige una palabra del vocabulario académico para cada selección. Halla la cita de cada selección que mejor represente a la palabra. Explica por qué esa palabra se ajusta a la cita.

SEMANA 3 — "Gemelos en el espacio"

SEMANA 2 — "Extraño tesoro. Los extraordinarios descubrimientos de Mary Anning"

SEMANA 1 — "El canto de las palomas"

190

SEMANA 4

"La vida en la cima"

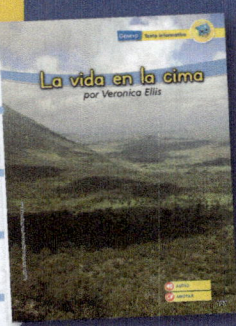

SEMANA 6

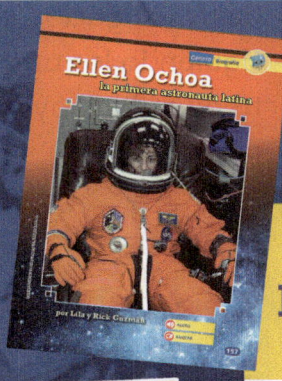

Ellen Ochoa, la primera astronauta latina

SEMANA 5

Pregunta esencial

Mi TURNO

En tu cuaderno, responde la Pregunta esencial: ¿Cómo afecta el medioambiente nuestro modo de vida?

SEMANA 6 Proyecto

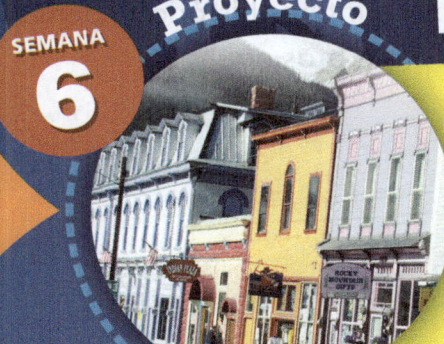

Es momento de aplicar lo que aprendiste acerca de las *Redes* en tu **PROYECTO DE LA SEMANA 6:** ¡Que sea histórico!

191

INDAGAR

¡Que sea histórico!

INVESTIGACIÓN

Actividad

Piensa en un lugar de tu comunidad que creas que debería declararse como sitio de interés histórico para salvarlo o preservarlo para las generaciones futuras. Crea un folleto para contarle a tu público acerca de este lugar y convencerlo de que debe ser un sitio de interés histórico.

Artículos de investigación

Lee con tu compañero "Sitios de interés histórico" para generar y aclarar preguntas. Luego, desarrolla un plan de investigación para crear tu folleto siguiendo los pasos necesarios. Sigue tu plan. Pide ayuda a tu maestro si es necesario.

1. Sitios de interés histórico
2. Salvemos nuestro cine local
3. Isla Ellis: una entrada a los Estados Unidos

Generar preguntas

COLABORAR Después de leer "Sitios de interés histórico", genera tres preguntas sobre lugares importantes. Escribe tus preguntas aquí.

1. _____.
2. _____.
3. _____.

192

PROYECTO DE INDAGACIÓN

Usar el vocabulario académico

COLABORAR En esta unidad, aprendiste muchas palabras relacionadas con el tema *Redes*. Trabaja en colaboración con tu compañero y agrega más palabras de vocabulario académico a cada categoría. Si es apropiado, usa este vocabulario en tu folleto.

Vocabulario académico	Estructura de las palabras	Sinónimos	Antónimos
contribuir	contribuye contribuyó contribución	dar proporcionar donar	rechazar destruir retirarse
expuesto	exponen exponiendo expuestos	abierto exhibido vulnerable	protegido cerrado defendido
hábito	hábitos habitual habitualmente	rutina costumbre patrón	irregularidad ocasional infrecuente
severo	severidad severísimo severamente	estricto duro rígido	suave amable tolerante
significativo	significación insignificante significativamente	importante notable relevante	trivial desconocido menor

EXPLORAR Y PLANIFICAR

Un asunto de opinión

> Una **afirmación** es una opinión. La **evidencia** es información que obtengo al leer acerca del tema y que me ayuda a apoyar mi opinión.

En la **escritura argumentativa**, el autor da una opinión acerca de un tema. Por lo general, el autor trata de convencer al lector de que su opinión es correcta. Cuando lees ensayos de opinión, busca:

- Una afirmación u opinión,
- una o más razones que apoyen la afirmación y
- hechos y otras evidencias que apoyen las razones.

 INVESTIGACIÓN

COLABORAR Lee con tu compañero el artículo de investigación "Salvemos nuestro cine local". Luego, responde a las siguientes preguntas acerca del artículo y de las afirmaciones y la evidencia del autor.

1. ¿Cuál es la afirmación, u opinión, del autor?

2. ¿Qué personas de la ciudad podrían oponerse a salvar el cine? ¿Por qué?

3. ¿Qué hechos y detalles apoyan la afirmación del autor?

194

PROYECTO DE INDAGACIÓN

Planifica tu investigación

COLABORAR Antes de comenzar a investigar sobre sitios de interés, necesitarás diseñar un plan de investigación. Usa la siguiente actividad como ayuda para escribir una afirmación y planifica cómo buscarás evidencia.

Definición	Ejemplos
AFIRMACIONES Una afirmación es un enunciado que trata de persuadir o convencer a un lector de estar de acuerdo con una opinión. Una afirmación: • Define tu objetivo. • Es específica. • Está apoyada con evidencia. Lee los dos ejemplos de la columna de la derecha. Luego, con tu compañero, escribe una afirmación acerca del lugar que crees que debería convertirse en un sitio de interés histórico.	Afirmación de las áreas de juego • Me gusta más el área de juego Bartlett Playground. **No** • El área de juego Bartlett Playground ofrece la mejor experiencia de juego en nuestra comunidad. **¡Sí!** Mi afirmación:
EVIDENCIA Puedes apoyar tu afirmación con evidencia como, por ejemplo: • Hechos • Estadísticas • Ejemplos • Citas • **Ejemplo:** El área de juego Bartlett Playground instaló equipos nuevos, entre ellos, una estructura para escalar nueva.	**Hecho:** El área de juego Adams Playground no se ha renovado desde 2002. **Ejemplo:** El área de juego Bartlett Playground instaló equipos nuevos, entre ellos, una estructura para escalar nueva. **Estadística:** La comunidad recaudó $25,000 para mejorar el área de juego Bartlett Playground. **Cita:** "Muchos padres vienen a mi oficina para quejarse", dijo Roberta Han, alcaldesa de la ciudad.

Con tu compañero, enumera algunas opciones posibles para hallar evidencia para tu proyecto de investigación sobre sitios históricos.

HACER UNA INVESTIGACIÓN

¡Sal a las CALLES!

Hacer una **investigación** significa ir a visitar un lugar acerca del cual estás escribiendo para aprender todo lo posible sobre el lugar. La investigación de campo puede incluir hacer un dibujo del lugar, fotografiarlo o escribir una descripción minuciosa. Tus propias experiencias pueden ser partes importantes de tu investigación.

Piensa en tu público y en lo que probablemente sepa o no sepa acerca del lugar. Describir un lugar en detalle puede ayudar a tu público a entender y apreciar el lugar.

EJEMPLO Para crear su folleto argumentativo, a Samuel y a Livia les han pedido que busquen la mejor área de juego de su comunidad. Con la compañía de un adulto de confianza, visitan varias áreas de juego para hacer una investigación de campo. Toman fotografías y observan detalles como la cantidad y el estado de los equipos de juego, la superficie debajo de los juegos y la cantidad de espacio para jugar, entre otras cosas. Samuel y Livia pueden usar esta información como ayuda para decidir qué área de juego es la mejor y así convencer a otros de que tienen razón.

En Adams Playground, hay vidrios rotos.

En Bartlett Playground, hay una estructura para escalar excelente.

En Carter Playground, hay muy pocos equipos de juego.

Su investigación de campo sugiere que el área de juego Bartlett Playground es la mejor de las tres.

196

PROYECTO DE INDAGACIÓN

COLABORAR Observa de qué manera la investigación de campo ayudó a Samuel y a Livia a obtener información sobre las áreas de juego. Ahora, realiza una investigación de campo con tu compañero y un adulto para aprender sobre el lugar que elegiste. Si no puedes visitarlo en persona, trabaja con tu compañero para visualizarlo.

Luego, completa el siguiente organizador gráfico. Incluye detalles e información importante sobre tu lugar de interés. Haz un dibujo del lugar en la casilla de arriba. Incluye una descripción y las características especiales del lugar.

Ilustración:

Descripción general:

Características especiales:

*
*
*

Repasa la información que tienes. ¿Qué otra información sobre el lugar necesitas hallar?

COLABORAR Y COMENTAR

¡PRESENTAR tus ARGUMENTOS!

Los escritores usan **textos argumentativos** para convencer a las personas de que sus opiniones son válidas. Hacen afirmaciones, dan razones y apoyan esas razones con evidencia.

Crear un folleto es una manera de presentar un texto argumentativo. Mira folletos que haya en tu salón de clases y en tu casa. Presta atención a qué aspecto tienen y cómo presentan la información a través de los elementos visuales y el texto. Cuando hagas un folleto:

- Usarás una hoja de papel doblada en tres partes para tener seis secciones.
- Usarás textos e ilustraciones para hacer y apoyar tus afirmaciones.
- Pondrás una razón diferente y su evidencia en cada sección del folleto.

COLABORAR Lee el Modelo del estudiante. Conversa con tu compañero acerca de cómo crear un folleto que presente un texto argumentativo.

¡A intentarlo!

Sigue los pasos para armar un folleto. Vuelve a exponer los puntos de la lista. Usa la lista para darle instrucciones a tu compañero, para asegurarte de que el texto argumentativo sea claro y persuasivo.

Asegúrate de que tu folleto:
- ☐ Tenga seis secciones.
- ☐ Incluya tanto imágenes como texto.
- ☐ Exponga una afirmación específica.
- ☐ Proporcione evidencia y razones para apoyar tu afirmación.

PROYECTO DE INDAGACIÓN

Modelo del estudiante

Frente

Panel del medio — *Panel trasero* — *Panel de portada*

El área de juego **Adams Playground** está bastante descuidada. Tiene buenos equipos de juego. Está llena de basura y vidrios rotos. ¡Necesita una buena limpieza para convertirse en un buen lugar para que jueguen los niños!

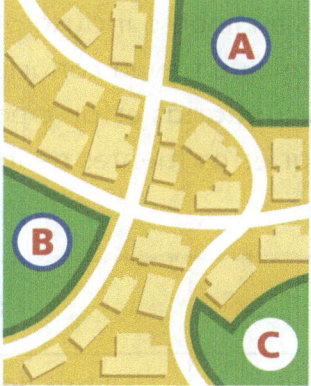

Hay tres áreas de juego en nuestra comunidad: Adams, Bartlett y Carter.

¿Cuál es la **MEJOR ÁREA DE JUEGO** de nuestra comunidad?

Por Samuel y Livia

Reverso, interior del folleto

El área de juego **Bartlett Playground** tiene unos _____, entre ellos la _____ que, al parecer, les encanta a los niños. El lugar es limpio. El lugar está grande. El lugar es seguro.

El área de juego **Carter Playground** es muy limpia y tiene espacio suficiente para que jueguen muchos niños a la vez. Lo que no tiene son equipos de juego actuales. Los niños podrían aburrirse muy rápido.

Subraya la afirmación.

Deben ir al área de juego **Bartlett Playground**. ¡De verdad es la mejor de nuestra comunidad!

Resalta una razón y un hecho que la apoye. Di a tu compañero de qué manera el hecho apoya la opinión.

199

AFINAR LA INVESTIGACIÓN

Ve a la fuente

Cuando haces una investigación, usas fuentes para hallar información. Las fuentes pueden ser libros, artículos, recursos en línea o incluso personas. Las fuentes **primarias** están escritas por personas que tienen conocimiento directo acerca de un suceso o un tema. Las fuentes **secundarias** están creadas por personas que no participaron en un suceso. Para crear estas fuentes de información se usan las fuentes primarias.

Fuentes primarias	Fuentes secundarias
• relato de primera mano de un suceso • entrevista • fotografías del suceso • documentos oficiales del gobierno • diario o entrada de un diario	• libro de texto • biografías • entrada de enciclopedia
Ejemplo de una fuente primaria: Una entrada de diario escrita por un jugador de béisbol después de ganar la Serie Mundial. El jugador escribe lo que sucedió y cómo se sintió al lograr la victoria.	**Ejemplo de una fuente secundaria:** Un artículo escrito por alguien que no estuvo en la final de la Serie Mundial. La persona investigó acerca del partido mirando entrevistas con el equipo ganador y leyendo artículos escritos por periodistas que estuvieron presentes.

INVESTIGACIÓN

COLABORAR Lee el artículo de investigación "Isla Ellis: una entrada a los Estados Unidos". ¿Es una fuente primaria o secundaria? Usa lo que sabes acerca de las fuentes para identificar al menos una fuente primaria y una fuente secundaria para tu investigación sobre los sitios históricos.

PROYECTO DE INDAGACIÓN

COLABORAR Lee el siguiente fragmento de un artículo. Responde a las preguntas.

> El área de juego Carter en la calle Elm es una de las menos populares de la ciudad. También es una de las más desiertas. En una tarde de sábado típica, no hace mucho, había solamente tres niños jugando en los equipos de juego.
>
> Adam Peters, 10, dice: "No es un área de juego muy linda. Los toboganes son viejos y los columpios no están en buen estado". Adam dice que juega en Carter solamente porque las otras áreas de juego de la ciudad están demasiado lejos para ir caminando.
>
> Susan Nimms, 43, vive al otro de la calle del área de juego. Está de acuerdo con Adam: "Casi nunca veo a niños jugando en Carter. Hasta en un día soleado no hay casi nadie allí. ¡Es una lástima!".
>
> La alcaldesa de la ciudad, Roberta Han, nunca ha visitado el área de juego Carter pero admite que es posible que haya un problema: "Muchos padres vienen a mi oficina para quejarse", dice Han. "¡Ojalá tuviera el dinero para reparar las cosas!".

1. ¿Es Adam Peters una fuente primaria o una fuente secundaria? Explica tu respuesta.

2. ¿Es Susan Nimms una fuente primaria o una fuente secundaria? Explica tu respuesta.

3. ¿Es Roberta Han una fuente primaria o una fuente secundaria? Explica tu respuesta.

AMPLIAR LA INVESTIGACIÓN

Incorporar MEDIOS DIGITALES

Los folletos tienen muchas imágenes. Samuel y Livia usaron fotografías. Tú también puedes usar mapas, diagramas, gráficas, tablas u otros elementos visuales que apoyarán tu afirmación y captarán el interés de tu público. Al usar elementos visuales demuestras que comprendes el significado de la información.

Un **mapa** muestra dónde se halla el lugar de interés en tu comunidad.

Un **diagrama** muestra características interesantes del lugar de interés.

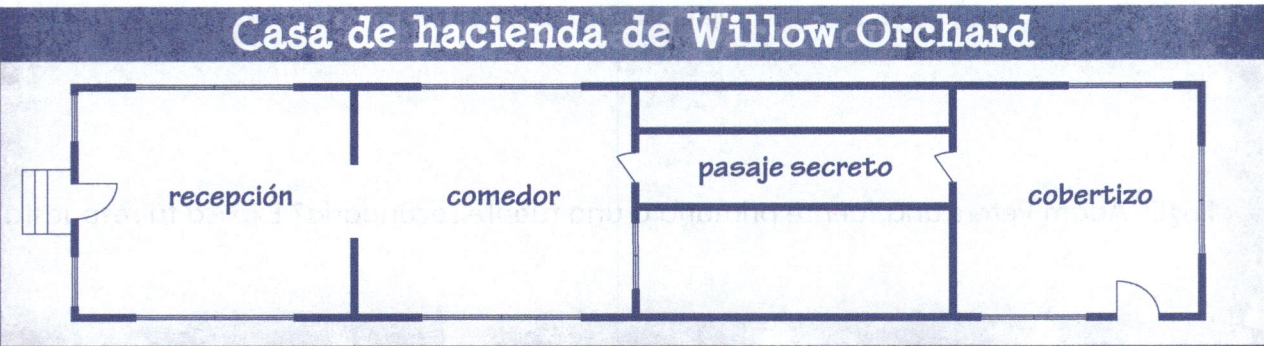

Una **gráfica** o **tabla** pueden mostrar evidencia para apoyar tus afirmaciones.

PROYECTO DE INDAGACIÓN

COLABORAR Con tu compañero, haz una lluvia de ideas acerca de cómo podrías usar cada uno de los siguientes tipos de medios digitales en tu proyecto. En las tarjetas de apuntes, escribe *qué* información mostrarías y *en qué* parte de tu folleto funcionaría mejor. Si tienes la oportunidad, conéctate a Internet para buscar algunos ejemplos.

Dibujos o fotografías	Mapas
¿Qué?	¿Qué?
¿En qué parte?	¿En qué parte?

Diagramas	Gráficas o tablas
¿Qué?	¿Qué?
¿En qué parte?	¿En qué parte?

203

COLABORAR Y COMENTAR

Revisa

Revisa la estructura de las oraciones Vuelve a leer tu folleto con tu compañero.

- [ ] ¿Usaste oraciones de diferentes tipos y longitudes?
- [ ] ¿Usaste diferentes comienzos de oraciones?
- [ ] ¿Agregaste o combinaste oraciones para conectar y aclarar ideas?
- [ ] ¿Eliminaste o combinaste oraciones para expresar las ideas con precisión?

Revisa las oraciones

Los escritores del folleto sobre las áreas de juego volvieron a leer su trabajo. Vieron que algunas de sus oraciones eran demasiado parecidas. Hicieron las siguientes correcciones para variar sus oraciones y así conectar o enfatizar ideas importantes y hacer que su escritura fuera más interesante.

El área de juego Bartlett Playground tiene unos equipos de juego nuevos excelentes, entre ellos la estructura para escalar que, al parecer, les encanta a los niños. El lugar es limpio. ~~El lugar es~~ y grande. ~~El~~ Otro dato importante es que el lugar es seguro.

204

PROYECTO DE INDAGACIÓN

Corrige

Normas Lee tu texto otra vez. Comprueba si usaste las siguientes normas correctamente:

- ☐ Adjetivos
- ☐ Verbos
- ☐ Signos de puntuación
- ☐ Formas comparativas y superlativas del adjetivo

Evaluación entre compañeros

COLABORAR Intercambien los folletos con otra pareja de compañeros. Mientras leen el folleto de la otra pareja, identifiquen la afirmación, las razones y la evidencia de apoyo. Además, pregúntense qué aspecto tiene el folleto y cómo usaron los autores las imágenes para enfatizar ideas importantes y captar el interés de su público. También, si es necesario, corrige el uso de signos de puntuación, los verbos y los adjetivos, incluyendo sus formas comparativas y superlativas. Por último, traten de identificar cuáles de las fuentes que usaron son fuentes primarias y cuáles son fuentes secundarias.

205

CELEBRAR Y REFLEXIONAR

¡A celebrar!

COLABORAR Con toda la clase, creen un exhibidor para folletos para que puedan compartir sus folletos con otros grupos o con otras clases. Luego, de manera oral, presenten su folleto a otro grupo. Asegúrense de hacer contacto visual mientras hacen la presentación, y de hablar con claridad y a un ritmo y volumen naturales. ¿Cómo reaccionó el otro? ¿Qué le gustó de la presentación? ¿Qué sugerencias o cambios hicieron? Escribe sus reacciones abajo. Por último, organicen una votación entre los grupos para ver cuál fue el folleto más convincente.

Reflexiona sobre tu proyecto

Mi TURNO Piensa en tu folleto. ¿Qué partes crees que son las mejores? ¿Qué partes necesitan mejorarse? Escribe tus pensamientos abajo.

Fortalezas

Áreas para mejorar

REFLEXIONAR SOBRE LA UNIDAD

Reflexiona sobre tus metas

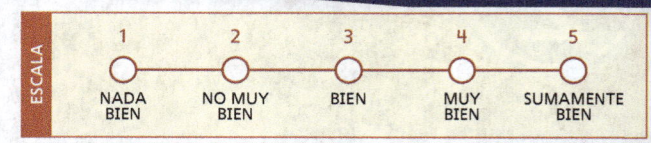

Vuelve a mirar tus metas de la unidad.
Usa otro color para calificarte otra vez.

Reflexiona sobre tus lecturas

Cuando lees obras de ficción, es importante pensar en cómo reaccionarías o cómo te sentirías si fueses uno de los personajes.

___

Comparte una conexión personal que estableciste al leer uno de los textos de lectura independiente. Describe la relación que encontraste entre una escena o una sección y algo similar que te sucedió.

___

Reflexiona sobre tu escritura

¿Cómo mejoró tu escritura durante esta unidad? Explica tu respuesta.

___

207

UNIDAD 2

Adaptaciones

Pregunta esencial

¿Cómo se adaptan los seres vivos al mundo que los rodea?

▶ **Mira**

"Adaptarse para sobrevivir"

INTERCAMBIAR ideas

¿Qué significa que los seres vivos se adaptan, o cambian?

SAVVAS realize.
Puedes hallar todas las lecciones EN LÍNEA.

 VIDEO
 AUDIO
 INTERACTIVIDAD
 JUEGO
 ANOTAR
 LIBRO
 INVESTIGACIÓN

Enfoque en el texto informativo

TALLER DE LECTURA

Infografía: Por qué se adaptan los animales
"Plumas: Mucho más que para volar" .... Texto informativo
por Melissa Stewart

Recursos digitales: Adaptaciones para sobrevivir
"Animales imitadores" .... Texto informativo
por Marie Racanelli

Fuente primaria: Salvar a los elefantes
de *Minn del Misisipi* .... Ficción
por Holling Clancy Holling

Infografía: Parte de un hábitat
Animalario del Iguazú .... Poesía
por Francisco X. Alarcón

Infografía: Muchas maneras de ser únicos
**"Las ardillas en Luján" y "El solenodonte,
un sobreviviente"** .... Textos informativos
por Nicolás Schuff | por Antonio Sacre

PUENTE ENTRE LECTURA Y ESCRITURA

- Vocabulario académico • Estudio de palabras
- **Leer como un escritor** • **Escribir para un lector**
- Ortografía • Lenguaje y normas

TALLER DE ESCRITURA

Artículo de viaje
- Introducción e inmersión
- Desarrollar elementos • Desarrollar la estructura
- La técnica del escritor • Publicar, celebrar y evaluar

PROYECTO DE INDAGACIÓN

- Indagar • Investigar • Colaborar

209

LECTURA INDEPENDIENTE

Lectura independiente

Establecer un propósito de lectura es útil para poder seleccionar textos que disfrutarás. Establecer una meta de lectura te sirve como ayuda para crecer como lector.

Paso 1 Decide cuál es el propósito de tu lectura. Pregúntate:

> ¿Cuál es el propósito de mi lectura?
> - ¿Quiero leer para divertirme?
> - ¿Quiero averiguar acerca de un tema?
> - ¿Quiero leer más de un autor?

Paso 2 Establece una meta para tu lectura independiente. Aquí tienes algunos ejemplos. Puedes elegir una de ellas o crear tu propia meta.

- Quiero leer un libro de no ficción similar a un libro que ya haya leído.
- Quiero intentar leer un género diferente, por ejemplo *ficción histórica*.
- Quiero leer un libro que represente un mayor desafío.
- Quiero leer durante un período de tiempo sostenido.

> Mi meta para la lectura independiente es
> _____
> _____

Practica establecer un propósito y una meta de lectura cuando escojas tu texto.

Registro de lectura independiente

Fecha	Libro	Género	Páginas leídas	Minutos de lectura	Cuánto me gusta
					☆☆☆☆☆

UNIDAD 2

INTRODUCCIÓN

Metas de la unidad

Rellena el círculo que indica cuán bien cumples con cada meta en este momento.

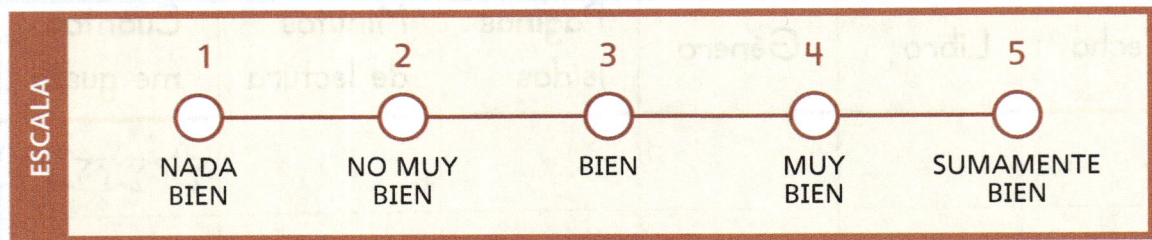

ESCALA
1 NADA BIEN
2 NO MUY BIEN
3 BIEN
4 MUY BIEN
5 SUMAMENTE BIEN

Taller de lectura	1	2	3	4	5

Conozco diferentes tipos de textos informativos y entiendo sus estructuras y características.

Puente entre lectura y escritura	1	2	3	4	5

Puedo usar el lenguaje para hacer conexiones entre leer y escribir un texto informativo.

Taller de escritura	1	2	3	4	5

Puedo usar elementos de un texto informativo para escribir un artículo.

Tema de la unidad	1	2	3	4	5

Puedo colaborar con los demás para determinar cómo se adaptan los seres vivos al mundo que los rodea.

Vocabulario académico

Usa las siguientes palabras para hablar sobre el tema de esta unidad, *Adaptaciones: adquirir, clasificar, defensa, sobrevivir* y *suficiente*.

Mi TURNO Usa las definiciones para hacer conexiones entre las palabras de vocabulario nuevas.

Vocabulario académico	Definición
adquirir	conseguir; tomar; obtener
clasificar	categorizar; agrupar
defensa	protección, guardia
suficiente	que basta para un propósito en particular
sobrevivir	mantenerse vivo; salir vivo de un suceso peligroso

1. ¿En qué se parecen las palabras *defensa* y *adquirir*? ¿En qué se diferencian?

2. ¿Qué cosa debería tener en cantidad *suficiente* una persona para *sobrevivir*?

PRESENTACIÓN DE LA SEMANA: INFOGRAFÍA

INTERACTIVIDAD

Por qué SE ADAPTAN LOS ANIMALES

ADAPTACIONES Los comportamientos o las características físicas, llamadas adaptaciones, ayudan a los seres vivos a sobrevivir en su entorno.

ADAPTACIONES DE COMPORTAMIENTO
Muchas especies de aves migran a lugares con climas más cálidos a medida que se acerca el invierno.

ADAPTACIONES FÍSICAS El zorro polar tiene un pelaje blanco, grueso y abrigado, que lo mantiene caliente y le permite mezclarse con el fondo helado cubierto de nieve.

LAGARTO CORNUDO
El lagarto cornudo del desierto de América del Norte lanza sangre por los ojos para asustar y ahuyentar a los depredadores hambrientos.

OSO NEGRO Para hibernar durante el invierno, la grasa corporal del oso negro aumenta para mantener el calor. Su ritmo cardíaco puede reducirse de aproximadamente cincuenta latidos por minuto a ocho latidos por minuto.

PÁJARO CARPINTERO GILA

En el desierto de Sonora, donde hay pocos árboles, los pájaros carpinteros Gila hacen agujeros en el cactus saguaro, donde ponen sus huevos y cuidan de sus crías. Otros pájaros anidan en agujeros abandonados.

SEMANA 1

Pregunta de la semana

¿Qué propósitos cumplen las adaptaciones de los animales?

Escritura rápida Piensa en un animal que sepas que se ha adaptado a su entorno. ¿De qué manera se ha adaptado y por qué? Ilustra el animal y escribe una respuesta libre.

215

GÉNERO: TEXTO INFORMATIVO

Meta de aprendizaje

Puedo aprender más sobre los textos informativos analizando la idea principal y los detalles.

Enfoque en el género

Texto informativo

Los **textos informativos** explican ideas importantes y cuentan hechos acerca del mundo. Sus características incluyen:

- Una **idea principal**, o **central**, acerca de un tema
- **Detalles clave**, o información basada en los hechos y evidencia que apoya la idea central
- **Vocabulario de dominio específico**, o palabras que son específicas del tema
- **Elementos del texto y características gráficas**, por ejemplo encabezados, mapas, ilustraciones y diagramas, que ayudan a los lectores a entender el texto
- Una **estructura del texto clara**, u organización de la información dentro del texto

Primero, identifica el tema del texto. Luego, busca información acerca del tema.

INTERCAMBIAR ideas Describe a un compañero un hecho o detalle interesante que aprendiste de un texto informativo que hayas leído. Toma apuntes de tu conversación.

Mis APUNTES

TALLER DE LECTURA

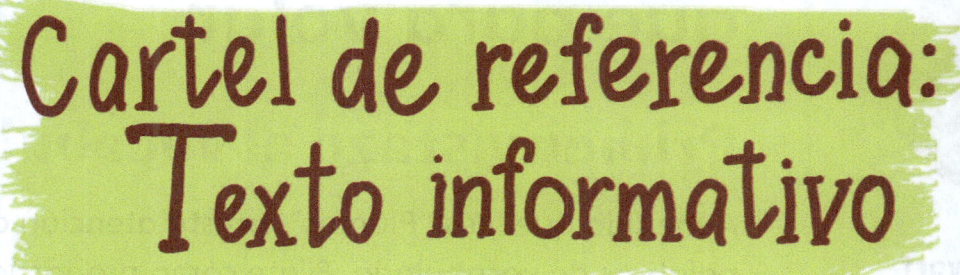

Cartel de referencia: Texto informativo

Propósito = informar o explicar

Características

- Mundo real
- Una idea principal
- Detalles clave reales
- Posibles elementos del texto

Causa — Efecto | Problema — Solución

Comparar / Contrastar

Clasificación

Conoce a la autora

Melissa Stewart ha escrito más de 150 libros de ciencias para niños. Siempre le ha interesado la naturaleza y sale a explorar por todo el mundo para aprender más, para los libros que escribe. Melissa Stewart ha visitado Costa Rica, África Oriental ¡y hasta las Islas Galápagos!

Plumas: Mucho más que para volar

Primer vistazo al vocabulario

A medida que lees "Plumas", presta atención a estas palabras de vocabulario. Fíjate cómo proporcionan información específica acerca del tema y cómo te ayudan a entender el texto.

presa	quebradizas	sistema
	cerda contorno	

Lectura

Antes de leer el texto asignado, establece un propósito. A medida que lees, sigue estas estrategias y piensa en cómo se relaciona con el tema cada párrafo o sección de un texto informativo.

Primera lectura

Nota sobre qué trata el texto y qué ideas incluye.

Genera preguntas acerca del tema del texto y respóndelas con detalles del texto.

Conecta información del texto con ideas de otros textos que hayas leído.

Responde marcando hechos o elementos del texto que te gusten o te resulten útiles.

218

Género Texto informativo

PLUMAS
Mucho más que para volar

por Melissa Stewart

ilustrado por Sarah S. Brannen

AUDIO

ANOTAR

219

LECTURA ATENTA

Analizar la idea principal y los detalles

Subraya una palabra que diga el tema del texto. Luego, subraya la idea principal, o central.

1   Las aves y las plumas van juntas, como los árboles y las hojas, como las estrellas y el cielo. Todas las aves tienen plumas, pero ningún otro animal las tiene.

2   La mayoría de las aves tienen miles de plumas, pero esas plumas no son todas iguales. Eso se debe a que las plumas cumplen muchas funciones diferentes.

Las plumas pueden abrigar como una manta...

3   En los días fríos y húmedos, para mantener el calor, la urraca azul ahueca sus plumas y estas atrapan una capa de aire cálido junto a la piel.

Urraca azul, montaña Bradbury, Maine

220

Pato joyuyo, lago Bemidji, Minnesota

o amortiguar como una almohada.

4   Un pato joyuyo hembra forra su nido con plumas que arranca de su propio cuerpo. Esas plumas acolchonan los huevos de la pata y los mantiene abrigados.

LECTURA ATENTA

Analizar la idea principal y los detalles

Subraya los detalles que dan más información sobre la idea principal.

LECTURA ATENTA

Vocabulario en contexto

Las **claves del contexto** son información adicional a palabras que pueden usarse para determinar o aclarar el significado de palabras poco comunes o con varios significados.

Busca claves del contexto.

<u>Subraya</u> una palabra que se refiera al aspecto azul, blanco y rojizo de las plumas de la garceta.

Las plumas pueden tapar el sol como una sombrilla...

5   Mientras una garceta tricolor con hambre camina por el agua en busca de alimento, levanta las alas bien alto, por encima de la cabeza. Las plumas bloquean los reflejos del cielo y hacen sombra sobre el agua. Eso le permite divisar ranas y peces sabrosos con más facilidad.

Garceta tricolor, Everglades de La Florida

Gavilán colirrojo, Shiprock, Nuevo México

o proteger la piel como una pantalla solar.

6 En las tardes soleadas de verano, los gavilanes colirrojos pasan horas planeando por el cielo en busca de una presa. Las plumas gruesas protegen su delicada piel de los rayos dañinos del sol.

LECTURA ATENTA

Supervisar la comprensión

Una manera de aclarar algo, o dejarlo en claro, es volver a leer una sección y pensar en los detalles que apoyan la idea central.

Resalta la razón por la que la piel de un gavilán necesita la protección de las plumas.

presa un animal cazado como alimento por otros animales

223

LECTURA ATENTA

Analizar la idea principal y los detalles

Subraya los detalles, o la evidencia de apoyo, que muestran por qué las plumas de una ganga macho absorben el agua.

Las plumas pueden absorber el agua como una esponja...

7   En los días de verano sofocantes, una ganga macho se refresca mojándose las plumas de la panza en un charco de agua. Luego, el orgulloso papá vuela hasta el nido. Mientras papá vigila a sus polluelos, los pequeñitos chupan las plumas de papá para calmar la sed.

Ganga de Pallas, desierto de Gobi, Mongolia

o limpiar como un cepillo de fregar.

8   Un avetoro americano siempre limpia después de comer. Sus plumas tienen puntas quebradizas que se deshacen en pequeñas migajas hasta formar una especie de polvo. Ese polvo es perfecto para fregar la tierra y el aceite de pescado pegajoso que se adhieren a las plumas.

Avetoro americano, río Tualatin, Oregón

LECTURA ATENTA

Supervisar la comprensión

Resalta un detalle que no entiendas. Luego, echa un vistazo a la página para buscar elementos del texto que den información que te ayude a entender.

quebradizas que se rompen con mucha facilidad

225

LECTURA ATENTA

Analizar la idea principal y los detalles

Subraya evidencia de apoyo que explique por qué el junco ojo oscuro tiene plumas blancas en la cola.

Las plumas pueden distraer a los atacantes como la capa de un torero...

9   Un junco ojo oscuro distrae a sus enemigos exhibiendo las plumas de color blanco brillante en la parte externa de su cola. Luego, rápidamente oculta las plumas y sale volando como una flecha en la dirección contraria.

Junco ojo oscuro, Lincoln, Massachusetts

o esconder a un ave de depredadores como la ropa de camuflaje.

10   El cuerpo y las plumas de tono opaco y color tostado grisáceo de un cardenal hembra se mezclan con su hogar en el bosque. La ayudan a esconderse y a proteger su nido de los enemigos mientras está sentada sobre los huevos.

LECTURA ATENTA

Supervisar la comprensión

Una manera de supervisar la comprensión es usar conocimientos ya aprendidos. Conecta lo que ya sabes con detalles del texto.

Resalta un detalle relacionado con algo que ya sepas.

Cardenal del norte, Columbus, Ohio

227

LECTURA ATENTA

Analizar la idea principal y los detalles

Subraya evidencia de apoyo que explique por qué las plumas de un saltarín relámpago producen sonido.

Las plumas pueden producir un sonido agudo como el de un silbato...

11   Cuando un saltarín relámpago macho quiere atraer la atención de una hembra, se inclina hacia adelante, levanta las alas por encima del lomo y las sacude rápidamente. Las plumas que tienen una rugosidad se frotan contra las plumas que tienen una punta rígida y curva. Eso hace que por el aire se oiga un sonido chillón como el piar de los pájaros.

Saltarín relámpago, santuario de aves de Milpe, Ecuador, América del Sur

228

Pavo real, bosque Pusa Hill, Nueva Delhi, India

o llamar la atención como una fina joya.

12   Las plumas hermosas y brillantes de la cola de un pavo real hacen que sea fácil divisarlo. En la época de apareamiento, la hembra es atraída hacia el macho que tiene el abanico de plumas más grande y más colorido.

LECTURA ATENTA

Analizar la idea principal y los detalles

Subraya evidencia que diga por qué las plumas de un pavo real macho atraen a la hembra.

LECTURA ATENTA

Supervisar la comprensión

Resalta un detalle que no entiendas. Luego, vuelve a leer o continúa leyendo para buscar pistas que te ayuden a entender.

Las plumas pueden cavar pozos como una retroexcavadora...

13 Después de aparearse, los aviones zapadores arman un hogar juntos. Primero, el macho usa su pico y las plumas duras de la parte inferior de sus patas para cavar un túnel de dos pies de largo en la ribera de un arroyo. Luego, empuja y quita la tierra con sus alas. A continuación, la hembra construye un nido con paja, pasto y hojas en el fondo del túnel.

Avión zapador, río Bear, Utah

230

o llevar materiales de construcción como un montacargas.

14   La mayoría de las aves cargan en su pico los materiales que usan para armar sus nidos; pero no la inseparable de Namibia hembra. Cuando encuentra pasto, hojas o tiras de corteza de árbol, las mete debajo de las plumas de su parte trasera y vuelve volando a su nido.

LECTURA ATENTA

Analizar la idea principal y los detalles

<u>Subraya</u> frases que Melissa Stewart usa para contrastar a la inseparable de Namibia con otras aves.

Inseparable de Namibia, río Guab, Namibia, África

LECTURA ATENTA

Analizar la idea principal y los detalles

Subraya evidencia de apoyo que explique cómo hacen los cisnes para flotar sobre la superficie del agua.

Las plumas pueden ayudar a las aves a flotar como un chaleco salvavidas...

15   Los cisnes blancos se deslizan suavemente sobre la superficie del agua. Entre sus plumas, se forman bolsas de aire atrapado que ayudan a estas elegantes aves a mantenerse a flote.

Cisne blanco, Bahía de Chesapeake, Maryland

o a zambullirse como una plomada de pesca.

16   La mayoría de las aves producen un aceite especial para impermeabilizar sus plumas, pero no el pato aguja americano. El peso de sus plumas mojadas ayuda al cazador hambriento a zambullirse hasta el fondo en busca de peces, cangrejos de río y camarones.

LECTURA ATENTA

Analizar la idea principal y los detalles

Subraya una frase que muestre cómo la adaptación del pato aguja americano lo ayuda a sobrevivir.

Pato aguja americano, lago Martin, Luisiana

LECTURA ATENTA

Supervisar la comprensión

Vuelve a leer para aclarar la información. Resalta el detalle que muestra cómo los pingüinos emperadores pueden deslizarse sobre el hielo y la nieve.

Las plumas pueden deslizarse como un trineo...

17   Los pingüinos emperadores tienen plumas muy apretadas en la panza que forman una superficie firme y escurridiza. Las plumas les facilitan a estas aves deslizarse sobre el hielo y la nieve.

Pingüino emperador, Tierra Adelia, Antártida

234

o correr a toda velocidad como si tuvieran puestas raquetas de nieve.

18   Cada otoño, a los lagópodos comunes les crece una capa gruesa de plumas encima de los dedos. Al igual que las raquetas, las plumas aumentan la superficie de las patas de estas aves, lo cual les permite caminar arrastrando las patas a través de la nieve y no hundirse.

LECTURA ATENTA

Analizar la idea principal y los detalles

Subraya evidencia de apoyo que explique por qué son útiles las plumas de los dedos del lagópodo común.

Lagópodo común, Parque Nacional Denali, Alaska

LECTURA ATENTA

Vocabulario en contexto

Usa las **claves del contexto** para determinar el significado de *nervios*.

Subraya las claves del contexto que apoyan tu definición.

sistema conjunto de elementos relacionados

cerda pelo corto y duro de un animal o una planta

Pero ante todo, las plumas dan a las aves el impulso para surcar los cielos a toda velocidad.

Clases de plumas

19   Muchos científicos estudian a las aves y aprenden información nueva todos los días. En este momento, no todos los científicos están de acuerdo acerca de la mejor manera de clasificar los tipos de plumas. El siguiente es un sistema que usan muchos científicos:

20   Las diminutas filoplumas están conectadas a los nervios. Ayudan al ave a percibir su entorno y le permiten saber que sus plumas están en su lugar.

21   Las cerdas rígidas que están alrededor de los ojos de un ave actúan como pestañas. Algunas aves tienen cerdas alrededor de la boca para localizar el alimento.

22   Las plumas suaves y esponjosas, o plumones, mantienen el ave abrigada al atrapar el calor corporal junto a la piel.

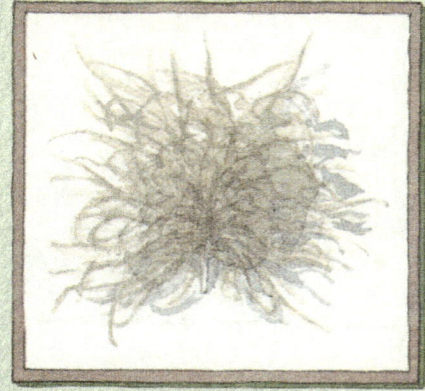

23   Las semiplumas se combinan con los plumones para mantener las aves secas y abrigadas.

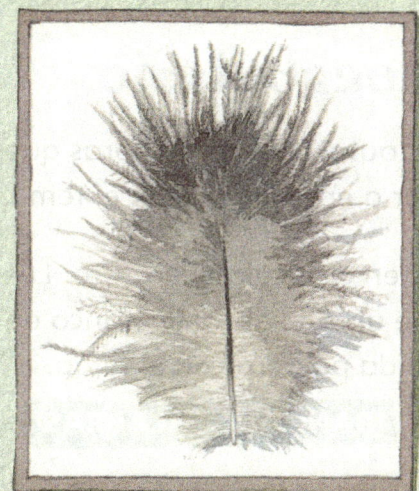

24   Las plumas de contorno cubren la mayor parte del cuerpo de un ave. Le dan al ave su forma y sus colores.

25   Las plumas de vuelo de las alas de un ave la elevan y la impulsan hacia adelante. Las plumas de vuelo de la cola ayudan al ave a guiarse y mantener el equilibrio.

LECTURA ATENTA

Analizar la idea principal y los detalles

<u>Subraya</u> propósitos nuevos de las plumas que Melissa Stewart presenta en esta página.

contorno forma o borde de algo

237

VOCABULARIO

Desarrollar el vocabulario

En los textos informativos, los autores usan palabras que son específicas del tema. Esas palabras ayudan al lector a entender mejor el tema.

Mi TURNO Repasa el tema en el círculo del centro. Luego, para completar el organizador gráfico, escribe una palabra del banco de palabras en cada círculo y explica cómo se relaciona cada palabra con el tema.

BANCO DE PALABRAS

cerda   contorno   quebradizas   sistema

Esta palabra se relaciona con el tema porque

Esta palabra se relaciona con el tema porque

Tema: las plumas y cómo se clasifican

cerda
Esta palabra se relaciona con el tema porque

una cerda es un tipo de pluma.

Esta palabra se relaciona con el tema porque

238

COMPRENSIÓN
TALLER DE LECTURA

Verificar la comprensión

Mi TURNO Vuelve a mirar el texto para responder a las preguntas.

1. ¿Qué pistas te dicen que "Plumas" es un texto informativo?

2. Identifica el propósito de la autora en "Plumas". ¿De qué manera apoyan las ilustraciones su propósito?

3. ¿Por qué compara Melissa Stewart las plumas con objetos de la vida cotidiana? Cita evidencia del texto para apoyar una respuesta apropiada.

4. ¿Qué es lo más sorprendente que hacen las plumas? Escribe un argumento breve para enunciar y apoyar tu opinión.

LECTURA ATENTA

Analizar la idea principal y los detalles

Los autores incluyen **detalles**, o datos y **evidencia de apoyo**, para ayudar a desarrollar la **idea principal**, o **central**, de un texto. Puedes analizar la evidencia que incluye Melissa Stewart como ayuda para entender mejor la idea central.

1. **Mi TURNO** Vuelve a las notas de Lectura atenta de "Plumas". Subraya el texto que se relacione con la idea central y la evidencia de apoyo.

2. **Evidencia del texto** Usa las partes que subrayaste para completar la tabla.

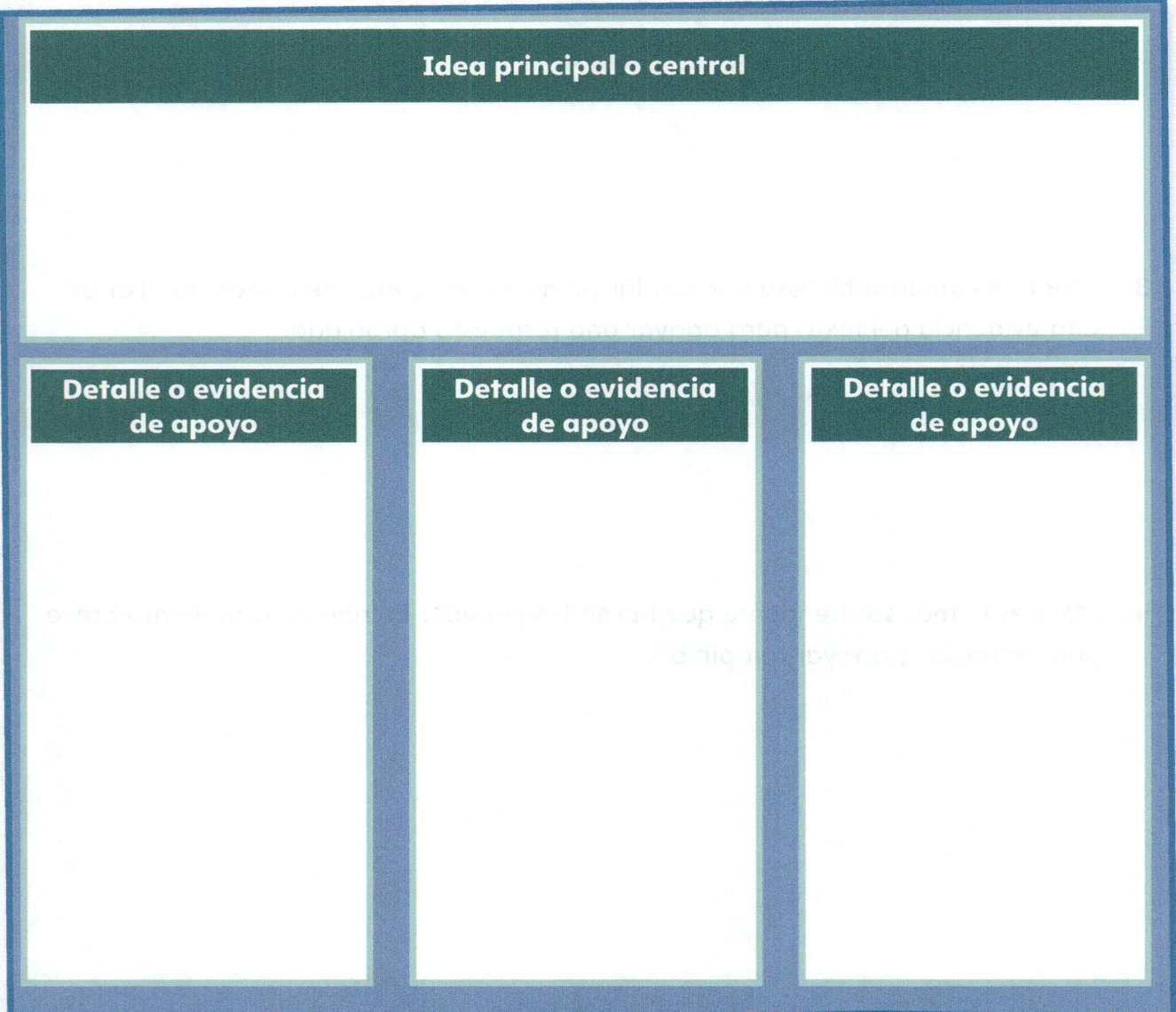

TALLER DE LECTURA

Supervisar la comprensión

Mientras lees, **supervisas la comprensión**, o notas cuándo no entiendes el texto. Usa estrategias para mejorar tu comprensión. Para volver a leer, vuelve al texto y lee una sección de nuevo, o varias veces, hasta que entiendas las ideas. Para usar conocimientos aprendidos, conecta la información de un texto con la información que ya conocías. Para visualizar, crea una imagen en tu mente a partir de los detalles del texto.

1. **Mi TURNO** Vuelve a las notas de Lectura atenta y resalta detalles que no entendiste.

2. **Evidencia del texto** Usa la evidencia que resaltaste para completar la tabla.

Lo que no entendí	La estrategia de comprensión que usé	Lo que entiendo ahora
"Las plumas pueden cavar pozos como una retroexcavadora".	Usé la estrategia de volver a leer. Leí de nuevo la sección para entender las ideas.	Los aviones zapadores usan las plumas como herramientas de construcción para cavar pozos.

¿Cómo te ayudaron las estrategias de comprensión a entender la idea central?

_____

_____

RESPONDER AL TEXTO

Reflexionar y comentar

En tus palabras En "Plumas", Melissa Stewart describe las numerosas maneras en que las aves usan sus plumas. Piensa en todos los textos que has leído esta semana. ¿Acerca de qué otros seres vivos has leído? ¿Qué características los ayudan a sobrevivir? Usa estas preguntas como ayuda para expresar una opinión acerca de por qué los animales deben adaptarse.

Expresar una opinión Cuando comentes una opinión, expresa tus ideas de manera clara para que los demás puedan entenderlas.

- Haz contacto visual con las otras personas de tu grupo.
- Habla a un ritmo y volumen naturales.
- Usa detalles del texto para aclarar tus puntos y responder a las preguntas que hacen tus compañeros.

Usa estos comienzos de oración como guía para tus respuestas:

Creo que es importante que los animales se adapten porque...

La parte de "Plumas" que mejor apoya mi opinión es...

Según la información en _____, creo que...

Pregunta de la semana

¿Qué propósitos cumplen las adaptaciones de los animales?

VOCABULARIO

PUENTE ENTRE LECTURA Y ESCRITURA

Vocabulario académico

Las **palabras relacionadas** son palabras que están conectadas. Las palabras relacionadas pueden tener partes similares, como *auto* en *automático* y *automotor*. Las palabras relacionadas también pueden tener significados relacionados, como las palabras *barrera* y *obstáculo*. Ambas pueden usarse para describir algo que impide el movimiento o el progreso.

Meta de aprendizaje

Puedo aprender sobre el lenguaje para hacer conexiones entre la lectura y la escritura.

Mi TURNO Para completar la red:

1. **Lee** las palabras de vocabulario académico relacionadas con el tema.

2. **Escribe** una razón de por qué la palabra se relaciona con el tema.

3. **Añade** otras palabras que se relacionen con el tema. Escribe una razón de por qué se relacionan con el tema.

Los animales se adaptan para sobrevivir en su hábitat.

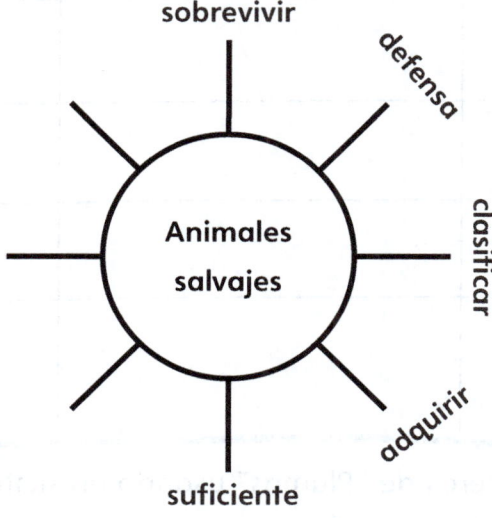

sobrevivir / defensa / clasificar / adquirir / suficiente

Animales salvajes

243

ESTUDIO DE PALABRAS

Los plurales terminados en -s, -es y -ces

Un sustantivo es una clase de palabra que usamos para nombrar una persona, un lugar o una cosa. Un sustantivo **plural** se refiere a dos o más personas, lugares o cosas. Para formar el plural de un sustantivo que termina en vocal, añades -s a la palabra. Si el sustantivo termina en consonante, añades -es. Y si el sustantivo termina en z, además de agregar -es cambias la z por c.

En "Plumas", Melissa Stewart incluye una ilustración de una pluma de un avetoro americano. El sustantivo singular *pluma* se convierte en plural añadiendo -s al final para formar la palabra *plumas*.

Mi TURNO Decodifica, o lee, cada sustantivo singular. Luego, completa la tabla agregando -s o -es para formar el plural de cada sustantivo y cambia z por c cuando sea necesario.

Sustantivo singular	Terminación para el plural	Sustantivo plural
sistema		
depredador		
pez		
ave		
color		
gavilán		

Escribe dos oraciones acerca de "Plumas" usando un sustantivo plural en cada una. Subraya los sustantivos plurales.

ANALIZAR LA TÉCNICA DE LA AUTORA

PUENTE ENTRE LECTURA Y ESCRITURA

Leer como un escritor

Los autores usan elementos gráficos, entre ellos ilustraciones y diagramas, para lograr propósitos específicos. Estos elementos apoyan la idea principal, o central, y ayudan a los lectores a entender información compleja.

¡Demuéstralo! Lee este texto de "Plumas" y observa la ilustración que acompaña al párrafo 3.

> En los días fríos y húmedos, para mantener el calor, la urraca azul ahueca sus plumas y estas atrapan una capa de aire cálido junto a la piel.

1. **Identificar** La idea central del párrafo es que la urraca azul usa sus plumas para mantener el calor.

2. **Preguntar** ¿Cómo me ayuda la ilustración del párrafo 3 a entender la idea central?

3. **Sacar conclusiones** La ilustración muestra hebras de hilo tejidas en un pedazo de tela. Eso me ayuda a entender que las plumas de la urraca funcionan como una manta para mantenerla abrigada cuando hace frío.

Vuelve a leer el párrafo 5 y observa la ilustración que lo acompaña.

Mi TURNO Sigue los pasos para analizar de qué manera se relaciona la ilustración con el propósito de la autora.

1. **Identificar** La idea central del párrafo es _____

2. **Preguntar** ¿De qué manera logra la ilustración el propósito de la autora?

3. **Sacar conclusiones** La ilustración _____

DESARROLLAR DESTREZAS DE AUTOR

Escribir para un lector

Los autores usan elementos gráficos para ayudar a los lectores a entender las ideas de un texto. Las ilustraciones, en particular, pueden mostrar a los lectores de manera exacta lo que describe el autor en otras partes del texto.

Las ilustraciones ayudan a un autor a mostrar aspectos clave de una idea central.

Mi TURNO Piensa en cómo las ilustraciones que incluyó Melissa Stewart en "Plumas" te ayudaron a entender la idea central. Ahora, considera cómo puedes usar un elemento gráfico para apoyar una idea central tuya.

1. Si estuvieras escribiendo acerca de un animal que tiene una adaptación única, ¿qué elemento gráfico incluirías para ayudar a los lectores a entender la adaptación?

   _____
   _____

2. Escribe tu idea central acerca de la adaptación del animal. Indica qué elemento gráfico o impreso incluirías y explica cómo apoya tu idea central.

   Idea central:

   _____
   _____

   Elemento gráfico:

   _____
   _____

246

ORTOGRAFÍA

PUENTE ENTRE LECTURA Y ESCRITURA

Escribir los plurales

Los **sustantivos plurales** pueden formarse añadiendo -s o -es a un sustantivo singular. Los sustantivos que terminan en vocal pueden transformarse en plural añadiendo -s al final. Los sustantivos que terminan en consonante pueden transformarse en plural añadiendo -es al final. Y los sustantivos singulares que terminan en z, además de agregar -es, cambian la z por c.

Mi TURNO Lee las palabras. Clasifícalas y escríbelas según las reglas de ortografía que sigan.

PALABRAS DE ORTOGRAFÍA

voces	veces	narices	vasos
luces	lápices	televisores	mesas
lugares	hermanos	actores	capaces
directores	tijeras	escaleras	pantalones
paraguas	errores	idiomas	ojos

Plural en -s   Plural en -es   Plural en -ces

LENGUAJE Y NORMAS

Las oraciones compuestas

Una **oración compuesta** es una oración que tiene dos oraciones simples unidas por una conjunción coordinante, o palabra de unión, como *y*, *pero* y *o*. Delante de la conjunción *pero* debe usarse siempre coma. Los autores usan oraciones compuestas para añadir variedad de oraciones a su escritura y hacer que la escritura fluya mejor. Para ello, también evitan las yuxtaposiciones (la unión de dos oraciones simples mediante el uso de la coma o el punto y coma), las oraciones mal formadas y los fragmentos de oraciones, u oraciones incompletas.

Oraciones simples	Palabra de unión	Oración compuesta
La mayoría de las aves tienen miles de plumas. Esas plumas no son todas iguales.	*pero* (ideas que se oponen o contrastan)	La mayoría de las aves tienen miles de plumas, **pero** esas plumas no son todas iguales.
Un cardenal hembra tiene plumas opacas. Un cardenal macho tiene plumas brillantes.	*y* (ideas relacionadas)	Un cardenal hembra tiene plumas opacas **y** un cardenal macho tiene plumas brillantes.
Las plumas pueden abrigar como una manta. Las plumas pueden amortiguar como una almohada.	*o* (alternativas relacionadas)	Las plumas pueden abrigar como una manta **o** amortiguar como una almohada.

Mi TURNO Corrige este borrador combinando oraciones con conjunciones coordinantes, evitando yuxtaposiciones, oraciones mal formadas y fragmentos.

Las plumas de algunas aves las mantienen abrigadas. Las plumas de otras aves protegen su piel como una pantalla solar. Por ejemplo, la urraca azul tiene plumas esponjosas para mantener el calor. El gavilán colirrojo tiene plumas que protegen su piel de los rayos del sol.

ARTÍCULO DE VIAJE | **TALLER DE ESCRITURA**

Analizar un artículo de viaje

Un artículo de viaje es un texto informativo acerca de un lugar que los lectores tal vez quieran visitar. Para expresar una idea acerca de un lugar, el escritor elige detalles y organiza el artículo de modo que le interese a un público.

Al igual que todos los artículos, un artículo de viaje tiene un **titular**, o un título interesante que capta la atención de los lectores. El primer párrafo, o **encabezamiento**, incluye la idea central y la información más importante. El desarrollo del artículo incluye detalles que los lectores deben conocer. Al final del artículo, el escritor proporciona información que es interesante pero no esencial para las personas que quieran visitar el lugar.

> **Meta de aprendizaje**
>
> Puedo usar elementos de un texto informativo para escribir un artículo.

Mi TURNO Estudia un artículo de viaje de la biblioteca de tu salón de clases. En tu cuaderno de escritura, usa el diagrama para copiar el titular y resumir el contenido de cada sección.

Titular _____

- **Encabezamiento:** Dónde, qué, por qué, quién, cuándo y/o cómo
- **Desarrollo:** Detalles que los lectores deben conocer
- **Final:** Información adicional

ARTÍCULO DE VIAJE

Analizar un párrafo de encabezamiento

El **encabezamiento** de un artículo de viaje informa rápidamente a los lectores cuál es la idea central acerca de un lugar. Responde a las preguntas *quién*, *qué*, *dónde*, *cuándo*, *por qué* y *cómo*. Un párrafo de encabezamiento exitoso hace que los lectores quieran seguir leyendo.

Mi TURNO Analiza el primer párrafo de un artículo de viaje que hayas leído. Identifica dos de las preguntas a las que responde. Escribe las preguntas a la izquierda. A la derecha, resume cómo responde el párrafo de encabezamiento a cada pregunta.

Pregunta 1	Respuesta

Pregunta 2	Respuesta

TALLER DE ESCRITURA

Analizar las fotografías

Un lugar para visitar se llama **destino**. Un artículo de viaje incluye muchos detalles acerca de un destino. El artículo por lo general también incluye fotografías atractivas del destino. Esas fotografías tientan a los lectores mostrándoles cómo es el lugar y enfocándose en la belleza o el interés visual de un lugar. Los escritores de temas de viaje usan fotografías para alentar aún más a sus lectores a visitar el destino.

Mi TURNO Trabaja con un compañero. De la biblioteca de tu salón de clases, elige dos artículos de viaje que incluyan fotografías. Describe las imágenes en las siguientes casillas. Luego, responde a las preguntas.

Fotografías del Artículo 1	Fotografías del Artículo 2

1. ¿Qué artículo te gusta más: el Artículo 1 o el Artículo 2?

2. ¿De qué manera las fotografías añaden detalles al artículo? Explica cómo influyen esos detalles en tu preferencia.

251

ARTÍCULO DE VIAJE

Hacer una lluvia de ideas y establecer un propósito

El proceso para recopilar ideas se llama **lluvia de ideas**. Durante la lluvia de ideas, los escritores anotan todo lo que les viene a la mente sin filtrar ni juzgar. Para hacer una lluvia de ideas, pregúntate: ¿qué temas me interesan?, ¿qué cosas ya sé acerca de esos temas?, ¿cuál es el propósito de mi escritura?, ¿qué público podría leer mi texto?, ¿qué cosas posiblemente ya sepan sobre el tema?

> **Mi TURNO** En tu cuaderno de escritura, haz una lluvia de ideas sobre tres destinos. Anota los primeros pensamientos que tengas sobre cada uno. Luego, resalta tu pensamiento favorito para identificar el tema que elegirás para tu artículo de viaje.
>
> - Determina el **propósito** de tu escritura. ¿Vas a escribir para informar, persuadir o entretener?
>
> - Analiza tu **público**. Piensa en quién leerá tu texto y por qué.

Mi TURNO A continuación, identifica un propósito y un público para tu artículo de viaje.

Mi propósito es _____ .

Mi público es _____ .

¡Tu entusiasmo ayudará a que los lectores también se entusiasmen con el tema!

252

TALLER DE ESCRITURA

Planifica tu artículo de viaje

Un artículo incluye una idea central y datos que el escritor ha elegido de acuerdo con el propósito y el público. El escritor puede optar por excluir, o dejar afuera, algunos datos. Para escribir un artículo bien organizado, el escritor debe seleccionar con cuidado qué detalles va a incluir.

Mi TURNO Identifica una idea central para tu artículo de viaje. En la columna de la izquierda, resalta dos datos que enfatizarás en el encabezamiento. En la columna de la derecha, haz una lista con la información más importante que tu público necesita saber sobre tu destino en el desarrollo del artículo. Comenta tu plan con tu Club de escritura.

Encabezamiento	Información del desarrollo
Dónde está el lugar	1.
Qué es especial allí	2.
Quién debería visitarlo	
Cuándo deberían visitarlo	3.
Por qué deberían visitarlo	
Cómo se puede llegar hasta allí	4.

253

PRESENTACIÓN DE LA SEMANA: RECURSOS DIGITALES

INTERACTIVIDAD

Adaptaciones para SOBREVIVIR

El camuflaje es una adaptación que les permite a los animales mezclarse con su entorno. Esta adaptación puede aumentar las probabilidades de supervivencia de un animal. Muchas especies han desarrollado diferentes maneras de camuflarse.

Por ejemplo, el caballito de mar pigmeo tiene la misma coloración y las mismas marcas que el coral en el que vive en el océano Pacífico occidental. El caballito de mar pigmeo usa su aspecto para esconderse en el coral y alejarse de sus depredadores.

Mira el video para encontrar al animal escondido. Nota cómo el movimiento, el sonido y los elementos visuales del video te ayudan a entender cómo usan el camuflaje los animales. Luego, observa las imágenes y lee las leyendas.

 MIRA

El cuerpo plano de una platija desaparece en el fondo marino. Su adaptación le permite cazar para conseguir alimento y esconderse de los depredadores.

SEMANA 2

Pregunta de la semana

¿Cómo usan las adaptaciones los animales para sobrevivir?

El sapo corredor usa su coloración para mezclarse con el entorno y cazar su próxima comida.

Mira con atención. ¿Ves al leopardo que está escondiéndose? Los animales que tienen manchas o franjas usan sus patrones para mezclarse con el fondo.

INTERCAMBIAR ideas

¿Cómo se relacionan el texto y los recursos digitales? Reconoce las características de este texto multimodal que te ayudan a entender cómo usan el camuflaje los animales.

Luego, usa detalles del texto multimodal para explicar cómo ayuda el camuflaje a sobrevivir a los animales.

255

GÉNERO: TEXTO INFORMATIVO

Meta de aprendizaje

Puedo aprender más sobre los textos informativos analizando la estructura de causa y efecto de un texto.

Enfoque en el género

Texto informativo

Los autores organizan los **textos informativos** para demostrar las relaciones entre las ideas y los detalles. Algunas estructuras del texto, o patrones organizativos comunes, son:

- **Causa y efecto:** los efectos y las posibles causas de cada efecto
- **Orden cronológico:** los sucesos en el orden en que ocurrieron
- **Problema y solución:** un problema y una o más soluciones
- **Comparación y contraste:** semejanzas y diferencias entre dos o más sucesos, personas o ideas
- **Descripción o clasificación:** describe o explica diferentes aspectos de un tema

Establecer un propósito Un propósito para leer un texto informativo es aprender más acerca de un tema. Establecer un propósito para leer puede ayudarte a que te enfoques y verifiques tu comprensión a medida que lees.

¿Cómo muestra relaciones un texto? Responder esto te ayudará a determinar la estructura del texto.

Mi PROPÓSITO _____

_____

_____

INTERCAMBIAR ideas Comenta tu propósito para leer "Animales imitadores" con un compañero. Explica por qué elegiste ese propósito y apoya tus ideas con ejemplos y detalles. Luego, escucha atentamente y haz comentarios pertinentes cuando tu compañero comente su propósito.

256

TALLER DE LECTURA

CARTEL DE REFERENCIA: LA ESTRUCTURA DE UN TEXTO INFORMATIVO

ESTRUCTURA DEL TEXTO	PALABRAS CLAVE	ORGANIZADOR GRÁFICO
Causa y efecto	Porque / Ya que / Por tanto / Si... entonces / Como resultado	Causas → Efectos ¿Por qué sucedió? ¿Qué pasó?
Orden cronológico	Primero / Después / Luego / Finalmente / Entonces	Suceso 1 / Suceso 2 / Suceso 3
Problema y solución	Resolver / Con el objetivo de / De modo que / Ya que / Por tanto	(tabla de dos columnas)
Comparar y contrastar	También / Pero / Sin embargo / Ambos / Aun así	(diagrama de Venn)
Descripción o clasificación	Por ejemplo / Como / Entre ellos	(mapa de burbujas)

Conoce a la autora

Marie Racanelli es autora de varios otros libros sobre animales, como *Underground Animals* (Animales subterráneos) y *Camouflaged Creatures* (Criaturas camufladas).

Animales imitadores

Primer vistazo al vocabulario

A medida que lees "Animales imitadores", presta atención a estas palabras de vocabulario. Fíjate cómo te ayudan a entender el texto.

> mimetismo   especies   entorno
> ordenadas   hábitat

Lectura

Antes de leer "Animales imitadores", echa un vistazo al texto para comprender su estructura, es decir, cómo está organizado. A partir de lo que observes, haz una predicción acerca de qué crees que se tratará el texto. Escribe tu predicción y tenla presente a medida que leas.

Primera lectura

Nota la estructura del texto, es decir, cómo está organizada la información.

Genera preguntas después de ojear o dar un vistazo previo al texto.

Conecta palabras y frases clave con tus predicciones.

Responde tomando apuntes sobre lo que piensas a medida que lees.

Género Texto informativo

Animales imitadores

por Marie Racanelli

LECTURA ATENTA

Analizar la estructura del texto

Subraya dos oraciones que describan causas. Luego, subraya una oración que describa el efecto.

mimetismo la capacidad de verse o actuar como otra cosa

especies categorías de seres vivos

Confirmar o corregir las predicciones

A partir de los elementos visuales y del título, ¿qué predicciones puedes hacer acerca del texto?

Resalta evidencia del texto que te ayude a confirmar o corregir una predicción sobre la idea principal, o central, de la sección "¿Qué es el mimetismo?".

¿Qué es el mimetismo?

1   Hay miles de animales en nuestro mundo. Algunos son depredadores y algunos terminarán como presas. Todos necesitan alimentarse. Todos necesitan mantenerse a salvo. Algunos animales, con el tiempo, han adaptado ciertas características que son iguales a las de otras especies. Estas características engañan a sus depredadores y ayudan a los animales a vivir más tiempo. Estos animales se llaman imitadores.

2   Los imitadores copian el aspecto, las acciones o el sonido de otro animal al que los depredadores le temen o no les gusta comer. Los animales a los que copian se llaman modelos. Aprendamos más acerca de estos copiones de la naturaleza.

La oruga de la mariposa cola de golondrina parece una serpiente o una lagartija por la forma de su lomo y por sus ocelos.

LECTURA ATENTA

Analizar la estructura del texto

Algunos animales se parecen a otros animales. Subraya un efecto de su apariencia.

entorno todos los seres vivos y las condiciones de un lugar

Confirmar o corregir las predicciones

Resalta evidencia del texto que te ayude a confirmar o corregir una predicción sobre el aspecto de la mosca cernidora.

¡Copión!

3   Hay diferentes clases de mimetismo. Una clase se llama mimetismo batesiano. Lleva este nombre por Henry Walter Bates, un naturalista. Bates descubrió que algunos animales más débiles se adaptaban a su entorno copiando a animales peligrosos o viéndose como ellos. Estos animales más débiles, a menudo, no tienen defensas, como aguijones o venenos. En lugar de eso, su apariencia se parece mucho a la de otros animales que sí las tienen y, por lo tanto, sus enemigos no los molestan.

4   Un ejemplo de mimetismo batesiano es la mosca cernidora. Con el tiempo, esta mosca se ha adaptado hasta tener franjas amarillas y negras como una abeja. Los animales saben que una abeja los picará, entonces no molestan a esta clase de mosca.

> La mosca cernidora, o mosca de las flores, no solo se ve como una abeja o una avispa, sino que también bebe néctar, como las abejas. Sin embargo, estas moscas no pueden picar, como sí lo hacen las abejas.

LECTURA ATENTA

Analizar la estructura del texto

Subraya una razón que indique por qué los depredadores rara vez atacan a las serpientes reales y a las corales ratoneras.

ordenadas organizadas o diseñadas

Confirmar o corregir las predicciones

Resalta evidencia del texto que te ayude a confirmar o corregir una predicción sobre cómo el mimetismo ayuda a las serpientes reales y a las corales ratoneras.

Más detalles sobre el mimetismo batesiano

5   La serpiente de coral, la serpiente real y la serpiente coral ratonera son excelentes ejemplos de mimetismo batesiano. Las serpientes de coral son venenosas. La serpiente real y la coral ratonera no lo son. Las serpientes de coral tienen escamas coloridas en bandas de color negro, rojo y amarillo. Las bandas amarillas siempre tocan las rojas. Estos colores anuncian el veneno mortal de las serpientes. Algunas serpientes reales y algunas corales ratoneras también tienen bandas rojas, negras y amarillas, pero están ordenadas de otra manera.

6   No siempre es fácil diferenciar a estas serpientes. Por lo general, los depredadores no se acercan a las serpientes reales o a las corales ratoneras porque ven sus colores y creen que también son venenosas.

> Esta serpiente real ha adaptado sus colores como una defensa. Los depredadores ven bandas como las de la serpiente de coral (abajo) y no molestan a la serpiente.

LECTURA ATENTA

Analizar la estructura del texto

Subraya detalles acerca de qué hace que los pájaros se mantengan alejados de las mariposas monarca y las mariposas virrey.

Confirmar o corregir las predicciones

Resalta evidencia del texto que te ayude a confirmar o corregir una predicción sobre el mimetismo.

¡Come a tu propio riesgo!

7   Otro tipo de mimetismo se llama mimetismo mülleriano. Lleva este nombre por Fritz Müller, un zoólogo alemán. El mimetismo mülleriano ocurre cuando animales de especies diferentes tienen un aspecto parecido y son venenosos o tienen un sabor desagradable. Por lo general, estos animales tienen colores brillantes. Los colores son una señal de alarma para los depredadores de que no se debe molestar a esos animales.

8   Las mariposas monarca y las mariposas virrey son buenos ejemplos del mimetismo mülleriano. Sus colores y las marcas de las alas se parecen. La monarca es venenosa y la virrey tiene un sabor muy desagradable. Es probable que un ave que ha probado cualquiera de las dos se mantenga alejado de ellas.

La mariposa virrey, de sabor desagradable, que se muestra aquí, imita a la monarca venenosa. Es improbable que las aves que han probado una mariposa con esta coloración vuelvan a probar otra.

266

LECTURA ATENTA

Analizar la estructura del texto

Subraya palabras clave que te ayuden a hallar información importante sobre el mimetismo mülleriano.

Confirmar o corregir las predicciones

Resalta evidencia del texto que te ayude a confirmar o corregir una predicción sobre el mimetismo mülleriano.

Más detalles sobre el mimetismo mülleriano

9   Otro buen ejemplo del mimetismo mülleriano es la rana punta de flecha venenosa, de América del Sur y América Central, y la rana Mantella, de Madagascar. Los colores brillantes de ambas especies advierten a los depredadores de su piel tóxica, o venenosa. Las ranas son pequeñas pero muy venenosas. Sus enemigos, por lo general, se mantienen alejados de ellas y de cualquier otra rana con colores brillantes.

10   Los nativos que viven en los bosques tropicales a veces usan la toxina de la rana cuando salen a cazar. Frotan la punta de sus flechas o dardos sobre la piel de una o dos ranas. Es por eso que las ranas se conocen como ranas punta de flecha venenosa o ranas venenosas de dardo.

Aunque no todas las ranas punta de flecha venenosa tienen el mismo aspecto, todas tienen una piel con colores brillantes. Estos colores brillantes advierten a los depredadores que el animal es venenoso.

¡Datos divertidos de copiones!

1. El mimetismo ocurre tanto en las plantas como en los animales.

2. Determinadas arañas que se alimentan de hormigas imitan a las hormigas y así les resulta más fácil entrar en una colonia de hormigas.

3. Algunas aves, como los loros y los sinsontes, imitan el canto de otras aves y a veces otros sonidos, como alarmas de carros o voces.

4. La mayoría de los imitadores son insectos, como las mariposas y las polillas, pero el mimetismo también aparece en arañas, serpientes, ranas, peces y otros animales.

5. Las probabilidades de permanecer a salvo de los depredadores aumentan cuando, en un grupo, hay más modelos que imitadores.

6. Las moscas cernidoras, que se parecen a las abejas, hasta hacen un sonido como el que hacen las abejas cuando hay depredadores cerca.

7. Se han inventado algunas rimas para ayudar a las personas a distinguir entre las serpientes de coral y sus imitadoras. Un ejemplo es: "Si el rojo toca el amarillo en una serpiente, aléjate, no seas desobediente".

8. Las orugas de la polilla halcón meten la cabeza para adentro, curvan el cuerpo, muestran sus ocelos orgullosamente e imitan a las serpientes. ¡Hasta se contonean de lado a lado para parecerse más a una serpiente!

LECTURA ATENTA

Analizar la estructura del texto

Subraya información que te diga algo nuevo acerca del mimetismo.

LECTURA ATENTA

Analizar la estructura del texto

Subraya información que apoye el propósito del autor.

Confirmar o corregir las predicciones

Resalta evidencia del texto que te ayude a confirmar o corregir una predicción sobre la manera en que los animales usan el mimetismo.

¿Qué es el automimetismo?

11   ¿Alguna vez observaste una oruga y te preguntaste cuál extremo era la cabeza? Algunos animales tienen un tipo de defensa llamada automimetismo. Estas criaturas suelen tener partes del cuerpo que imitan a otras partes de su propio cuerpo. Algunos de estos animales tienen marcas llamadas ocelos.

12   No solamente las presas usan el automimetismo. A veces, los depredadores, como el pez chaca chaca, también lo usan. El pez chaca chaca tiene algo sobre su lengua que parece comida que a otros peces les gusta comer. El chaca chaca se queda muy quieto y saca su larga lengua. Cuando un pez pequeño se acerca a la "comida", ¡el chaca chaca se come rápidamente el pez!

> El pez rana se esconde entre esponjas y mueve una parte del cuerpo que parece comida. Cuando un pez pasa nadando en busca de su almuerzo, ¡termina siendo el almuerzo del otro pez!

LECTURA ATENTA

Analizar la estructura del texto

Subraya los detalles más importantes sobre los ocelos.

Confirmar o corregir las predicciones

Resalta evidencia del texto que te ayude a confirmar o corregir una predicción sobre cómo los animales usan los ocelos.

Más detalles sobre los ocelos

13   Algunas especies de mariposas, polillas, peces, ranas y orugas tienen grandes círculos en su cuerpo. Estos círculos se llaman ocelos porque se ven como ojos.

14   A los depredadores generalmente les gusta acercarse a su presa sin ser vistos. Los ocelos confunden a los depredadores, que se acercan a su presa desde el lado incorrecto. La presa ve que están acercándose y tiene tiempo para escapar.

15   Los ocelos también pueden mantener a los animales a salvo de otra manera. Algunos animales, como las polillas io, las orugas de la polilla halcón y las ranas de ojos falsos tienen marcas que parecen los ojos de un animal grande. Estos "ojos" ahuyentan a los depredadores.

> La mariposa búho recibe su nombre por los grandes ocelos que tiene en las alas, que parecen los ojos de un búho.

LECTURA ATENTA

Analizar la estructura del texto

Subraya los detalles más importantes sobre los imitadores de partes del cuerpo.

Confirmar o corregir las predicciones

Resalta evidencia del texto que te ayude a confirmar o corregir una predicción sobre cómo usan los animales el mimetismo de partes del cuerpo.

Más detalles sobre los imitadores de partes del cuerpo

16   Observemos más de cerca a los animales que imitan otra parte del cuerpo. Esta forma de mimetismo ayuda a los animales a desviar la atención de partes del cuerpo que son importantes, como la cabeza. Es probable que los depredadores muerdan una parte del cuerpo que no le duela tanto a la presa.

17   Existen algunas serpientes cuya cola parece la cabeza o cuya cabeza parece la cola. Este mimetismo salva a la serpiente porque, si un ave trata de comérsela, tal vez no le muerda la cabeza. Es posible que el ave tampoco logre atrapar a la serpiente si la serpiente empieza a moverse en la dirección contraria a la que esperaba el ave.

> ¿Te das cuenta de cuál extremo es la cabeza en esta oruga? Con suerte, ¡un ave tampoco podrá distinguir la cabeza fácilmente!

LECTURA ATENTA

Vocabulario en contexto

Las **claves del contexto** son palabras y frases que ayudan a los lectores a definir palabras poco comunes.

Subraya claves del contexto que te ayuden a definir *supervivencia*.

hábitat lugar donde vive o crece un ser vivo

¿Por qué es importante el mimetismo?

18   El mimetismo ayuda a un animal a vivir más tiempo en su hábitat, que es el objetivo de la mayoría de los animales. Con el tiempo, los animales que parecían algo que ahuyentaba o confundía a los depredadores lograron sobrevivir. Los que no tenían estos colores o estas marcas especiales no sobrevivieron.

19   Al mismo tiempo, los depredadores también se han adaptado. Han aprendido qué animales podrían lastimarlos y se mantienen alejados de esos animales. Cambiar cuando cambia el entorno es clave para la supervivencia de una especie a lo largo del tiempo. El mimetismo es solo una de las muchas herramientas que los animales han adaptado para vivir en nuestra naturaleza en constante cambio.

Glosario

a-dap-ta-do (a-dap-TA-do) Cambiado para ajustarse a las necesidades

de-fen-sas (de-FEN-sas) Cosas que un ser vivo tiene o hace que lo ayudan a mantenerse a salvo

de-pre-da-do-res (de-pre-da-DO-res) Animales que matan a otros animales para obtener alimento

en-tor-no (en-TOR-no) Los seres vivos y las condiciones de un lugar

es-ca-mas (es-CA-mas) Trozos finos y secos de piel que forman la capa externa de serpientes, lagartijas y otros reptiles

es-pe-cie (es-PE-cie) Una clase de ser vivo; todas las personas forman una especie

i-mi-ta-do-res (i-mi-ta-DO-res) Cosas que copian estrechamente a otras cosas

na-ti-vos (na-TI-vos) Que han comenzado en un determinado lugar y se originan naturalmente en él

pe-li-gro-so (pe-li-GRO-so) Que podría causar daño

pre-sa (PRE-sa) Un animal que es cazado por otro animal como alimento

to-xi-na (to-XI-na) Un tipo de veneno

ve-ne-nos (ve-NE-nos) Cosas que causan dolor o la muerte

VOCABULARIO

Desarrollar el vocabulario

En los textos informativos, los autores usan palabras específicas que se relacionan con el tema acerca del cual están escribiendo. Usan estas palabras para explicar ideas y aclarar relaciones entre las ideas.

Mi TURNO Responde a las preguntas para hacer conexiones entre los pares de palabras de vocabulario.

entorno y hábitat

1. ¿Por qué puede haber más de un **hábitat** en un solo **entorno**?

   porque le entorno es mas garde que un habitat.

mimetismo y especie

2. ¿De qué manera puede el **mimetismo** ser bueno para una **especie**?

especie y ordenadas

3. ¿Cómo ayuda a la **especie** de serpientes reales y a la especie de corales ratoneras la manera en que están **ordenadas** las bandas de escamas según el color?

COMPRENSIÓN — TALLER DE LECTURA

Verificar la comprensión

Mi TURNO Vuelve a mirar el texto para responder a las preguntas.

1. ¿Qué ejemplos de "Animales imitadores" te dicen que se trata de un texto informativo?

2. ¿Por qué Marie Racanelli elige explicar el mimetismo y el automimetismo en el mismo texto? ¿En qué se parecen los dos temas? Cita evidencia del texto.

3. ¿Qué tienen en común todas las ideas sobre el mimetismo del texto de Marie Racanelli?

4. ¿El mimetismo de qué animal crees que es el más efectivo? Elige un animal y escribe un argumento breve para explicar tu opinión.

281

LECTURA ATENTA

Analizar la estructura del texto

La **estructura del texto** es el patrón organizativo que usa un autor para ordenar la información en un texto. Reconocer la estructura de un texto te puede ayudar a hallar la idea principal, o central. Los autores usan la estructura de **causa y efecto** para explicar por qué sucede algo (la causa) y qué sucede como resultado (el efecto).

1. **Mi TURNO** Vuelve a las notas de Lectura atenta de "Animales imitadores". Subraya partes que te ayuden a entender de qué manera Marie Racanelli usa una estructura de causa y efecto para lograr su propósito.

2. **Evidencia del texto** Usa las partes subrayadas para completar el organizador gráfico.

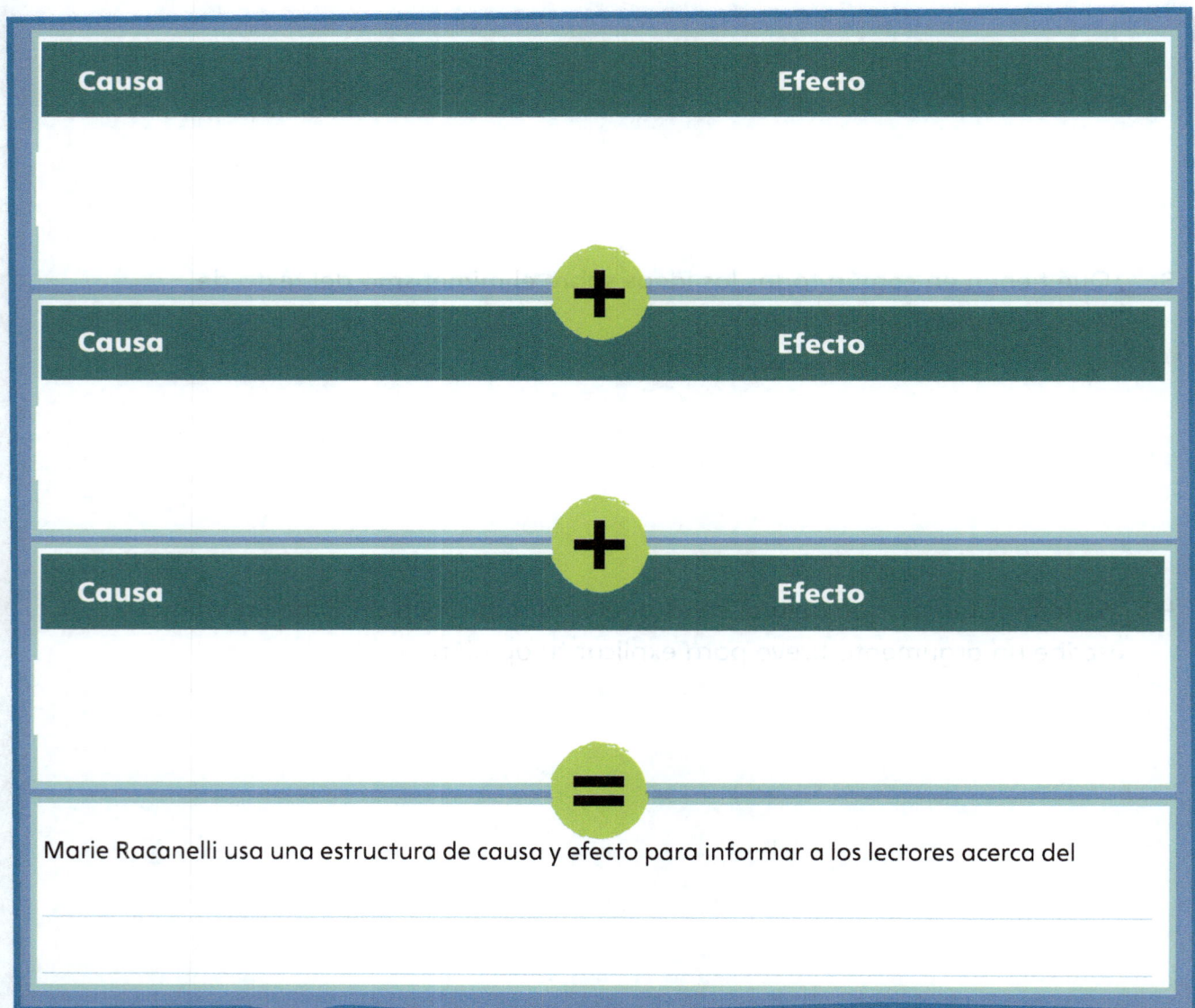

Marie Racanelli usa una estructura de causa y efecto para informar a los lectores acerca del

TALLER DE LECTURA

Confirmar o corregir las predicciones

Para hacer predicciones sobre un texto usa lo que sabes acerca del género, su estructura y sus elementos. En la no ficción, los elementos del texto, como los títulos y los elementos visuales, pueden ayudarte a hacer y confirmar, o a corregir predicciones. A medida que lees, confirma o corrige tus predicciones usando la estructura y los elementos del texto. Halla datos y detalles que te ayuden a corregir o confirmar tus predicciones.

1. **Mi TURNO** Piensa en las predicciones que hiciste antes de leer "Animales imitadores". Luego, vuelve a las notas de Lectura atenta y resalta detalles que te ayuden a confirmar o a corregir tus predicciones.

2. **Evidencia del texto** Escribe tus predicciones y los detalles en la tabla.

Predicción
¿Confirmada o corregida?
Predicción
¿Confirmada o corregida?

283

RESPONDER AL TEXTO

Reflexionar y comentar

Escribir basándose en las fuentes

Los animales usan adaptaciones como el mimetismo para mantenerse a salvo de los depredadores. ¿Cómo te ayudó aprender sobre la supervivencia de los animales a entender cómo se comportan los animales salvajes? Usa ejemplos de los textos que leíste esta semana para escribir y apoyar una respuesta. Usa el siguiente proceso de escritura para comparar y contrastar la información.

Comparar y contrastar ideas Comparar y contrastar ideas de fuentes diferentes permite a los escritores evaluar ideas de textos diversos y sacar sus propias conclusiones.

Antes de escribir tu respuesta, toma apuntes acerca de textos que hayas leído. Para cada texto, responde a las siguientes preguntas en tus apuntes.

- ¿Sobre qué animales he aprendido?
- ¿De qué manera evitan a los depredadores estos animales?
- ¿En qué se parecen y en qué se diferencian estas estrategias de supervivencia de las que usan otros animales acerca de los cuales he leído?

Ahora usa la información para escribir una respuesta. Recuerda citar evidencia de las diferentes fuentes usando citas directas o parafraseando la información.

Pregunta de la semana

¿Cómo usan las adaptaciones los animales para sobrevivir?

VOCABULARIO

PUENTE ENTRE LECTURA Y ESCRITURA

Vocabulario académico

Los **sinónimos** y **antónimos** tienen significados que están relacionados. Los sinónimos son palabras que tienen significados similares. Los antónimos son palabras que tienen significados opuestos. Pensar las relaciones entre palabras puede ayudar a los lectores a entender mejor sus significados específicos.

Meta de aprendizaje

Puedo aprender sobre el lenguaje para hacer conexiones entre la lectura y la escritura.

Mi TURNO Para cada palabra de la columna del centro:

1. **Escribe** una definición corta debajo de la palabra. Usa un diccionario si es necesario.
2. **Escribe** dos sinónimos y un antónimo.
3. **Confirma** tus respuestas usando un diccionario de sinónimos.

Sinónimos	Palabras	Antónimos
desarrollar ganar	adquirir obtener con el tiempo	perder
	clasificar	
	defensa	
	suficiente	
	sobrevivir	

285

ESTUDIO DE PALABRAS

Los diptongos de vocales fuertes y débiles

Un diptongo es la unión de dos vocales en una misma sílaba. Un diptongo puede estar formado por una vocal fuerte y una débil, como *ai* en *paisaje*, o por una vocal débil y una vocal fuerte, como *ua* en *cuatro*.

La palabra *copiones*, en el párrafo 2 de "Animales imitadores", tiene el diptongo *io*. Conocer los diptongos, como *io* y *au*, puede ayudarte a dividir estas palabras en sílabas y a combinar sílabas para formar palabras de forma correcta.

Mi TURNO Lee la siguiente tabla. Luego añade cinco palabras más debajo de cada diptongo.

ai	oi	ei	ue	io	ia	au	ua
aire	boina	reino	cuerpo	cambio	apariencia	aumentan	lengua

INTERCAMBIAR ideas Combina las siguientes sílabas en el orden correcto para formar palabras con diptongo. Luego, con un compañero, usa estas palabras para formar oraciones propias.

1. sa-cau _____
2. da-deu _____
3. quie-ra-cual _____

ANALIZAR LA TÉCNICA DE LA AUTORA

PUENTE ENTRE LECTURA Y ESCRITURA

Leer como un escritor

Los elementos del texto, como los encabezados y las leyendas, organizan las ideas y ayudan a los lectores a ubicar la información. Los encabezados ubican e identifican ideas importantes. Las leyendas generalmente añaden información interesante e importante sobre una imagen en un texto.

> **¡Demuéstralo!** Vuelve a leer la sección "¡Copión!". Observa la imagen y la leyenda que la acompañan.
>
> **1. Identificar** La información clave de esta sección es que algunos animales copian el aspecto de otros animales. Una mosca cernidora es un ejemplo de este comportamiento.
>
> **2. Preguntar** ¿Por qué incluye Marie Racanelli un encabezado y una leyenda acerca de la mosca cernidora?
>
> **3. Sacar conclusiones** Marie Racanelli incluye el encabezado para decir a los lectores que la sección trata acerca de animales que copian. Incluye la leyenda para explicar de qué manera la mosca cernidora es un ejemplo de este comportamiento.

Vuelve a leer la sección "¡Come a tu propio riesgo!". Observa la imagen y la leyenda que la acompañan.

Mi TURNO Sigue los pasos para relacionar el encabezado y la leyenda con el pasaje.

1. Identificar La información clave es que _____

_____

2. Preguntar ¿Por qué incluye Marie Racanelli un encabezado y una leyenda acerca de la mariposa virrey?

3. Sacar conclusiones Marie Racanelli incluye el encabezado para decir a los lectores _____

_____

Incluye la leyenda para explicar _____

287

DESARROLLAR DESTREZAS DE AUTOR

Escribir para un lector

Los autores usan elementos del texto, como encabezados y leyendas, para añadir información adicional relacionada con el tema.

Las leyendas y las imágenes ayudan al autor a añadir información interesante sobre un tema.

Mi TURNO Piensa cómo añaden información acerca del tema las leyendas y las imágenes de "Animales imitadores". Ahora piensa cómo puedes usar leyendas e imágenes para desarrollar tu propio tema.

1. Elige un tema sobre el que conozcas muchos datos. Escribe una idea central acerca de ese tema.

   _____

2. Escribe un párrafo para el desarrollo del texto que proporcione más información acerca del tema.

   _____
   _____

3. ¿Cómo podrías usar elementos del texto para organizar tu tema y agregarle más información? Escribe algunas ideas para leyendas e imágenes que podrían ayudar a desarrollar tu tema.

Ideas para leyendas	Ideas para imágenes

288

ORTOGRAFÍA

PUENTE ENTRE LECTURA Y ESCRITURA

Los diptongos de vocales fuertes y débiles

Se forma un diptongo cuando, en una misma sílaba, se juntan una vocal fuerte (a, e, o) y una vocal débil (i, u), o una vocal débil y una vocal fuerte. Usa este conocimiento para escribir correctamente palabras con diptongo.

Mi TURNO Lee las palabras. Luego, sepáralas en sílabas y escríbelas en la columna del diptongo que corresponda. Aplica tu conocimiento de los diptongos para escribir las palabras correctamente.

PALABRAS DE ORTOGRAFÍA

caimán	naipe	oigo	aceite
diadema	muelle	soy	cuerpo
viajero	columpio	causa	Grecia
quiosco	suavidad	androide	fuerte
cualidad	béisbol	bailarina	aplausos

ai

oi

ei

ue

io

ia

au

ua

289

LENGUAJE Y NORMAS

Las oraciones complejas

Una cláusula es un grupo de palabras que tiene un sujeto y un predicado. Si la cláusula tiene sentido por sí sola es una **cláusula independiente**. Por ejemplo, *Luis no fue a la escuela* es una cláusula independiente que actúa como oración completa. Si la cláusula comienza con una palabra como *porque*, *si* o *cuando*, es una **cláusula dependiente**, que no tiene sentido por sí sola y necesita de una cláusula independiente para formar una oración completa. Por ejemplo, *No fui a a la fiesta porque estaba enfermo*.

Una **oración compleja** está formada por una cláusula dependiente y una cláusula independiente. Cuando la cláusula dependiente está primero, se escribe una coma al final de la cláusula.

Cláusula independiente	Cláusula dependiente	Oración compleja
Este mimetismo salva a la serpiente	porque si un ave trata de comérsela tal vez no le muerda la cabeza.	Este mimetismo salva a la serpiente porque si un ave trata de comérsela tal vez no le muerda la cabeza.
Los nativos que viven en los bosques tropicales, a veces, usan la toxina de la rana	cuando salen a cazar	Cuando salen a cazar, los nativos que viven en los bosques tropicales a veces usan la toxina de la rana.

Mi TURNO Corrige este borrador. Identifica cada cláusula dependiente y combínala con la cláusula independiente que corresponda. Deberás cambiar la puntuación y corregir el uso de mayúsculas.

> Algunos animales usan a otros animales para protegerse. Si los peces jóvenes necesitan un lugar para esconderse. Usan las medusas a su favor. Las medusas tienen tentáculos que pinchan. Los peces jóvenes se esconden en estos tentáculos. Porque a los depredadores les da demasiado miedo acercárseles. Cuando un pez joven crece de tamaño. Abandona la medusa.

ARTÍCULO DE VIAJE   TALLER DE ESCRITURA

Desarrollar una introducción

La introducción de un artículo de viaje se llama **encabezamiento**. El encabezamiento capta el interés de los lectores con datos básicos sobre el **destino**, o el lugar que describe el artículo. Un encabezamiento bien enfocado contiene una idea central clara y solo uno o dos párrafos cortos. Hace que los lectores quieran seguir leyendo.

Meta de aprendizaje

Puedo usar los elementos de un texto informativo para escribir un artículo.

Mi TURNO Usa la tabla para desarrollar ideas para una introducción enfocada, o un párrafo de encabezamiento, de un artículo de viaje.

Preguntas respondidas en un encabezamiento	Respuestas sobre mi destino
¿Quiénes deben visitar el lugar? ¿Cuándo deben visitarlo?	
¿Qué tiene de especial el lugar?	
¿Dónde está el lugar? ¿Cómo pueden llegar las personas?	
¿Por qué deben visitar el lugar las personas?	

Mi TURNO Usa la tabla que completaste para desarrollar y componer un artículo de viaje en tu cuaderno de escritura. Asegúrate de incluir una idea central acerca de tu destino.

El encabezamiento de un artículo de viaje debe atraer a los lectores.

ARTÍCULO DE VIAJE

Desarrollar detalles relevantes

El **tema principal** de un artículo de viaje es un lugar específico llamado destino. El **enfoque** de un artículo de viaje es lo que hace que el destino sea un buen lugar para visitar. Los **detalles relevantes** están directamente relacionados con el tema principal y el enfoque del artículo. Los detalles irrelevantes son sobre otro tema o distraen a los lectores del enfoque del artículo.

Mi TURNO Lee el titular y el artículo. Tacha los detalles irrelevantes para crear párrafos más enfocados.

¡Visite Nueva Orleáns para correr con los toros!

Tal vez crea que viajar a España es la única manera de ver el encierro de toros, pero la oportunidad para ver un encierro puede estar más cerca de lo que cree. Cada julio, Nueva Orleáns realiza su propio encierro de toros. Por supuesto, hace calor en muchos lugares en julio. Si puede ir a una piscina, ¡tiene suerte!

Como duran todo el año, la música y la comida de Nueva Orleáns son geniales. El festival anual del Encierro de toros se llama así por el de España, donde los toros corren por las calles. En Nueva Orleáns, ¡los corredores son integrantes de los equipos de carreras sobre patines *roller derby*! Me gustan mucho las carreras de *roller derby*. Los "toros" sobre patines de Nueva Orleáns se anotan para el festival y se persiguen unos a otros en grandes grupos.

Mi TURNO En tu cuaderno de escritura, desarrolla detalles relevantes para tu artículo de viaje.

292

TALLER DE ESCRITURA

Desarrollar diferentes tipos de detalles

Los autores usan diversos detalles relevantes para escribir un artículo interesante:

- **Datos:** información comprobada como verdadera
- **Definiciones:** significados de las palabras
- **Detalles concretos:** descripciones y nombres precisos
- **Citas:** comentarios o preguntas que hacen las personas
- **Ejemplos:** personas, lugares o cosas específicas que apoyan un dato o una afirmación

Mi TURNO Crea un párrafo para un artículo de viaje usando los siguientes detalles. En las líneas, numera cada detalle para mostrar el orden en que te gustaría que apareciera cada uno.

_____ Las frutas frescas del mercado incluyen aguacates, plátanos, lichis, mangos y papayas. (ejemplos de frutas frescas)

_____ El lichi es una fruta pequeña con una cáscara delgada y una semilla grande. (definición)

_____ Para comer un lichi, pela la piel roja con pequeñas protuberancias y verás la fruta fresca y blanca; pero no comas la semilla grande marrón del interior. (detalle concreto)

_____ Los lichis crecen en árboles de lichis, que los científicos clasifican en el mismo grupo que los arces y los castaños de Indias. (dato)

_____ "¡Nada como un lichi recién sacado del árbol!", exclamó mi tía. (cita)

Mi TURNO En tu cuaderno de escritura, desarrolla diferentes tipos de detalles para usar en tu artículo de viaje.

ARTÍCULO DE VIAJE

Crear leyendas para los elementos visuales

Los artículos de viaje a menudo incluyen mapas y fotografías. Un mapa tiene un título y rótulos que nombran lo que muestra el mapa. Una **leyenda** consiste en una o dos oraciones que dicen lo que muestra una fotografía. En un artículo de viaje, las leyendas generalmente describen características que atraerán a los visitantes.

Mi TURNO Escribe leyendas para las fotografías.

Un cielo claro y el agua azul garantizan una visita relajante.

Mi TURNO Crea leyendas para los elementos visuales que uses en tu artículo.

Una foto de viaje interesante hace que las personas quieran leer la leyenda, y una leyenda interesante hace que las personas quieran leer el artículo.

294

TALLER DE ESCRITURA

Desarrollar una conclusión

Un artículo de viaje está estructurado, u organizado, como una pirámide invertida. El primer párrafo incluye la información que más necesitan los lectores. El último párrafo se enfoca en la información que les podría resultar interesante a los lectores, pero que no es necesaria para entender el artículo.

Para concluir un artículo de viaje, el escritor puede:

- Dar una opinión acerca de visitar el destino.
- Remitir a los lectores a otras fuentes de información.
- Recordar a los lectores la razón principal para visitar el destino.

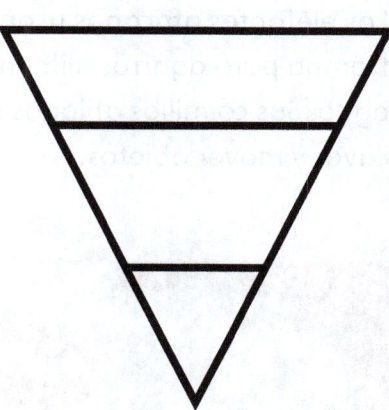

Mi TURNO Usa esta lista para elegir detalles relevantes que incluirías en la conclusión de un artículo de viaje sobre la capital de la nación, Washington D. C.

Sí	No	Para incluir en el párrafo de conclusión
		La temperatura promedio en julio es 87 °F.
		Para ver el trabajo del gobierno visite cualquier capitolio estatal.
		Obtenga gratis una guía oficial para visitantes a través del sitio web "Destino D. C.".
		En mi opinión, una caminata por la Explanada Nacional es una lección de historia de los EE. UU.
		Puede pasar varios días visitando estatuas, monumentos conmemorativos y museos.

Mi TURNO En tu cuaderno de escritura, desarrolla una conclusión para tu artículo de viaje que respete esta estructura y esté enfocada en los detalles relevantes.

295

PRESENTACIÓN DE LA SEMANA: FUENTE PRIMARIA

 INTERACTIVIDAD

SALVAR
a los elefantes

Los elefantes africanos usan su larga trompa para agarrar alimentos y beber agua. Sus colmillos afilados sirven para cavar y mover objetos.

Los colmillos de los elefantes son de marfil, que es considerado un material muy valioso. El marfil se ha usado para tallar obras de arte y se ha intercambiado como dinero. Debido al valor del marfil, los elefantes son cazados ilegalmente por sus colmillos.

Las organizaciones de conservación trabajan con los gobiernos para aprobar leyes que ayuden a proteger a los elefantes. Aunque los elefantes aún son una especie en peligro de extinción, las personas trabajan arduamente para salvarlos.

de la **Ley de Conservación del Elefante Africano de 1989**

4201. *Declaración de propósito* El propósito de este título es perpetuar poblaciones saludables de elefantes africanos.

4202. *Congresal* El Congreso manifiesta lo siguiente:

1. Las poblaciones de elefantes en África disminuyen a una tasa alarmante desde mediados de 1970.

2. El gran comercio ilegal de marfil del elefante africano es la causa principal de esta disminución y amenaza la continuación de la existencia del elefante africano.

3. El elefante africano está incluido como especie amenazada, según los términos de la Ley de Especies en Peligro de Extinción de 1973 (...) y la continuación de su existencia seguirá en riesgo si esta disminución no es revertida.

SEMANA 3

Pregunta de la semana

¿Qué desafíos enfrentan los animales en su entorno?

INTERCAMBIAR ideas

¿Qué animales, además de los elefantes, están en peligro en su entorno o son una especie amenazada?

¿Qué organizaciones conoces que ayudan a los animales de especies amenazadas?

GÉNERO: FICCIÓN

> **Meta de aprendizaje**
>
> Puedo aprender sobre la ficción analizando la importancia del argumento y del ambiente.

Ficción

Los autores escriben **ficción** para contar una historia imaginaria. Todos los cuentos tienen estas partes, o elementos importantes:

- **Personajes**, o los animales o las personas del cuento
- **Ambiente**, o dónde y cuándo sucede el cuento
- **Argumento**, o la serie de sucesos, conflictos u obstáculos del cuento

Los autores pueden inventar cada aspecto de un cuento. Otras veces, los autores basan un cuento en una persona o un lugar real.

> **INTERCAMBIAR ideas** Habla con un compañero acerca de en qué se parecen y en qué se diferencian los elementos de un cuento de ficción y los elementos de un texto informativo. Toma apuntes de tu conversación.

Leer con fluidez Leer con fluidez requiere práctica. Las personas que leen con fluidez leen con prosodia, o expresión. La ficción suele incluir imágenes vívidas y una elección de palabras precisas, lo cual es perfecto para practicar prosodia.

Cuando leas un texto de ficción en voz alta:
- Acentúa las palabras y las frases importantes leyendo con énfasis.
- Expresa emociones con un tono de voz más agudo o más grave.
- Cambia el volumen de tu voz para que coincida con el tono y la atmósfera del cuento.

TALLER DE LECTURA

Cartel de referencia: Tipos de ficción

	Ambiente	Sucesos	Personajes
Realista	Un lugar que pertenece, o puede pertenecer, al mundo real	Sucesos que realmente podrían ocurrir	Parecen reales
Histórica	Se basa en un lugar y en un momento reales del pasado	Sucesos reales o inventados que tienen sentido en ese ambiente	Inventados o basados en figuras históricas reales
Fantasía	Puede ser una mezcla de ambiente realista y sobrenatural o irreal	Elementos fantásticos que, generalmente, son centrales para el argumento	Pueden ser irreales o imaginarios
Ciencia ficción	Por lo general, ambientado en el presente o el futuro	Tecnología que, generalmente, es central para el argumento	Puede incluir tanto personas reales como criaturas imaginarias o máquinas
Misterio	Basado en un lugar del mundo real; puede ser histórico	Los sucesos responden a una pregunta o resuelven un misterio	Reales, pero también pueden ser inventados o históricos

Conoce al autor

Holling Clancy Holling nació en una granja de Michigan en el año 1900. De niño, le encantaba criar animales, acampar y dibujar. Creaba ilustraciones notables ya a la edad de 3 años. Cuando creció, se dedicó a escribir e ilustrar libros para niños. Sus dibujos únicos y detallados ayudan a los lectores a sumergirse en sus cuentos sobre naturaleza e historia.

de Minn del Misisipi

Primer vistazo al vocabulario

A medida que lees *Minn del Misisipi*, presta atención a estas palabras de vocabulario. Fíjate cómo agregan detalles al cuento.

> rápidos   resplandeciente
>
> deseo   honda   abandonó

Lectura

Antes de leer, establece un propósito de lectura. Los lectores activos de ficción siguen estas estrategias cuando leen un texto por primera vez.

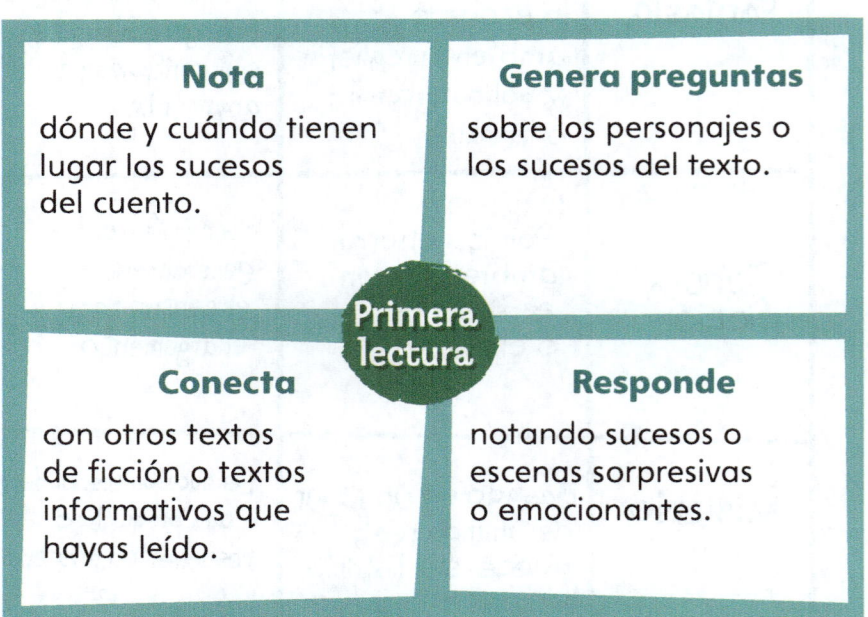

Nota dónde y cuándo tienen lugar los sucesos del cuento.

Genera preguntas sobre los personajes o los sucesos del texto.

Primera lectura

Conecta con otros textos de ficción o textos informativos que hayas leído.

Responde notando sucesos o escenas sorpresivas o emocionantes.

Género Ficción

de MINN del MISISIPI

por HOLLING CLANCY HOLLING

CONTEXTO

Este fragmento de una novela sigue las aventuras de Minn, una joven tortuga mordedora que viaja desde el nacimiento del río Misisipi, en Minnesota, y sigue andando hacia el sur.

LECTURA ATENTA

Analizar el argumento y el ambiente

Subraya palabras o frases que usa Holling Clancy Holling para presentar el argumento y el ambiente del cuento.

rápidos partes de un río que se mueven a gran velocidad

1   ¡La tortuga Minn era muy pequeña para este Misisipi! Durante millas, fue como una ramita atrapada en rápidos y cascadas. Cuando su diminuta pata trasera se cansaba, se dejaba llevar a la deriva, hasta que ¡ZAS! Entonces se empujaba desde las rocas y volvía a remar. Luchó hasta llegar a la orilla, a un arroyo y a un pantano. Después de algunas semanas de vida, ¡Minn ya se sentía como una tortuga anciana con achaques!

2   Minn cobró vida cuando un cangrejo la pellizcó en el costado. Su ataque enojado de bebé echó a su enemigo para atrás. Unos cuervos observaron el rastro de nubes de lodo aguado flotando en el arroyo. Una familia de mapaches vio el humo lodoso y salió a cazar cangrejos. Se sentaron en el agua, mirando a la nada y buscando entre las rocas. Una nutria con pelo brillante pasó contorneándose como una sombra.

VISÓN

NUTRIA

3   Unos patos se lanzaron desde el cielo y aterrizaron rasgando la superficie del agua, patinando con las patas bien abiertas. Para Minn, eran monstruos, clavados en la superficie, sumergiendo la cabeza en punta hacia abajo. Comían insectos y escarabajos; por momentos, mordisqueaban los dedos gomosos de Minn con sus picos duros como el hierro. A medida que el aire del pantano de arroz salvaje refrescaba, el cielo era casi un susurro de hojas y más pájaros volando. Ahora pasaban como flechas bandadas en forma de V de patos y gansos de cuello largo; y, a una milla, en el azul claro del cielo, una franja fantasmal y resplandeciente de cisnes blancos salvajes.

4   Bandadas de cuervos salpicaban los árboles, graznando, gritando, chillando, rompiendo el silencio. Algunos estaban decididos a quedarse hasta el invierno, pero no el cuervo viejo, cuyo sendero de aire hacia el sur estaba sobre este pantano. ¡Odiaba el frío! Y con sus viejos amigotes, se fue volando.

LECTURA ATENTA

Vocabulario en contexto

Las **claves del contexto** son palabras y frases que se pueden usar para definir otras palabras en un texto.

<u>Subraya</u> las claves del contexto que te ayudan a determinar el significado de *graznando*.

resplandeciente que brilla despidiendo rayos de luz muy clara

MAPACHES BUSCANDO CANGREJOS

LECTURA ATENTA

Analizar el argumento y el ambiente

Subraya oraciones que muestren cómo el ambiente crea el conflicto durante la complicación del cuento.

deseo ganas muy fuertes o anhelo por algo

RATA ALMIZCLERA

5   La pequeña Minn se sentía adormecida. Como reptil de sangre fría, dependía del calor del aire o del agua para mantenerse activa. Buscando algo muy lentamente y con desgano, pasó un rato largo mirando fijamente el fondo lodoso. Sentía un deseo enorme de meterse en él… Muy profundo…

6   Las ratas almizcleras arrastraban raíces del pantano hasta sus casas redondas. Los castores guardaban varas de álamo por su sabrosa corteza. Las nutrias y los visones pescaban en arroyos bordeados con hielo. Las liebres americanas de patas grandes cambiaban su pelaje de marrón a blanco. Las ardillas de pino titilaban como llamas en fuga en los árboles.

7   Entonces, unos copos blancos tendieron una manta sobre la tierra para que la cosiera todo aquello que se movía, desde los ratones hasta los alces. Llegó un frío nuevo, con nieve más profunda. La vida misma pareció congelarse hasta detenerse de tanto frío. Aun así, las ardillas rayadas y los osos solo estaban dormidos. Las moscas y los mosquitos congelados seguían viviendo. Mientras tanto Minn, desde hacía mucho tiempo metida en lo profundo del lodo, aún seguía viva…

CASTOR

304

LECTURA ATENTA

Usar la evidencia del texto

<mark>Resalta</mark> evidencia que te ayude a entender cómo influye el ambiente en los sucesos, incluidas las acciones de Minn.

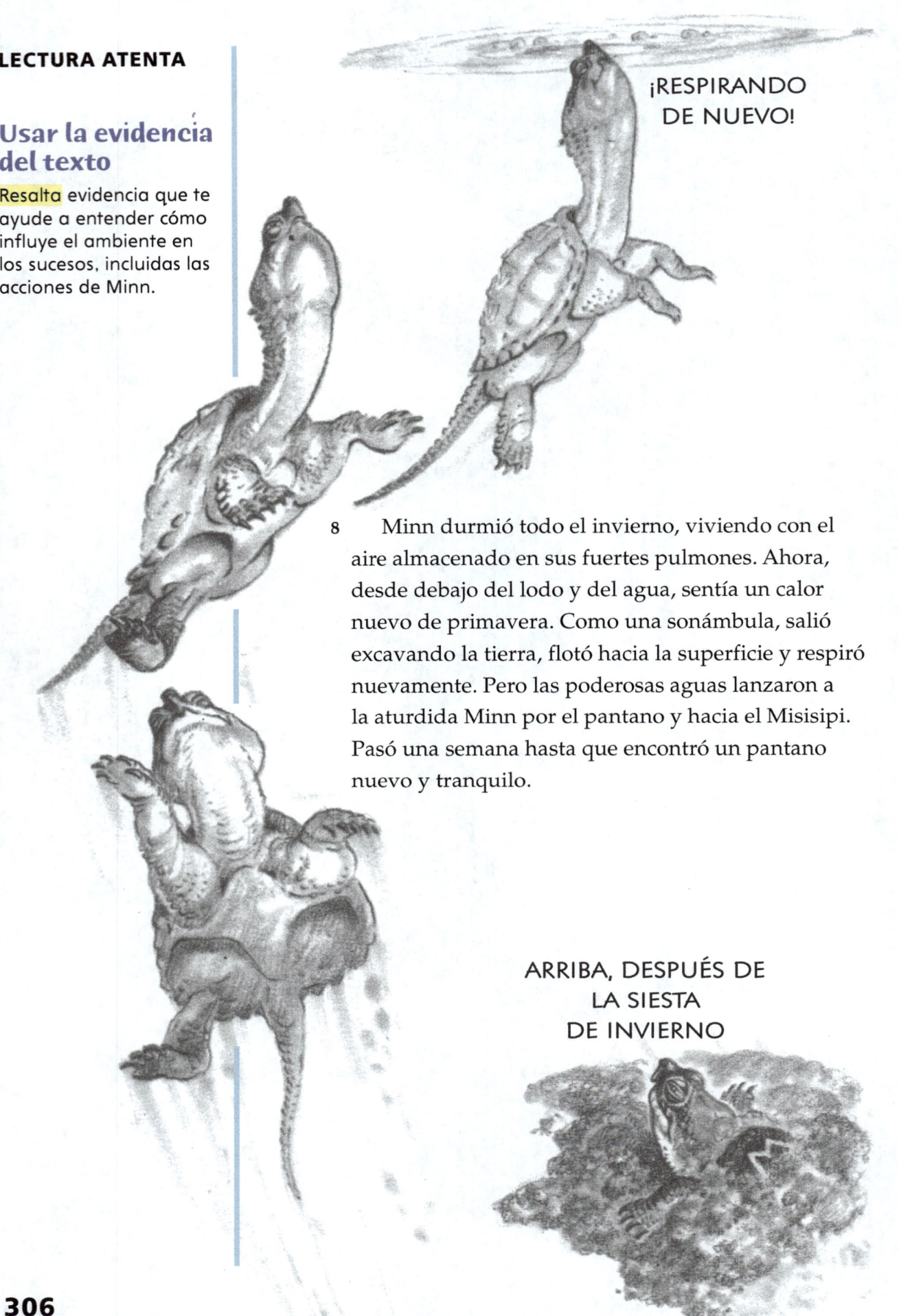

¡RESPIRANDO DE NUEVO!

8   Minn durmió todo el invierno, viviendo con el aire almacenado en sus fuertes pulmones. Ahora, desde debajo del lodo y del agua, sentía un calor nuevo de primavera. Como una sonámbula, salió excavando la tierra, flotó hacia la superficie y respiró nuevamente. Pero las poderosas aguas lanzaron a la aturdida Minn por el pantano y hacia el Misisipi. Pasó una semana hasta que encontró un pantano nuevo y tranquilo.

ARRIBA, DESPUÉS DE LA SIESTA DE INVIERNO

306

9   El alimento de su saco de alimentos, junto con algunos escarabajos y larvas, ayudó a Minn a sobrevivir durante la hibernación. Ahora estaba flaca, débil y ¡con hambre! Minn mordía muchas cosas que se movían de un lado a otro y se hacía más grande. A veces, cazaba tendiendo una "emboscada". Debajo del lodo, sin ser vista, sus mandíbulas se cerraban de repente cuando había comida cerca, y un caracol o una lombriz sin suerte desaparecían instantáneamente. Otras veces, cazaba caminando por el fondo del pantano. Varias clases de tortugas caminan por el fondo, aunque de una manera un poco torpe. De alguna forma, Minn equilibraba su peso para que una parte la sostuviera hacia abajo y la renguera de su parte trasera no la molestara. Lentamente, caminaba a través de velos de agua verde como un espíritu del río buscando cosas olvidadas. Entre malezas que se movían como un remolino, Minn con su majestuoso e incansable paso era un monstruo antiguo que emergía del pasado. Dos pulgadas de un monstruo incansable. Una cazadora por naturaleza.

LECTURA ATENTA

Analizar el argumento y el ambiente

Subraya acciones que realiza Minn que son un resultado directo de su entorno.

CAMINANDO POR EL FONDO

EMBOSCADA

LECTURA ATENTA

Vocabulario en contexto

Usa claves del contexto para determinar el significado de *revestían*.

Subraya las claves del contexto que apoyan tu definición.

honda profunda

10   Las vecinas de Minn, las vivaces tortuguitas acuáticas, se prendían a los troncos durante horas y disfrutaban echadas al sol. El sol caliente y seco desalienta a las sanguijuelas y los crecimientos de musgo, así que el caparazón de las tortuguitas estaba impecablemente liso. Minn prefería la sombra tenue al sol, por eso las sanguijuelas se volvían su compañía cercana y plantas diminutas revestían su caparazón de terciopelo verde. Minn mudaba esta cubierta musgosa cada año. A medida que su caparazón crecía y se expandía hacia afuera, la capa de arriba se pelaba como tiras de película instantánea y Minn quedaba suave y limpia. Minn estaba sorda; aun así, sentía incluso las vibraciones más leves. Era tímida; pero cuando contemplaba su mundo, veía claramente y podía distinguir un color de otro. Tenía mucho sentido común.

11   Durante la marea alta, Minn se había asentado en una pileta profunda del pantano. Cuando las aguas se retiraron, la pileta se achicó hasta quedar reducida a una laguna poco honda. Y llegó el día en que el lomo de Minn sobresalía por encima de un charco que se secaba y asaba al sol. Las tortuguitas acuáticas tragaban comida en el agua y afuera del agua. Pero Minn, una tortuga mordedora, no podía tragar fácilmente a menos que fuera bajo el agua y ¡no quedaba suficiente!

308

PASTEL DE AGUA PARA LA CENA DE UNA TORTUGA MORDEDORA

1 PEZ. . . . . 34.2 %
2 CARROÑA
  (SERES MUERTOS) . . . . 19.6 %
3 OTROS VERTEBRADOS
  (QUE TIENEN COLUMNA
  VERTEBRAL) . . . . 2.2 %
4 PLANTAS ACUÁTICAS 36.2%
5 INVERTEBRADOS
  (SIN COLUMNA VERTEBRAL,
  COMO INSECTOS) . . . . 7.8 %

PASTEL TOTAL   100.0 %

(PORCENTAJES DEL DR. KARL F. LAGLER, "RELACIONES ECONÓMICAS DE LAS TORTUGAS")

12   Minn no tenía ninguna intención de pasar hambre. Salió chapoteando por una parte con mugre del pantano hacia una orilla que parecía arcilla cocida, y se fue rengueando. La Minn en tierra era diferente de la Minn en el agua. En un pantano, vivía en calma, mordiendo principalmente para atrapar comida. Aquí, a sus ojos sensibles les desagradaba el sol brillante. Minn se sentía lo suficientemente mala para morder lo que fuera. Un puercoespín se la encontró y ella siseó como una víbora. El roedor grande y con púas retrocedió cuando Minn pasó tambaleándose. Cuando un zorro olió por abajo con su nariz inquisitiva, Minn arremetió contra él. Su caparazón medía menos de tres pulgadas, pero su cuello y su cola eran tan largos que casi ocho pulgadas de un reptil enojado se abalanzaron como una serpiente en ese ataque. Aunque Minn falló y cayó sobre su barbilla, el zorro quedó impresionado. Cuando Minn volvió a levantarse, como un guerrero con armadura al ataque, el zorro bajó su gran cola, que parecía un penacho erguido, y se fue trotando pensativo entre los abundantes helechos. Después de todo, ¡él *había* comido bien esa mañana!

LECTURA ATENTA

Analizar el argumento y el ambiente

Subraya una o más oraciones que muestren cómo influye el ambiente en el carácter de Minn.

LECTURA ATENTA

Usar la evidencia del texto

Resalta evidencia que apoye tu comprensión de cómo cambia el ambiente en este pasaje.

abandonó dejó a alguien o a algo solo

Fluidez

Lee los párrafos 14 a 16 en voz alta a un grupo pequeño. Recuerda leer con precisión y a un ritmo de conversación, de modo que tu público entienda lo que le estás leyendo.

13   Caminando como un pato, Minn se alejó más del Misisipi. En un arroyo burbujeante, comió alegremente, caminando por el fondo a contracorriente. ¡Pero una vez más el mundo acuático de Minn la abandonó! ¡Un día el arroyo dejó de correr! Borboteó y huyó, mientras del cielo caían los cuervos para deleitarse con los pececitos y los renacuajos que sacudían sus colas en el lodo.

14   Minn salió como pudo en busca de seguridad debajo del pasto sucio y mojado de la orilla. Estaba confundida. Primero, parte de un gran pantano se había achicado hasta convertirse en un charco. Ahora, un arroyo con agua que corría se había marchado. Minn miró sin comprender a su alrededor. Luego, como si hubiera tenido una idea, comenzó a caminar. El arroyo que borboteaba se había quedado sin aliento y luego había desaparecido cuesta abajo; aun así, Minn siguió caminando hasta una montaña de árboles muertos, pasto y lodo que formaban una represa y un estanque.

15   Los niños que habían construido la represa en el arroyo llamaron a este lugar un "Viejo pozo para nadar". Sus padres simplemente no podían entender cómo un arroyo atragantado con rocas, troncos y barro era mejor para nadar que las playas y los lagos limpios de esta tierra con lugares de veraneo. Los niños tampoco podían explicarlo, excepto que, bueno, ¿cómo podías sentir que un lago muy largo te pertenecía? Mientras que una represa, construida con tus propias manos, ¡era un pozo para nadar del que podías estar orgulloso! ¡Incluso aunque las vacas pensaran que eran dueñas de todo!

16   Ahora Minn, agotada, tomó el control. ¡Era la dueña del pozo para nadar! Esta pileta era de su agrado, exactamente como le gustaba. Pero los niños sorprendidos alcanzaron a ver "algo"... ahora aquí, ahora allá, y salieron corriendo para pedir ayuda. Padres (y hermanas) ¡vinieron para combatir a este MONSTRUO!

LECTURA ATENTA

Analizar el argumento y el ambiente

Subraya palabras y frases que te digan cómo cambian el argumento y el ambiente.

311

VOCABULARIO

Desarrollar el vocabulario

En los textos de ficción, los autores eligen palabras que ayudarán al lector a imaginar lo que sucede en el texto. Las palabras precisas y descriptivas aumentan la comprensión del cuento que tienen los lectores.

Mi TURNO Completa la red de palabras nuevas de vocabulario. Escribe una oración que explique cómo te ayuda cada palabra a imaginar los lugares del cuento.

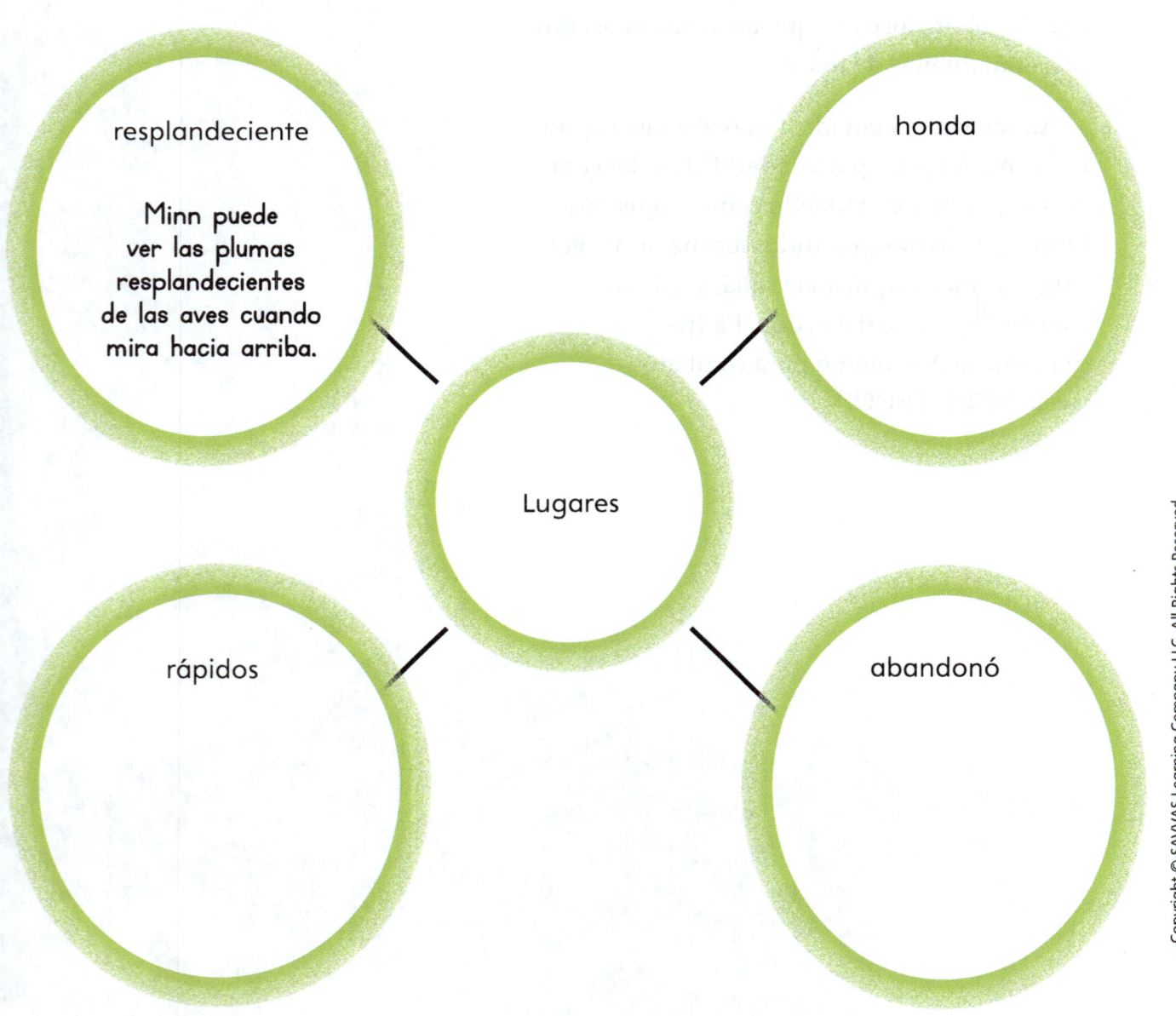

resplandeciente

Minn puede ver las plumas resplandecientes de las aves cuando mira hacia arriba.

honda

Lugares

rápidos

abandonó

312

COMPRESIÓN
TALLER DE LECTURA

Verificar la comprensión

Mi TURNO Vuelve a mirar el texto para responder a las preguntas.

1. ¿Cómo sabes que *Minn del Misisipi* es un texto de ficción?

2. ¿Por qué incluye Holling Clancy Holling los pensamientos de otros animales en lugar de contar solo los pensamientos de Minn?

3. ¿Por qué Minn se convierte en un monstruo al final del cuento? Cita evidencia del texto para apoyar tu respuesta.

4. ¿Cómo cambia Minn a lo largo del cuento?

LECTURA ATENTA

Analizar el argumento y el ambiente

En una narración, el **ambiente** es dónde y cuándo sucede un cuento. El **argumento** es la secuencia de sucesos, o de acontecimientos, que incluyen la complicación, el clímax, el desenlace y la solución. El ambiente de un cuento puede influir en el argumento.

1. **Mi TURNO** Anota lo que sucede al principio, en el medio y al final de *Minn del Misisipi*. Luego, vuelve a las notas de Lectura atenta del texto y subraya partes que muestren cuándo cambian el argumento y el ambiente.

2. **Evidencia del texto** Usa las partes subrayadas para completar el organizador gráfico.

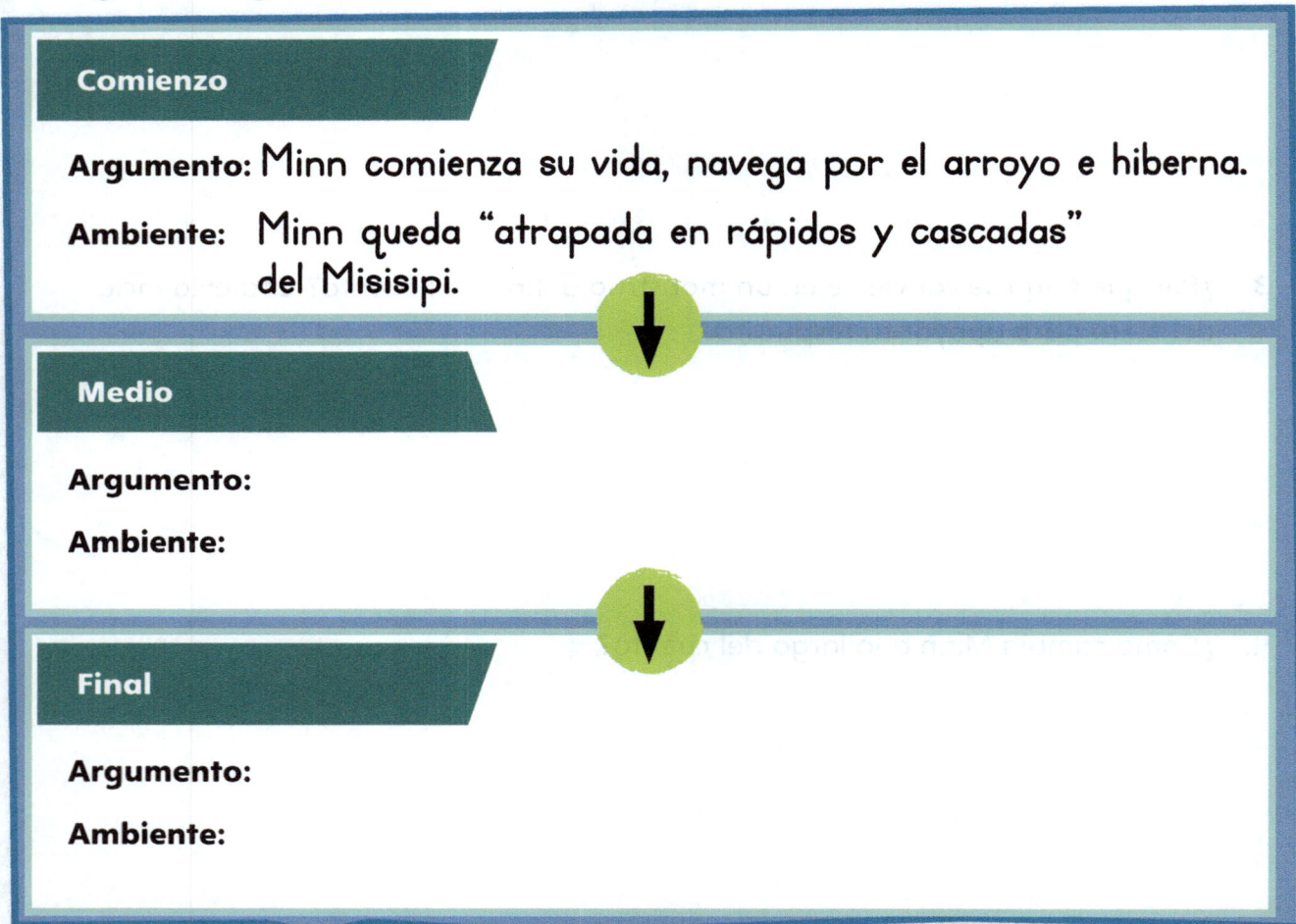

INTERCAMBIAR ideas Usa el organizador gráfico que completaste para comentar con un compañero lo que te dicen sobre Minn el argumento y el ambiente. ¿Cómo ha cambiado Minn a lo largo del cuento?

314

TALLER DE LECTURA

Usar la evidencia del texto

Puedes usar la **evidencia del texto**, es decir, la información del texto, para analizar los cambios en el argumento y el ambiente. A medida que lees, marca los lugares donde cambian el ambiente o el argumento. Luego, usa lo que marcaste para analizar las elecciones del autor en el texto.

1. **Mi TURNO** Vuelve a las notas de Lectura atenta y resalta evidencia que muestre cómo influye el ambiente en el cuento.

2. **Evidencia del texto** Usa la evidencia resaltada para completar la tabla.

Evidencia del texto	¿Por qué incluyó el autor este detalle?
"Ahora, desde debajo del lodo y del agua, sentía un calor nuevo de primavera".	Para mostrar cómo se siente Minn al final de la hibernación.

Analiza tu evidencia. ¿Qué conclusión puedes sacar acerca de cómo usó Holling Clancy Holling el ambiente en este cuento?

_____

_____

RESPONDER AL TEXTO

Reflexionar y comentar

Escribir basándose en las fuentes En *Minn del Misisipi*, el entorno de Minn cambia una y otra vez y, como consecuencia, Minn se muda y busca un lugar nuevo para establecer su hogar. ¿Acerca de qué otros cambios de ambiente importantes has leído? Usa el siguiente proceso para escribir y apoyar una respuesta.

Anotar las fuentes Los escritores recurren a la literatura para aprender cómo presentan las ideas otros autores. Al recurrir a la literatura, los escritores eligen ejemplos específicos del texto para apoyar sus respuestas. Para hallar estos ejemplos, los escritores anotan, o marcan, el texto.

Para escribir tu respuesta, elige dos textos que sean tus preferidos o que te hayan parecido los más interesantes. Usa estas preguntas como ayuda para hacer anotaciones:

- ¿Qué detalles describen el ambiente? Marca los detalles que se destacan para ti.
- ¿Cómo cambia el ambiente? Marca dónde cambia.
- ¿Cuáles son los efectos del cambio en el ambiente? Marca detalles que te digan cómo influyen esos cambios en los personajes.

Repasa tus anotaciones y úsalas para escribir tu respuesta. Para apoyar tus ideas, cita parte de la evidencia del texto que anotaste.

Pregunta de la semana

¿Qué desafíos enfrentan los animales en su entorno?

VOCABULARIO

PUENTE ENTRE LECTURA Y ESCRITURA

Vocabulario académico

Las **claves del contexto** son palabras y frases que ayudan a los lectores a determinar el significado de palabras poco comunes. Los autores a veces definen una palabra poco común en la oración que usa la palabra o en una oración cercana. Además usan palabras clave y la puntuación para dirigir la atención a la definición.

> **Meta de aprendizaje**
>
> Puedo aprender sobre el lenguaje para hacer conexiones entre la lectura y la escritura.

Mi TURNO En cada una de las siguientes oraciones:

1. **Lee** la oración.
2. **Identifica** la clave del contexto para la palabra de vocabulario académico en letras negritas.
3. **Escribe** una definición de la palabra.

Oración	Tipo de clave del contexto	Definición
Tardaron una semana, pero la familia **sobrevivió**, o resistió, al entrenamiento de su primer cachorro.	Una coma y una definición después.	Sobrevivió significa "resistió".
A ella le gusta **clasificar** su música por género primero y luego por nombre de artista.		
Al **adquirir** destrezas nuevas, los jugadores logran convertirse en expertos del deporte.		
La provisión de alimentos de la familia era **suficiente** para durar todo el viaje.		

317

ESTUDIO DE PALABRAS

Los diptongos de vocales débiles

Se forma **diptongo** cuando se unen dos vocales en una misma sílaba. Esas dos vocales pueden ser dos vocales débiles, como *ui* en *fui-mos*. También se forma diptongo con *y* como en *muy*.

En las sílabas *gue*, *gui* la *u* es muda (como en *aguerrido*) a menos que se agregue la diéresis, formando un diptongo, como en *pingüino*. Sin embargo, en algunos casos, dos vocales débiles pueden formar un hiato, como en *antiinflamatorio*.

Mi TURNO Lee las palabras. Identifica el diptongo y divide las palabras en sílabas para completar la tabla. Luego, escoge tres palabras del ejercicio anterior y escribe oraciones que las incluyan.

Palabra	Diptongo y palabra separada en sílabas
cuidar	
gratuito	
arruinar	
antigüedad	
incluir	
multiuso	

Mi TURNO Combina en el orden correcto las siguientes sílabas para formar palabras con diptongos.

1. dad-ciu _____
2. truir-cons _____
3. do-rui-so _____

318

ANALIZAR LA TÉCNICA DEL AUTOR

PUENTE ENTRE LECTURA Y ESCRITURA

Leer como un escritor

Los autores usan el **lenguaje figurado** para describir los personajes, el ambiente y el argumento. El lenguaje figurado incluye los símiles, las metáforas y los modismos. Un **símil** compara dos cosas usando la palabra *como*. Una **metáfora** compara dos cosas sin usar palabras de comparación. Un **modismo** es una expresión propia de una lengua que tiene un sentido especial, como *en un abrir y cerrar de ojos*, que significa "en un instante".

¡Demuéstralo!

Lee el texto de *Minn del Misisipi*.

> Entre malezas que se movían como un remolino, Minn con su majestuoso e incansable paso **era un monstruo antiguo que emergía del pasado**.

metáfora

1. **Identificar** En este pasaje, Holling Clancy Holling usa una metáfora para comparar a Minn con "un monstruo antiguo que emergía del pasado".

2. **Preguntar** ¿Cómo me ayuda la metáfora a entender el personaje de Minn?

3. **Sacar conclusiones** La metáfora me ayuda a entender que Minn es lenta, pero que su paso lento se ha mantenido sin cambiar desde tiempos antiguos.

Relee el segundo párrafo de *Minn del Misisipi*.

Mi TURNO Sigue los pasos para analizar el lenguaje figurado.

1. **Identificar** Holling Clancy Holling usa el símil _____ para describir _____.

2. **Preguntar** ¿Cómo me ayuda el lenguaje figurado a entender el ambiente?

3. **Sacar conclusiones** El símil me ayuda a entender _____

Mi TURNO Con un compañero, piensen en un modismo. Una vez identificado, úsenlo en una oración y explíquenlo al resto de la clase.

DESARROLLAR DESTREZAS DE AUTOR

Escribir para un lector

Los autores usan lenguaje figurado, como símiles, modismos o metáforas, para ayudar a los lectores a imaginar el ambiente, el argumento y los personajes de un cuento.

Usa la palabra **como** *para escribir un símil.*

Mi TURNO Piensa en cómo usa Holling Clancy Holling el lenguaje figurado en *Minn del Misisipi*. Luego, identifica cómo puedes usar el lenguaje figurado en tu propia escritura.

1. Si escribieras acerca de cómo es diciembre en tu pueblo o ciudad, ¿qué símiles, modismos o metáforas podrías usar para describir el ambiente?

2. Escribe un pasaje breve sobre cómo es diciembre en tu pueblo o ciudad. Usa lenguaje figurado como ayuda para describir el ambiente.

ORTOGRAFÍA

PUENTE ENTRE LECTURA Y ESCRITURA

Escribir palabras con diptongos de vocales débiles

Un **diptongo** es una combinación de dos vocales que pertenecen a la misma sílaba. Los diptongos pueden estar formados por dos vocales débiles: *iu* o *ui*, y también *uy*. También se forma diptongo en las sílabas *güe*, *güi* al usar la diéresis. Usa este conocimiento para escribir correctamente palabras con diptongo.

Mi TURNO Lee las palabras. Identifica el diptongo y separa las palabras en sílabas en la columna que corresponda. Aplica tu conocimiento de los diptongos para volver a escribir las palabras correctamente.

PALABRAS DE ORTOGRAFÍA			
ciudadela	cuidado	ciudadano	triunfo
lingüística	diurno	ruido	buitre
huipil	circuito	huir	fui
juicio	vergüenza	pingüino	construir
ruiseñor	muy	intuición	gratuito

üe

iu

ui

üi

Mi TURNO Combina en el orden correcto las siguientes sílabas para formar palabras con diptongos.

1. ñor-rui-se _____

2. do-rrui-a-na _____

3. da-viu _____

321

Los sustantivos comunes y los sustantivos propios

Los **sustantivos comunes** nombran a una persona, un lugar o una cosa en general. Los **sustantivos propios** nombran a una persona, un lugar o una cosa específicos. Según las normas del español estándar, los sustantivos deben concordar en género y número con el artículo que los acompaña: **las** mesas, **unos** libros, **el** monte Everest.

Tipo de sustantivo	Sustantivo común	Sustantivo propio
persona	hombre, mujer, amiga, autora	Pablo Jones, Sra. Tibor, Callie, Kimberley Jane Pryor
lugar	escuela, país, estado, calle	Primaria Jefferson, México, Wyoming, Principal
cosa	festividad libro club juego	Navidad *Alicia en el país de las maravillas* Club de Teatro Weston Campeonato Mundial de Natación

Mi TURNO Corrige este borrador para reemplazar con sustantivos propios los sustantivos comunes subrayados. Corrige también el uso del artículo específico.

Minn del Misisipi está escrito por un autor. Este cuento trata sobre los tortuga llamada tortuga. Esta tortuga pasa la primera parte de su vida atrapada en los rápidos del río. Hacia el final del cuento, la tortuga encuentra una represa en una arroyo llamado un lugar. ¡Ella se apodera del lugar!

ARTÍCULO DE VIAJE | TALLER DE ESCRITURA

Crear un titular

Para decidir qué leer en un periódico, en una revista o en línea, un lector primero echa un vistazo a los titulares y las fotografías. Un titular debe captar la atención del lector. También debe:

- Ser verídico
- Ser fácil de entender
- Usar verbos activos e interesantes
- Hacer que el lector quiera leer más
- Ser conciso, o usar la menor cantidad posible de palabras

Meta de aprendizaje

Puedo usar los elementos de un texto informativo para escribir un artículo.

Mi TURNO Lee el artículo. Luego combina palabras y frases del recuadro de titulares para crear un titular que hará que un lector quiera leer más. Escribe tu titular en el renglón.

Alcanzas a ver las plumas de una flecha desde la ventanilla del carro. "¡Detente!", grita tu mamá. Tu papá vuelve caminando por el camino. Estudia una punta de flecha clavada en el suelo. ¿Es un ataque? ¡No! Tu familia acaba de encontrar uno de los muchos marcadores que hay a lo largo del Sendero de Quanah Parker en el Mango de Texas.

Recuadro de titulares

Lo que se puede ver	Flechas	Mango
Perforan	Llanura	Apuntaban
A lo largo de los caminos	Hallan	Siguiendo
Pasan volando	Mira esto	Marcador de camino

Mi TURNO Usa esta destreza cuando crees un titular para tu artículo de viaje.

323

ARTÍCULO DE VIAJE

Crear párrafos de desarrollo

El primer párrafo o los primeros dos párrafos de un artículo de viaje son el **encabezamiento**, que incluye una idea central y atrae a los lectores con respuestas cortas a preguntas acerca de *quién, qué, dónde, cuándo, por qué* y *cómo*. Los **párrafos de desarrollo** van más allá del encabezamiento y dan a los lectores más información.

En un artículo de viaje, los párrafos de desarrollo pueden ser cortos, pero cada uno debe tener una oración principal sobre una característica importante del destino. Cada párrafo de desarrollo también debe incluir detalles que apoyen la oración principal. Los detalles pueden ser datos, definiciones, detalles concretos, citas o ejemplos.

Los escritores organizan los detalles de manera lógica dentro de un párrafo. Pueden comenzar con el detalle más importante y terminar con el menos importante, o viceversa. Los escritores también pueden organizar un párrafo usando hechos en orden cronológico o numérico. Sin importar qué organización elija el escritor, toda la información del párrafo debe relacionarse con la oración principal.

Mi TURNO La oración principal es el número 1. Numera los detalles para mostrar el orden en el que deberían ir para apoyar la oración principal.

_1_ Hay muchos lugares donde quedarse.

___ Tres de los campamentos tienen todas las comodidades modernas.

___ Para los viajeros con un presupuesto justo, varios moteles ofrecen tarifas por menos de $100 la noche.

___ Los precios por noche en un hotel van desde $100 hasta $300.

___ Por un precio módico, puede estacionar su casa rodante en un campamento del condado.

___ Las opciones varían entre hoteles sofisticados y campamentos.

Mi TURNO En tu cuaderno de escritura, crea párrafos de desarrollo para tu artículo de viaje.

TALLER DE ESCRITURA

Agrupar los párrafos en secciones

En un artículo de viaje, las secciones deben incluir párrafos de información relacionada. Los **encabezados de las secciones** ayudan a los lectores a encontrar información. Los encabezados deben ser cortos, o con menos de diez palabras, y específicos para la información que se va a proporcionar.

Mi TURNO Agrupa en secciones los siguientes temas de párrafos. Usa la tabla para enumerar los temas de cada sección. Después de organizar una sección, escribe un encabezado de sección que nombre la categoría a la que pertenecen los temas.

Recuadro de temas
bosques / parques acuáticos	restaurantes familiares / avistamiento de aves	senderos para caminatas / cuevas	paseos en tranvía / paseos en globo

	Encabezado de sección 1	Encabezado de sección 2
Tema del párrafo 1		
Tema del párrafo 2		
Tema del párrafo 3		
Tema del párrafo 4		

Mi TURNO En tu cuaderno de escritura, agrupa los párrafos en secciones cuando crees un artículo de viaje.

ARTÍCULO DE VIAJE

Desarrollar transiciones

Las palabras y las frases de transición, o de enlace, guían a los lectores de una idea a otra. Los escritores usan transiciones para conectar oraciones o párrafos y crear un escrito enfocado. La tabla muestra ejemplos de algunas transiciones.

Tiempo	Lugar	Causa y efecto	Comparación	Contraste	Conclusión
primero después más tarde	arriba debajo cercano	como como resultado debido a	de modo similar asimismo de esa manera	si no sin embargo alternativa	en suma al fin y al cabo en conclusión

Mi TURNO Escribe una palabra o frase de transición en cada espacio en blanco del párrafo para llevar a los lectores lógicamente de una idea a la siguiente.

Sube al mirador que está _____ de la sala de exposición para ver los alrededores de la ciudad. _____ el mirador rodea el edificio, puedes ver en todas las direcciones. _____, baja nuevamente a la sala de exposición. _____ de tu visita al mirador, puedes apreciar mejor la historia de cómo creció.

Mi TURNO En tu cuaderno de escritura, usa transiciones para conectar oraciones y párrafos a medida que redactas un artículo de viaje enfocado.

Añade una transición cada vez que creas que un lector podría pasar por alto la conexión entre dos ideas.

326

TALLER DE ESCRITURA

Crear con multimedia

Un **medio** es una manera de comunicarse, por ejemplo, a través de un texto escrito. Cuando incluyes **multimedia** en un texto, te comunicas de más de una manera.

En un artículo de viaje, el uso de medios puede incluir ilustraciones, como mapas y fotografías. Si publicas tu artículo en línea, también puedes usar videos, sonidos y animaciones.

Mi TURNO ¿Qué medios funcionarían mejor en tu artículo de viaje? Explica cómo cada medio que marcaste ayudaría a un público a entender la idea central del artículo. Comenta tu tabla con tu Club de escritura.

Medio	¿Lo usarías?	¿Por qué?
Ilustraciones	☐	
Fotografías	☐	
Videos	☐	
Sonido	☐	
Animaciones	☐	

Mi TURNO Identifica un tema, un propósito y un público. Luego, elige cualquier género y planifica un borrador haciendo un mapa de tus ideas.

PRESENTACIÓN DE LA SEMANA: INFOGRAFÍA

 INTERACTIVIDAD

PARTE DE UN
HÁBITAT

El huevo de una mariposa se deposita en una planta. Después de varios días, una oruga sale del huevo y comienza a alimentarse de la planta.

La mariposa adulta sale de la crisálida. Pronto, volará en busca de alimento.

La oruga continúa comiendo y creciendo.

La oruga completa su crecimiento y se despoja de su piel para comenzar a convertirse en una crisálida. Dentro de la crisálida, ocurre una increíble transformación.

SEMANA 4

Pregunta de la semana

¿De qué maneras los seres vivos dependen unos de otros?

Escritura rápida ¿De qué manera una oruga depende de una hoja? ¿De qué manera un sapo o un ave dependen de una oruga? Toma apuntes sobre cómo los animales dependen unos de otros para sobrevivir.

329

GÉNERO: POESÍA

Meta de aprendizaje

Puedo aprender más sobre poesía analizando el lenguaje y los elementos poéticos.

Poesía

La **poesía** es una forma de escritura que se centra en la organización de las palabras para expresar ideas o sentimientos. Entre los elementos de la poesía, se encuentran:

- La **estructura**, u organización de los versos o grupos de versos (llamados **estrofas**)
- El **ritmo**, o patrón de palabras, creado a partir de la organización de sílabas tónicas o átonas (llamada **métrica**)
- La **rima**, o dos o más palabras que terminan en los mismos sonidos
- El **lenguaje figurado**, o palabras con significados que van más allá de sus definiciones cotidianas

Establecer un propósito Uno de los propósitos de leer poesía es disfrutar su uso preciso del lenguaje. A medida que leas la selección, observa cómo el texto informativo que acompaña la poesía responde a la pregunta que aparece en ella.

En general, la poesía se lee en voz alta. Esto ayuda al lector a escuchar el ritmo y la rima.

INTERCAMBIAR ideas En un grupo pequeño, comenta cómo un poema puede tener un propósito similar al de un texto informativo. Identifica en qué se diferencian las características de cada género. Luego, establece tu propósito de lectura.

Mi PROPÓSITO _____

TALLER DE LECTURA

Conoce al autor

Francisco X. Alarcón fue un reconocido poeta y educador distinguido en múltiples ocasiones por su labor literaria. A su vez, dirigió el programa de Español a cargo de hablantes nativos de la Universidad de California. Alarcón falleció a principios de 2016.

Animalario del Iguazú

Primer vistazo al vocabulario

A medida que leas *Animalario del Iguazú*, presta atención a estas palabras de vocabulario. Fíjate cómo se relacionan con la información que aparece en los poemas.

| olfateando | fauces | parda |
| aerodinámico | alberga | conservar |

Lectura

Los lectores activos de **poesía** siguen estas estrategias cuando leen un texto por primera vez.

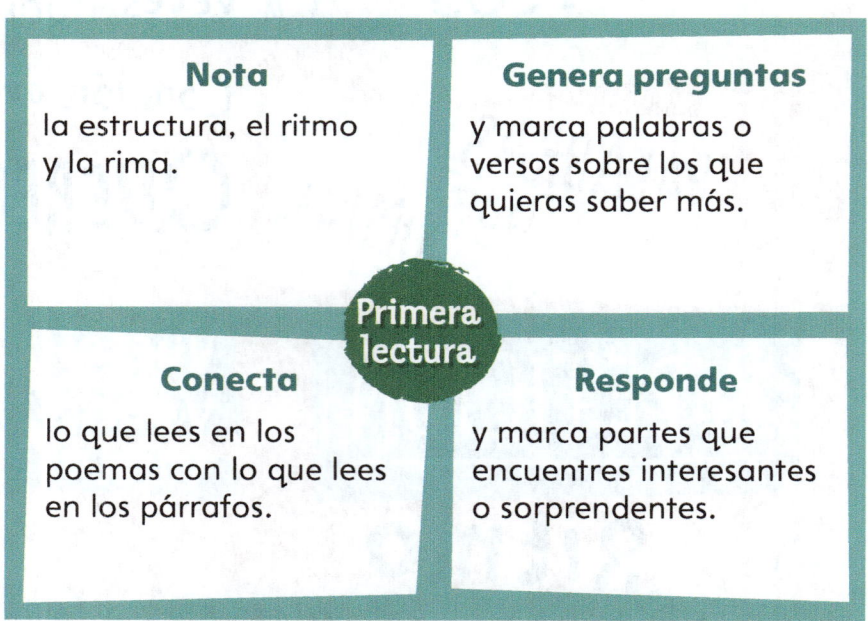

332

Género | Poesía

Animalario del Iguazú

por Francisco X. Alarcón

AUDIO
ANOTAR

333

LECTURA ATENTA

Visualizar imágenes

Resalta las partes del texto que, a partir de elementos repetidos, te ayudan a formar una imagen mental.

olfateando oliendo un largo rato

Coatí

1 un coatí soy
muy orgulloso
de mi gran cola

2 muy curioso
muy hambriento
con mi gran nariz

3 voy olfateando
la comida que sé
que todos cargan

Lagartija

1 en una escapada peligrosa
hasta mi cola verde perdí

2 pero como lagartija todavía
puede volver a crecer

LECTURA ATENTA

Visualizar imágenes

Resalta las frases que te ayudan a visualizar la descripción de la cola de la lagartija.

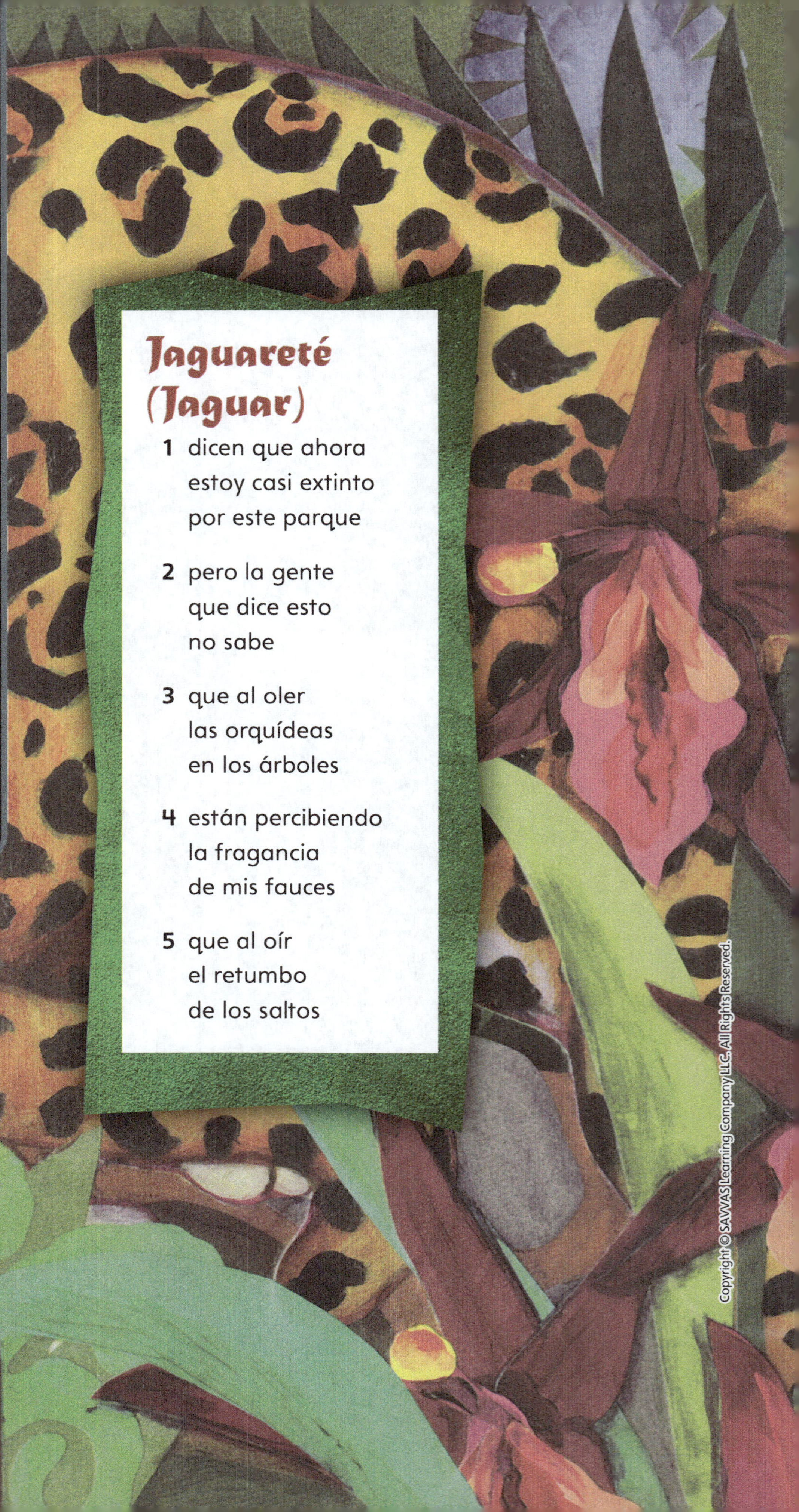

LECTURA ATENTA

Explicar el lenguaje y los elementos poéticos

Subraya los versos que compartan un patrón rítmico y explica cómo construyen imágenes en movimiento.

fauces parte posterior de la boca

Vocabulario en contexto

Las claves del contexto son palabras o frases que pueden usarse para entender palabras poco comunes en un texto.

Subraya claves del contexto que te ayuden a comprender el significado de *fragancia*.

Jaguareté (Jaguar)

1 dicen que ahora
estoy casi extinto
por este parque

2 pero la gente
que dice esto
no sabe

3 que al oler
las orquídeas
en los árboles

4 están percibiendo
la fragancia
de mis fauces

5 que al oír
el retumbo
de los saltos

6 están escuchando
el gran rugido
de mis ancestros

7 que al observar
las constelaciones
del firmamento

8 están mirando
las motas de estrellas
marcadas en mi piel

9 que yo soy
y siempre seré
el indomable

10 espíritu
silvestre vivo
de esta jungla

LECTURA ATENTA

Explicar el lenguaje y los elementos poéticos

Una metáfora es una comparación entre dos objetos sin el uso de *como* o *igual a/igual que*.

Subraya una metáfora en esta página.

LECTURA ATENTA

Explicar el lenguaje y los elementos poéticos

Subraya los sonidos que, al repetirse múltiples veces, construyen ritmo.

Picaflor

1 vuelo
vuelo
vuelo

2 pico
pico
pico

3 muchas flores
pues eso soy
un picaflor

LECTURA ATENTA

parda de color oscuro, semejante al color de la tierra o la piel del oso

aerodinámico que tiene la forma adecuada para reducir la resistencia del aire

Golondrina parda

1 las largas alas
 de mi cuerpo pardo
 aerodinámico

2 me impiden posarme
 en los árboles
 o sobre la tierra

3 por eso hago nido
  en los muros rocosos
  de altos desfiladeros

4 por detrás del velo
  de las cascadas velo
  por este parque nacional

LECTURA ATENTA

Explicar el lenguaje y los elementos poéticos

Subraya una metáfora y explica cómo construye imágenes en movimiento.

LECTURA ATENTA

Explicar el propósito del autor

Subraya oraciones que demuestren por qué el autor escribe sobre los animales del Iguazú.

alberga sirve de vivienda

Unas palabras del autor

1 Estos poemas celebran una de las maravillas naturales del mundo —las Cataratas del Iguazú—, localizadas en el noroeste de Argentina, en la frontera con Brasil y Paraguay. Escribí la mayoría de estos poemas en un cuadernito verde durante mis visitas allí.

2 Las Cataratas del Iguazú han encantado a los indígenas de la región —los guaraníes— y a muchísimos otros visitantes a través de los siglos. El Parque Nacional Iguazú se estableció en 1934 para proteger las Cataratas del Iguazú y la selva subtropical a su alrededor. Este parque alberga miles de especies de árboles, plantas, aves, mamíferos, reptiles, anfibios e insectos. Es también uno de los ambientes naturales de mayor diversidad biológica del mundo.

3   Pero muchas de estas especies, tanto de animales como de plantas, están en peligro, algunas de ellas hasta amenazadas con extinción. La selva misma está en peligro. Organizaciones ecologistas de Argentina y del resto del mundo han propuesto la creación de un gran "corredor verde" trinacional que protegería casi 1.400.000 hectáreas de selva continua, uniendo el Parque Nacional Iguazú con otras áreas protegidas en el noreste de Argentina, y conectándolas con Puerto Bertoni en Paraguay y el Parque Nacional do Iguaçú de Brasil.

4   Solo así podremos conservar Ybirá Retá ("Tierra de los Árboles", en la lengua guaraní) para las futuras generaciones. Espero que estos poemas nos motiven a todos a tomar acción para proteger las plantas y los animales silvestres del área del Iguazú y del mundo entero.

Francisco X. Alarcón

LECTURA ATENTA

Explicar el propósito del autor

Subraya los detalles que Francisco X. Alarcón describe como necesarios para conservar el Parque Nacional de Iguazú.

conservar mantener, cuidar

VOCABULARIO

Desarrollar el vocabulario

Los poetas usan lenguaje preciso para crear imágenes en la mente de los lectores. Escogen con cuidado las palabras que mejor concuerdan con lo que quieren decir. Estas palabras específicas ayudan a los lectores a visualizar descripciones y comprender el significado de un poema.

Mi TURNO Repasa la palabra de vocabulario que aparece en cada círculo. Debajo de cada palabra de vocabulario, escribe tres palabras relacionadas, como sinónimos o frases con significados similares. Luego, con un compañero, comenta qué palabras crearían las mejores imágenes y descripciones en un poema.

344

COMPRENSIÓN   TALLER DE LECTURA

Verificar la comprensión

Mi TURNO Mira de nuevo el texto y responde a las preguntas.

1. ¿Qué claves del género te ayudan a distinguir los poemas de la prosa en *Animalario del Iguazú*?

2. ¿Qué intenta el autor que imaginemos sobre la personalidad del coatí a partir de las palabras que escoge?

3. Describe el lugar donde viven los jaguaretés según lo que puedes leer en el poema.

4. ¿Tiene el mismo significado la palabra "velo" las dos veces que aparece en "Golondrina parda"? Apoya tu respuesta con evidencia del texto.

345

LECTURA ATENTA

Explicar el lenguaje y los elementos poéticos

La poesía de Francisco Alarcón expresa emociones y además informa al lector. Para disfrutar y explicar la poesía, los lectores consideran elementos como la **estructura**, el **ritmo**, la **rima**, el **lenguaje figurado** y los **recursos sonoros**. Dentro de los recursos sonoros, están la **rima asonante** (repetición de las vocales) y la **aliteración** (repetición de sonidos iniciales).

1. **Mi TURNO** Vuelve a las notas de Lectura atenta de *Animalario del Iguazú* y subraya las partes que te ayuden a explicar cómo Francisco X. Alarcón utiliza elementos poéticos.

2. **Evidencia del texto** Usa tu evidencia para completar la tabla.

Poema	Evidencia	Cómo los elementos crean efectos
"Coatí"	Repetición de las palabras "muy" y "gran"	La repetición ayuda a crear una imagen.
"Jaguareté" y "Picaflor"		
"Jaguareté" y "Golondrina parda"		

346

TALLER DE LECTURA

Visualizar imágenes

Considera el lenguaje preciso que utiliza Francisco Alarcón para describir lugares, sensaciones y animales en el texto. Usa estas descripciones para visualizar, o crear imágenes mentales de lo que describe.

1. **Mi TURNO** Vuelve a las notas de Lectura atenta de *Animalario del Iguazú* y resalta la evidencia que te ayude a crear imágenes mentales.

2. **Evidencia del texto** Usa el texto que resaltaste para describir lo que visualizas mientras lees los poemas y la prosa.

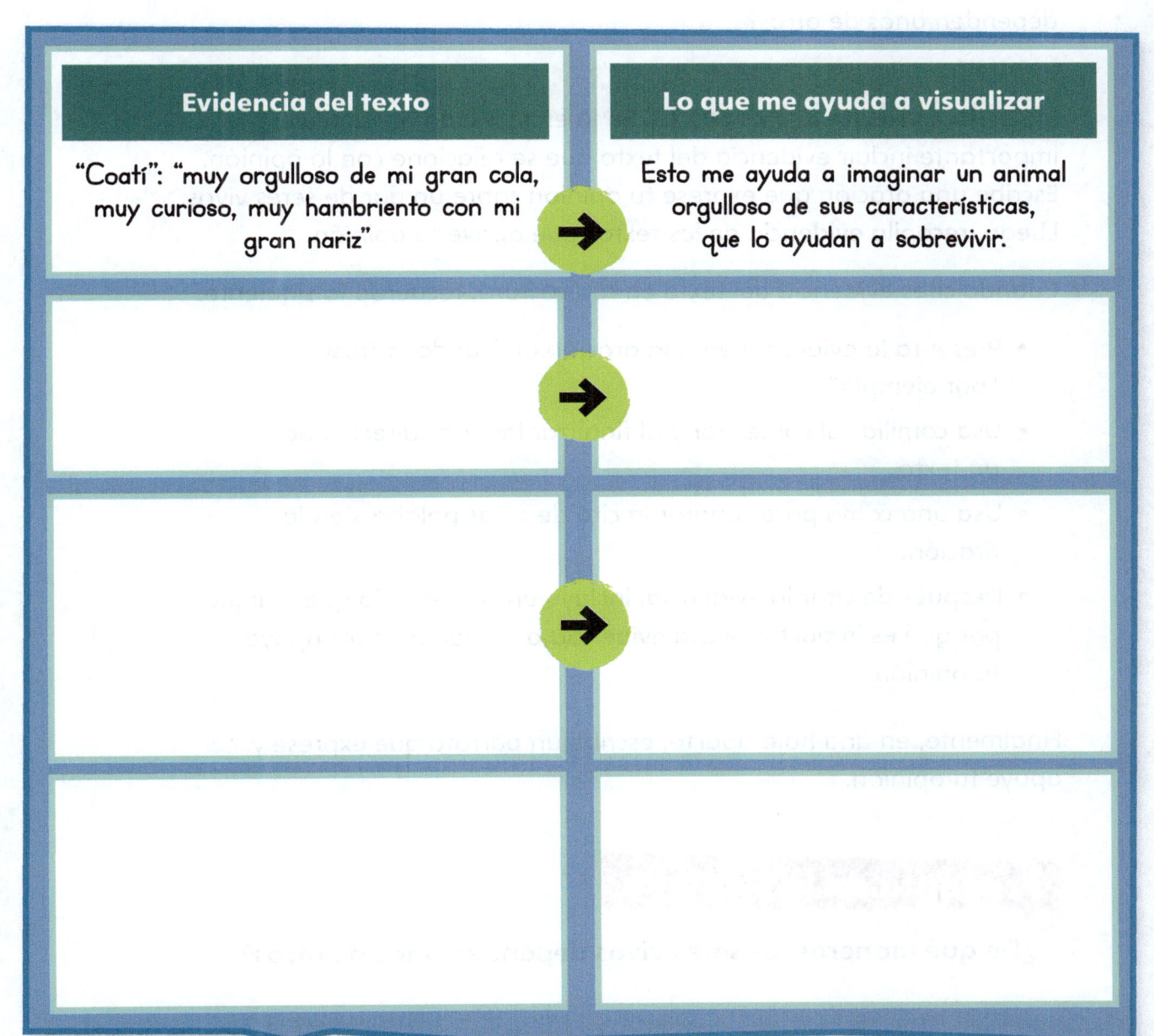

Evidencia del texto		Lo que me ayuda a visualizar
"Coatí": "muy orgulloso de mi gran cola, muy curioso, muy hambriento con mi gran nariz"	→	Esto me ayuda a imaginar un animal orgulloso de sus características, que lo ayudan a sobrevivir.
	→	
	→	

347

RESPONDER AL TEXTO

Reflexionar y comentar

Escribir basándose en las fuentes Esta semana aprendiste sobre seres vivos que dependen unos de otros. ¿Sobre qué otros seres vivos leíste esta semana? ¿De qué otras criaturas o plantas dependen? Elige un par de animales o plantas que estén estrechamente relacionados. Luego, recopila evidencia del texto para escribir un párrafo de opinión sobre la pregunta: ¿es importante saber cómo los seres vivos dependen unos de otros?

Usar la evidencia del texto En la escritura de opinión, es importante incluir evidencia del texto que se relacione con la opinión. Escribe una oración que exprese tu opinión sobre un par de seres vivos. Luego, recopila evidencia de los textos que apoye tu opinión.

Cuando cites evidencia del texto en tu escritura, recuerda lo siguiente:

- Presenta la evidencia en una oración utilizando la frase "por ejemplo".
- Usa comillas al comenzar y al finalizar las citas directas de un texto.
- Usa una coma para separar la cita de otras palabras en la oración.
- Después de citar la evidencia, incluye un comentario que indique por qué es importante esa evidencia o de qué manera apoya tu opinión.

Finalmente, en una hoja aparte, escribe un párrafo que exprese y apoye tu opinión.

Pregunta de la semana:

¿De qué maneras los seres vivos dependen unos de otros?

VOCABULARIO

PUENTE ENTRE LECTURA Y ESCRITURA

Vocabulario académico

Los **proverbios** son dichos populares que son tradicionales de una cultura y buscan dar una enseñanza o un consejo. Por ejemplo, *Más vale pájaro en mano que cien volando* nos dice que es mejor aferrarnos a lo seguro. Los **adagios** son frases breves, fáciles de memorizar, que expresan una verdad universal para una cultura o que encierran una lección ética. Por ejemplo, *Más vale tarde que nunca* y *Tiempo al tiempo*.

Meta de aprendizaje

Puedo aprender sobre el lenguaje para hacer conexiones entre la lectura y la escritura.

Mi TURNO En cada oración:

1. **Identifica** el proverbio o adagio.
2. **Lee** la pista entre paréntesis.
3. **Explica** brevemente el significado del proverbio o adagio.

1. ¿Viste lo que le ocurrió a Juan? Como decía mi abuela, quien mal anda mal acaba. (racha)

2. Apúrate, Camila. Ya sabes que al que madruga, Dios lo ayuda. (aprovechar/tiempo)

3. Estoy triste por haber perdido mi boleto, pero como siempre digo, todo pasa por algo. (razón)

4. ¿Dónde habré dejado mis llaves? La memoria es como el mal amigo: cuando más falta te hace, te falla. (necesitar)

349

ESTUDIO DE PALABRAS

Las raíces griegas

Saber el origen de las palabras y de las partes de las palabras puede ayudarte a definir palabras poco comunes. Por ejemplo, algunas palabras en español incluyen **raíces griegas**, como *bio*, *fon(o)*, *graf(o)*, *mono* y *poli*. La raíz griega *bio* significa "vida". Si sabes esto, puedes identificar y definir palabras que contengan esta raíz, como *biología*, que significa "el estudio de la vida".

Mi TURNO Completa la tabla escribiendo una palabra que contenga cada raíz y una oración que incluya cada palabra.

Raíz griega	Significado de la raíz	Palabra	Oración
bio	vida	biología	Después de leer sobre la vida de insectos y animales, quiero aprender más sobre la biología de la pradera.
fon(o)	voz o sonido		
graf(o)	escribir o dibujar		
mono	único o uno solo		
poli	mucho o abundante		

350

ANALIZAR LA TÉCNICA DEL AUTOR

PUENTE ENTRE LECTURA Y ESCRITURA

Leer como un escritor

Los poetas usan **imágenes literarias** como ayuda para crear una imagen, o imagen mental, de cómo algo se ve, suena, huele, sabe o se siente. Las imágenes literarias se pueden desarrollar por medio del lenguaje figurado, como **símiles** y **metáforas**. Las imágenes literarias pueden ayudar a los lectores a experimentar emociones, hacer conexiones y comprender ideas.

¡Demuéstralo!
Lee estos versos del poema "Jaguareté".

están mirando
*las motas de estrellas
marcadas en mi piel.* 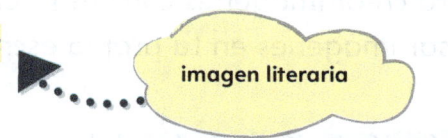 imagen literaria

1. **Identificar** En este poema, Francisco Alarcón usa una imagen literaria en "las motas de estrellas, marcadas en mi piel".

2. **Preguntar** ¿Cuál es el propósito que se consigue con esta imagen?

3. **Sacar conclusiones** Veo cómo el jaguareté se siente parte del ambiente donde vive; la imagen de las estrellas estampadas en su piel indica esa unión.

Vuelve a leer el poema "Golondrina parda".

Mi TURNO Sigue los pasos para analizar los efectos de la imagen literaria.

1. **Identificar** Francisco Alarcón usa una imagen literaria en el verso _____

2. **Preguntar** ¿Qué me ayuda a ver esta imagen?

3. **Sacar conclusiones** Veo _____

DESARROLLAR DESTREZAS DE AUTOR

Escribir para un lector

Los poetas y los autores usan lenguaje figurado para ayudar a los lectores a crear imágenes mentales. Los autores pueden hacer esto usando metáforas (comparaciones que se usan para decir de algo que es otra cosa) o símiles (comparaciones que usan las palabras *como* o *igual a*).

> Usa el lenguaje figurado para describir de manera gráfica cómo se ven, huelen, suenan, saben o se sienten las cosas.

Mi TURNO Explícale a un compañero cómo Francisco Alarcón usa lenguaje figurado para crear imágenes con sus poemas. Ahora, identifica cómo puedes usar imágenes en tu propia escritura.

1. Piensa en tu planta o flor favorita. ¿Qué palabras o frases usarías para describir apariencias, sonidos, aromas o gustos relacionados con ella?

2. ¿Cómo podrías crear imágenes literarias usando esos detalles sensoriales? Escribe tres ejemplos de lenguaje figurado, incluidos símiles y metáforas, que podrían ayudar a un lector a visualizar la planta o flor que elegiste.

3. Explica cómo usarías cada figura retórica en un poema para lograr un efecto en el público. ¿Cómo ayudarían tus imágenes literarias a que los lectores sientan que conocen tu planta o flor?

ORTOGRAFÍA

PUENTE ENTRE LECTURA Y ESCRITURA

Escribir palabras con raíces griegas

Conocer las **raíces griegas bio, fon(o), graf(o), mono** y **poli** puede ayudarte a identificar el significado y escribir palabras en español con estas raíces. Por ejemplo, reconocer y saber cómo escribir la raíz griega *fon(o)* te ayudará a escribir correctamente palabras con esta raíz, como la palabra *audífono*.

Mi TURNO Lee las palabras. Luego, escríbelas y ordénalas alfabéticamente. Asegúrate de escribir cada raíz griega de manera correcta.

PALABRAS DE ORTOGRAFÍA

biodiversidad	biografía	bioma	biosfera
fonema	fonética	políglota	fonografía
fonoteca	gráfico	monolingüe	monociclo
monocolor	monocultivo	monografía	grafología
monolito	policéfalo	polígono	policromía

353

LENGUAJE Y NORMAS

Los sustantivos singulares y los plurales

Los **sustantivos singulares** nombran una persona, un lugar, una cosa o una idea. Los **sustantivos plurales** nombran más de una persona, lugar, cosa o idea, y se pueden formar de diferentes maneras. Si los sustantivos terminan en vocal, se forma el plural añadiendo -s. Si los sustantivos acaban en consonante, se forma el plural añadiendo -es. Si la palabra termina en z, al agregar -es, la z se transforma en c. Si el sustantivo termina en x o s y no es una palabra aguda, no se modifica (*la crisis/las crisis, el tórax/los tórax*). Sigue estas reglas cuando corrijas borradores.

Sustantivos singulares	Sustantivos plurales	Oraciones
hombre, ciervo	hombres, ciervos	El **hombre** encontró un **ciervo** en el bosque. Los **hombres** salvaron a dos **ciervos**.
presentación, actriz	presentaciones, actrices	La **actriz** regaló entradas para la **presentación** de su obra. Las **actrices** cumplieron cien **presentaciones** en el teatro.
análisis, viernes	análisis, viernes	El **viernes** pasado se realizó un **análisis**. El médico le indicó que debe realizarse varios **análisis** durante todos los **viernes** del próximo mes.

Mi TURNO Corrige este borrador para asegurarte de que se usen las formas correctas de los sustantivos singulares y de los plurales en cada oración.

> Las mariposas juegan un papeles importante en la polinización de las flores. Las flores tienen patrón que rodean el centro. Las mariposas pueden ver estos patrón, pero las personas, no. Para las mariposas, los colores son como código secretos.

Mi TURNO Cuando corriges tu borrador asegúrate de usar y escribir correctamente los sustantivos plurales.

ARTÍCULO DE VIAJE | TALLER DE ESCRITURA

Usar las palabras y las frases de transición

Los escritores usan las palabras y las frases de transición, o de unión, para conectar ideas en un párrafo.

Meta de aprendizaje

Puedo usar elementos de un texto informativo para escribir un artículo.

Tema del párrafo: Museos

Oración principal	Oración con palabra o frase de unión
Elección de museos	Las familias tienen muchas opciones de museos para elegir.
Museo de ciencias	**Por ejemplo**, el museo de ciencias tiene una muestra sobre cómo construir robots.
Museo de arte	**Otra** gran opción para los niños es el taller práctico de escultura semanal.

Mi TURNO Añade palabras o frases de unión para conectar las ideas en un párrafo de un artículo de viaje sobre Washington D. C.

Tema del párrafo: Almorzar en la capital

Oración principal	Oración con palabra o frase de unión
Almuerzo	En Washington D. C., el almuerzo es la comida principal del día.
Lo que incluye	_____, las opciones incluyen proteínas, como pescado o carne, junto con vegetales, ensaladas y fruta.
Dónde comprar el almuerzo	_____, en restaurantes para familias grandes puedes pedir un almuerzo completo y llevar lo que quede para comerlo más tarde.

Mi TURNO Añade palabras o frases de transición al desarrollar el borrador de un artículo de viaje en tu cuaderno de escritura.

ARTÍCULO DE VIAJE

Usar un lenguaje y un vocabulario precisos

Los escritores usan lenguaje preciso para brindar información exacta a los lectores.

Impreciso/Aproximado	Preciso
Es un poco lejos para ir caminando.	Está a 1.5 millas.
Nos vemos la semana que viene.	Nos encontraremos el lunes.

Los escritores usan lenguaje específico para ser precisos sobre un tema.

Impreciso	Preciso
Toma el barco hacia Staten Island.	Toma el transbordador hacia Staten Island.

La palabra *transbordador* describe un tipo específico de barco que transporta personas.

Mi TURNO Completa el párrafo con lenguaje preciso del banco de palabras.

Banco de palabras

bajío   salobres   hormigón   canales navegables

Un _____ es un arroyo de corriente muy lenta. En Houston, las paredes de los bajíos están pavimentadas con _____. En las zonas silvestres, los bancos de los mismos _____ son pantanosos. Como los bajíos de Houston están cerca del océano, sus aguas, en general, son _____, o saladas.

Mi TURNO Usa lenguaje y vocabulario precisos al desarrollar el borrador de un artículo de viaje en tu cuaderno de escritura.

TALLER DE ESCRITURA

Corregir el uso de las mayúsculas

Los escritores usan las siguientes reglas sobre el uso de mayúsculas. Las mayúsculas se usan para indicar a los lectores que un nombre o un tema es único.

Categoría	Regla	Ejemplos
Historia	Usar mayúscula en las palabras principales de períodos, eventos y documentos históricos.	la Edad Media la Segunda Guerra Mundial Declaración Universal de los Derechos Humanos
Títulos	Usar mayúscula en la primera palabra de cualquier obra de creación (libros, películas, cuadros, etc.). El resto de las palabras irá en minúscula a menos que aparezca un nombre propio.	*Las cuatro estaciones* "Hansel y Gretel" *El principito*
Nombres propios geográficos	Usar mayúscula en nombres de continentes, mares, países, ciudades, ríos, etc.	América Italia Lima el Mediterráneo
Nombres de estrellas y puntos cardinales	Usar mayúscula en nombres de galaxias, constelaciones, estrellas, planetas y satélites. También, en los cuatro puntos cardinales cuando nos referimos a ellos en su significado primario, como tales puntos.	la Vía Láctea Venus la Osa Mayor Norte Sudeste

Mi TURNO Resalta cada letra que debería llevar mayúscula.

> Cabot Yerxa construyó con sus propias manos una casa con el estilo que utilizaban los indios hopi. Antes de esto, tuvo tiendas comerciales en alaska y cuba, y prestó sus servicios en la primera guerra mundial. Esta casa y las estructuras del pueblo que la rodean forman parte de un museo en el valle de coachella.

Mi TURNO Aplica estas reglas sobre el uso de las mayúsculas al corregir el borrador de un artículo de viaje en tu cuaderno de escritura.

357

ARTÍCULO DE VIAJE

Corregir los adverbios

Los **adverbios relativos** *donde*, *cuando* y *como* introducen una oración subordinada.

> *Donde* indica lugar: Encontré los boletos *donde* los dejó Cindy.
> *Cuando* indica tiempo: Volverás a París *cuando* estés listo.
> *Como* indica modo: Hice la tarea *como* me indicaste.

Los **adverbios de frecuencia**, como *frecuentemente* y *nunca*, indican con qué frecuencia ocurre la acción que indica el verbo.

> *Siempre* tomo el tren.
> *A veces* los visitantes se quedan un día más.

Los **adverbios de grado**, como *muy*, *un poco*, *ligeramente*, indican la intensidad de la característica que describe un adjetivo o la intensidad de lo indicado por un adverbio.

> Debes ser *bastante* atlético para completar esta caminata.
> La guía lee las palabras *muy* lentamente.

Los adverbios pueden modificar un verbo, un adjetivo u otro adverbio. Muchos adverbios terminan en *-mente*, como *tranquilamente*. Por ejemplo: Los estudiantes hablaban tranquilamente durante el tiempo libre.

Mi TURNO Corrige este párrafo para solucionar cinco errores en adverbios. Tacha el adverbio incorrecto y escribe el correcto arriba de él.

> En Inglaterra, nunca verás banderas en lugares públicos. Estas banderas deben mostrarse a veces de una manera bastante respetuosa. La bandera más levemente honrada, llamada el Estandarte Real, solo flamea en un castillo británico como el soberano está allí.

Mi TURNO Corrige los adverbios cuando revises el borrador de un artículo de viaje en tu cuaderno de escritura.

TALLER DE ESCRITURA

Corregir las conjunciones coordinantes

Hay cuatro conjunciones coordinantes de uso frecuente: *y*, *pero*, *o* y *ni*.

Entre otras cosas, los escritores usan **y** para combinar partes de sujetos y partes de predicados. El **sujeto** de una oración generalmente es un **sustantivo** o un **pronombre**. El **predicado** de una oración es generalmente un **verbo**.

- Si dos sujetos se corresponden con el mismo predicado, puedes combinarlos con una conjunción para formar un **sujeto compuesto**: **Trenes y autobuses recorren** las ciudades.

- Si dos predicados se corresponden con el mismo sujeto, puedes combinarlos con una conjunción para formar un **predicado compuesto**: **Aviones despegan y aterrizan** cada 30 segundos.

Los escritores usan **y**, **pero**, **o** y **ni** para combinar también oraciones relacionadas, formando **oraciones compuestas**. Cada conjunción cumple su propia función.

- **Y** agrega información: *El capitolio es un lugar muy grande* **y** *siempre se encuentra lleno de personas.*
- **Pero** muestra una oposición o diferencia: *La Explanada Nacional es linda,* **pero** *se llena de barro cuando llueve.*
- **O** muestra una opción: *Muestra tu boleto* **o** *espera en la fila.*
- **Ni** une dos negaciones: *No me gusta hacer la tarea ni ordenar mi habitación.*

Mi TURNO Une las oraciones en una única oración.

1. Los delfines dan un espectáculo. Las ballenas dan un espectáculo.

2. Los marineros desataron las cuerdas. Los marineros empujaron el barco desde el muelle.

Mi TURNO Usa conjunciones coordinantes al corregir el borrador de un artículo de viaje en tu cuaderno de escritura.

PRESENTACIÓN DE LA SEMANA: INFOGRAFÍA

 **INTERACTIVIDAD**

Muchas maneras de ser ÚNICOS

Los animales utilizan sus adaptaciones para obtener alimentos y mantenerse a salvo. Estas adaptaciones muestran cómo cada animal es diferente en su propia manera especial.

Estos pinzones son un famoso ejemplo de cómo el cuerpo de los animales cambia en respuesta al entorno. Estas aves están estrechamente relacionadas entre sí, pero las formas de sus picos son muy diferentes. La forma de cada pico es apropiada para hallar un tipo particular de alimento.

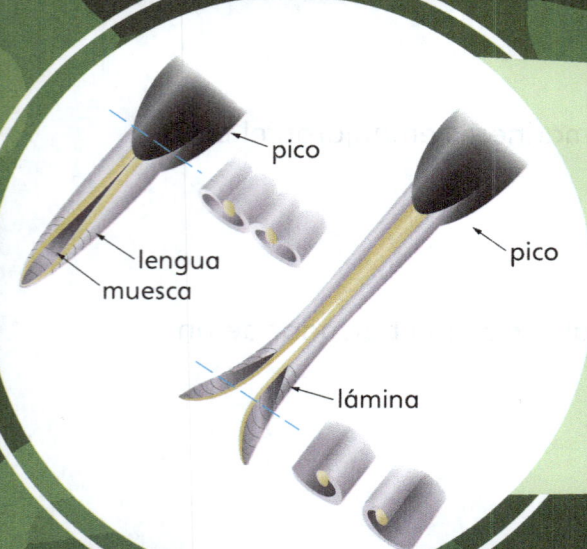

El peculiar pico del colibrí ha sido comparado con una pajilla o popote, una esponja e, incluso, con una bomba de succión. Estudios científicos recientes revelaron que la delgada lengua del colibrí se separa cuando el ave lleva néctar a su boca.

Pregunta de la semana

SEMANA 5

¿De qué manera las adaptaciones hacen que ciertos animales sean únicos?

Las serpientes de cascabel desarrollan escamas con una forma especial al final de su cola. Cada vez que el animal muda su piel, suma una nueva sección en el cascabel. Para ahuyentar a los depredadores, estas serpientes agitan rápidamente su cola, lo que provoca que esas escamas especiales choquen entre sí y emitan un sonido.

Ilustrar Dibuja un animal que se haya adaptado a su entorno. En una hoja aparte, escribe un párrafo para explicar cómo la adaptación hace único al animal.

La telaraña es fuerte, liviana y flexible. A veces, al material de esta estructura se lo denomina "seda" y comienza como un líquido dentro de partes especiales del cuerpo de la araña, llamadas hileras. A medida que avanza por las hileras, el líquido se convierte en un hilo sólido.

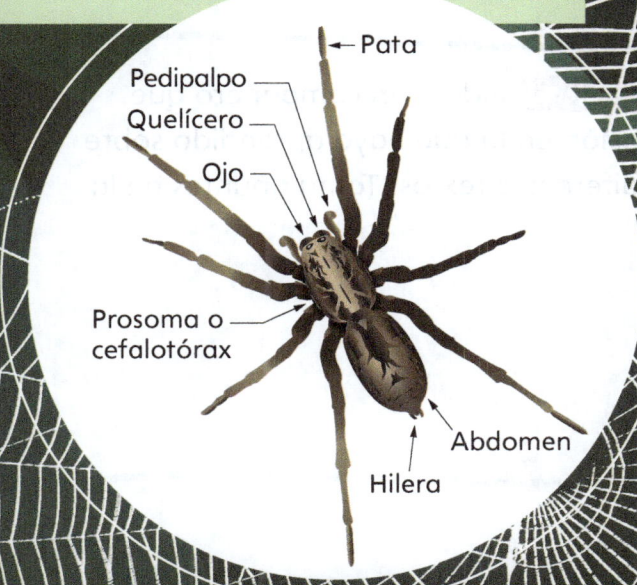

- Pata
- Pedipalpo
- Quelícero
- Ojo
- Prosoma o cefalotórax
- Abdomen
- Hilera

361

GÉNERO: TEXTO INFORMATIVO

Meta de aprendizaje

Puedo aprender más sobre textos informativos al integrar información de varias fuentes.

Enfoque en el género

Texto informativo

Los **textos informativos** se presentan de diversas formas. Ya conoces las autobiografías, las biografías y los artículos de revistas. Entre las otras formas, están:

Periódicos

- Los periódicos se publican de manera más frecuente que las revistas.
- Los artículos de periódicos informan sobre los hechos en el momento oportuno.
- El principal objetivo es mantener a las personas informadas sobre sucesos recientes.

Libros de referencia

- Los libros de referencia no se actualizan con frecuencia y contienen información que no se modifica rápidamente.
- Puedes aprender significados, pronunciaciones y diferentes formas de una palabra si usas un diccionario.
- Algunos diccionarios también incluyen las raíces y la historia de una palabra.
- Una enciclopedia contiene una colección de entradas breves basadas en hechos.
- Cada entrada trata un único tema.

¿Cómo puedo comprender mejor un tema?

INTERCAMBIAR ideas Pide a un compañero que describa una ocasión en la que haya aprendido sobre un tema al leer diferentes textos. Toma apuntes de la conversación.

Mis APUNTES

362

TALLER DE LECTURA

Cartel de referencia: Texto informativo

Propósito = Informar o explicar

Características = Mundo real
Una idea principal
Detalles clave basados en hechos
Posibles elementos del texto

Características de los textos

- Sucesos actuales
- Periódicos históricos para ver sucesos relevantes del pasado

- Información concisa
- Información basada en hechos

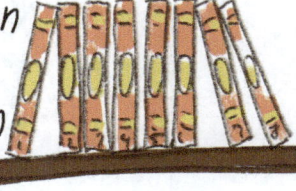

- Actuales
- Cobertura más profunda de algunos temas

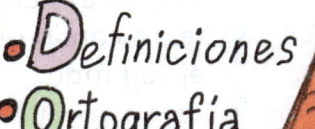

- Definiciones
- Ortografía
- Clases de palabras

363

Conoce al autor

Nicolás Schuff nació en 1973 en Buenos Aires, Argentina. Es escritor especializado en literatura infantil. Ha publicado poemas, cuentos, obras de teatro y artículos de revista. Ama los juegos, la música y las palabras, y sueña con recorrer el mundo, mitad en barco y mitad en bicicleta.

Las ardillas en Luján

Primer vistazo al vocabulario

A medida que lees "Las ardillas en Luján", presta atención a estas palabras de vocabulario. Piensa en cómo pueden expresar información específica sobre el tema que comparten ambos textos.

> instalarse   sobresalientes   cálido

Lectura

Antes de comenzar, establece un propósito de lectura. Los lectores de los **textos informativos** siguen estas estrategias cuando leen un texto por primera vez.

Primera lectura

Nota en qué se parecen y en qué se diferencian los textos.

Genera preguntas sobre temas importantes.

Conecta lo que lees en el primer texto con lo que lees en el segundo.

Responde marcando ideas centrales y detalles clave importantes.

364

Género Texto informativo

Las ardillas en Luján
por Nicolás Schuff

Todos conocemos a las ardillas. Las vemos en los parques, en los jardines y los bosques, en los libros y las películas. Pero ¿cuánto las conocemos?

En el mundo, existen más de 250 especies diferentes de este roedor. Hay ardillas de tierra, ardillas de árbol y ardillas voladoras. La más pequeña de esta gran familia es la ardilla enana de África, que mide cuatro pulgadas de la nariz a la cola. Las ardillas más grandes del mundo viven en la India. ¡Pueden llegar a medir más de tres pies!

Entre tanta variedad, existe una especie llamada ardilla de vientre rojo, por el color del pelaje en su vientre. También se la conoce como ardilla de Pallas. Su nombre científico es *Callosciurus erythraeus*.

AUDIO

ANOTAR

365

LECTURA ATENTA

Supervisar la comprensión

Resalta la evidencia del texto que puedes incluir en un resumen mental que te sirva para clarificar tu comprensión del texto.

1   Es originaria del sur de Asia y puede encontrarse en países como China o Tailandia. Sin embargo, desde hace unos cuarenta años, una enorme población de ardillas de vientre rojo vive y se multiplica muy lejos de allí. Casi al otro lado del mundo. Más precisamente, en la Argentina, el país más al sur de América del Sur. ¿Cómo fue que esta ardilla llegó tan lejos?

2   En el año 1970, un empresario argentino que viajaba por Asia compró diez ardillas de vientre rojo en una tienda de mascotas. Quería llevarlas como regalo para sus hijos.

3   El hombre vivía en una estancia en Jáuregui (provincia de Buenos Aires). Como allí no había ardillas, pensó que estos animalitos tan simpáticos serían una hermosa sorpresa para su familia.

4   Pero las ardillas, como cualquier otro animal, no nacieron para ser adoptadas como mascotas. Son animales silvestres, muy curiosos y muy activos. Para estar sanas necesitan mucho movimiento: correr y saltar, trepar y roer.

Las ardillas se adaptaron rápidamente a los bosques de Jáuregui, muy parecidos a su hábitat natural.

5   De las diez ardillas que llegaron en una jaula a la Argentina, la mitad murió en poco tiempo. Entonces, el hombre y su familia decidieron dejar al resto en libertad. Rápidamente, las cinco ardillas corrieron a instalarse en los árboles del lugar.

6   Las ardillas de vientre rojo tienen garras fuertes, como la mayoría de las ardillas. Les sirven para cavar agujeros y almacenar comida. También para trepar y afirmarse en la corteza de las ramas, cuando corren por los árboles. Poseen ojos grandes y sobresalientes, y son capaces de ver por encima y por detrás suyo sin girar la cabeza. Eso les permite detectar enseguida cualquier signo de peligro.

7   En los verdes bosques de Jáuregui, las ardillas de vientre rojo se sintieron a gusto inmediatamente. A pesar de estar tan lejos de casa, en este nuevo hábitat encontraron las condiciones necesarias para subsistir. Árboles con muchas hojas, similares a los de su región de origen. También mucha comida. Todo tipo de hojas, cortezas y tallos, frutos secos, semillas, insectos y hasta huevos de pájaro.

LECTURA ATENTA

Resumir la información

Subraya hechos en el párrafo 7 que den información importante sobre las condiciones de los bosques de Jáuregui que permitieron la adaptación de las ardillas de vientre rojo.

sobresalientes que se exceden, se pasan de los contornos

instalarse establecerse en un lugar

367

LECTURA ATENTA

Supervisar la comprensión

Resalta detalles que, combinados con tu experiencia personal, mejoren tu comprensión acerca del aprendizaje de las crías de ardilla.

cálido caluroso

8   El clima templado, ni muy frío ni muy cálido, y la humedad de la zona también les resultaron buenos. Cuando llegó la primavera, los cinco ejemplares llegados de Asia estaban listos para tener crías.

9   Cuando va a tener crías, la hembra busca un sitio protegido para construir su nido. Casi siempre se trata de un árbol hueco. Si no lo encuentra, construye su nido entre ramas altas. A veces, incluso, puede usar un nido abandonado por un pájaro. Ese será su refugio durante un mes y medio, hasta dar a luz.

10   Según la especie, las ardillas pueden tener entre dos y diez crías. En climas donde no hace demasiado frío, una ardilla es capaz de tener crías dos veces en un año, durante la primavera y el otoño.

11   Las crías de ardilla nacen ciegas, y dependen por completo de su madre durante dos o tres meses. Más adelante, la ardilla madre, poco a poco, les enseña a moverse entre las ramas, usando su cola para hacer equilibrio.

12   En Jáuregui, aquellas cinco ardillas liberadas no tardaron en multiplicarse: de cinco pasaron a ser diez; de diez a veinte; de veinte a cuarenta. En poco tiempo, los pobladores de la zona descubrieron con sorpresa una nueva especie animal correteando entre los árboles. Halcones, serpientes,

coyotes, águilas, zorros, linces, mapaches. Estos son algunos de los animales que comen y cazan ardillas. Para felicidad de la ardilla de vientre rojo, ninguna de esas especies vivía en los bosques de Luján. Esto fue muy importante para su adaptación. Más allá de alguna ola de frío o sequía que afectara los brotes de los árboles, no encontraron problemas para alimentarse y tener crías.

13   La mano del hombre también jugó un papel importante. Muchas veces se trasladaron especímenes de un pueblo a otro, para tenerlas como mascotas o andando en los jardines.

14   De ese modo, en pocos años, las ardillas se extendieron desde Jáuregui hacia otras ciudades cercanas.

15   Pero, a pesar de ser tan simpáticas y bonitas, su presencia empezó a traer problemas cada vez más serios a los habitantes.

LECTURA ATENTA

Supervisar la comprensión

Resalta partes del texto que te ayuden a supervisar la comprensión.

LECTURA ATENTA

Vocabulario en contexto

Usa claves del contexto, como los ejemplos y las categorías, para especificar el significado de palabras poco comunes.

Define *roedores*. Utiliza el diccionario para comprobar tu definición.

Subraya los detalles del texto que te ayuden a escribir tu definición.

16   Los productores de frutas de la zona de Luján se encontraron con un problema desconocido. Los brotes de sus árboles de kiwis, manzanas, peras y naranjas aparecían mordisqueados y echados a perder. Además, algunos de los árboles aparecían sin corteza, y eso hacía que se secaran o se llenaran de hongos.

17   Pronto supieron quiénes eran las responsables. Las ardillas son roedores, tienen cuatro dientes frontales que nunca dejan de crecer. Para gastarlos, roen distintos materiales.

18   Además de la corteza de los árboles, los productores descubrieron que las ardillas también arruinan las mangueras de riego y los cables de teléfono, luz y televisión.

19   Muchas de ellas hacen nidos en casas o edificios. Esto causa daños en la estructura, malos olores y el posible contagio de algunas enfermedades.

20   Más allá de los problemas que pueda causar, el caso de la ardilla de vientre rojo es un buen ejemplo de adaptación de un ser vivo al mundo que lo rodea.

21   Hay una enorme distancia entre su lugar de origen y su hogar actual. Sin embargo, la ardilla supo encontrar aquellas cosas que necesitaba para vivir.

22   Su población pudo crecer como no lo hizo en otros lugares. En las zonas más pobladas, se cuentan unas quince ardillas por hectárea. Según los científicos que las estudian, este número es muy alto.

23   Sin embargo, no hay que olvidar que esto no siempre es bueno. Lo que le sirve a una especie puede ser malo para otra.

LECTURA ATENTA

Resumir la información

Subraya la oración del texto que apoya la idea principal del texto acerca de la adaptación de las ardillas.

Conoce al autor

Antonio Sacre es un escritor y actor estadounidense de padre cubano; por esta razón, escribe en inglés y en español. Es internacionalmente reconocido por sus libros ilustrados para niños y por ser un excepcional narrador de cuentos. Antonio sueña con transmitir su amor por la integración de diferentes culturas.

El solenodonte, un sobreviviente

Primer vistazo al vocabulario

A medida que lees "El solenodonte, un sobreviviente", presta atención a estas otras palabras de vocabulario. Fíjate cómo te ayudan a entender un concepto relacionado con el tema.

| flexible | iniciativas | extraordinario |

Leer y comparar

Antes de leer el segundo texto informativo, establece un propósito de lectura. Asegúrate de seguir estas estrategias a medida que lees este texto.

Primera lectura

Nota cómo los textos desarrollan temas similares.

Genera preguntas antes, durante y después de leer para sintetizar información de varias fuentes.

Conecta la información que contienen ambos textos con lo que ya sabes.

Responde notando semejanzas clave entre los textos.

Género Texto informativo

El solenodonte, un sobreviviente

por Antonio Sacre

¿Qué dirías si alguien te contara acerca de un animal que convivió con los dinosaurios? ¿Y que resistió a la caída de meteoritos que eliminaron a casi todos los mamíferos de la Tierra? ¿Y que, además, continuó habitando nuestro planeta durante varias decenas de millones de años? Tal vez pienses que se trata de una especie extinguida o de un animal fantástico. Pero no: es un animalito muy vivo y muy real, llamado solenodonte.

AUDIO

ANOTAR

LECTURA ATENTA

Resumir la información

Subraya detalles que puedas combinar, comparar o contrastar con detalles de la sección anterior y que te ayuden a entender mejor el hábitat de los solenodontes.

1   Si quieres ver un solenodonte en persona, tendrás que viajar hasta La Española, en el Caribe. Puedes conocer esta isla como Haití o República Dominicana, ya que estos dos países se encuentran allí. Luego, debes ir a lo profundo de los bosques y matorrales de la parte oeste de la isla. Espera a que llegue la noche. Recién entonces quizás tengas la suerte de ver un ejemplar de este raro animal.

LA ESPAÑOLA

HAITÍ

REPÚBLICA DOMINICANA

Área de distribución del solenodonte

374

2   El solenodonte es un pequeño mamífero del tamaño de un conejo, con un pelaje castaño rojizo y características muy peculiares y feroces. Su apariencia es única: tiene una cola similar a la de una rata, el cuerpo de una musaraña, la nariz de un oso hormiguero y poderosas garras con las que puede incluso romper trozos de madera. Son pequeños y trepadores. Y tienen una mordida letal. ¡Es uno de los pocos mamíferos venenosos de todo el mundo!

LECTURA ATENTA

Supervisar la comprensión

<mark>Resalta</mark> información que apoye una idea ya descripta sobre los solenodontes.

nariz larga

ojos ciegos

dientes con veneno

cola larga

garras fuertes

375

LECTURA ATENTA

Supervisar la comprensión

Resalta evidencia que utilizarías en un resumen mental para aclarar tu comprensión sobre la alimentación del solenodonte.

flexible que se dobla con facilidad

3   El solenodonte es un gran cazador de insectos. Es probable que esto le haya servido para resistir a los meteoritos. Cuando los animales que vivían en la superficie desaparecieron, la capacidad del solenodonte de cavar en busca de alimento le permitió sobrevivir bajo tierra. Además de insectos, también come gusanos, caracoles, pequeños roedores y reptiles. Incluso frutas y granos. Aunque es casi ciego, su olfato y su oído lo ayudan a encontrar comida. Su hocico es muy flexible. Le permite tomar el alimento de lugares difíciles de alcanzar, como huecos en la corteza de los árboles o grietas en el suelo.

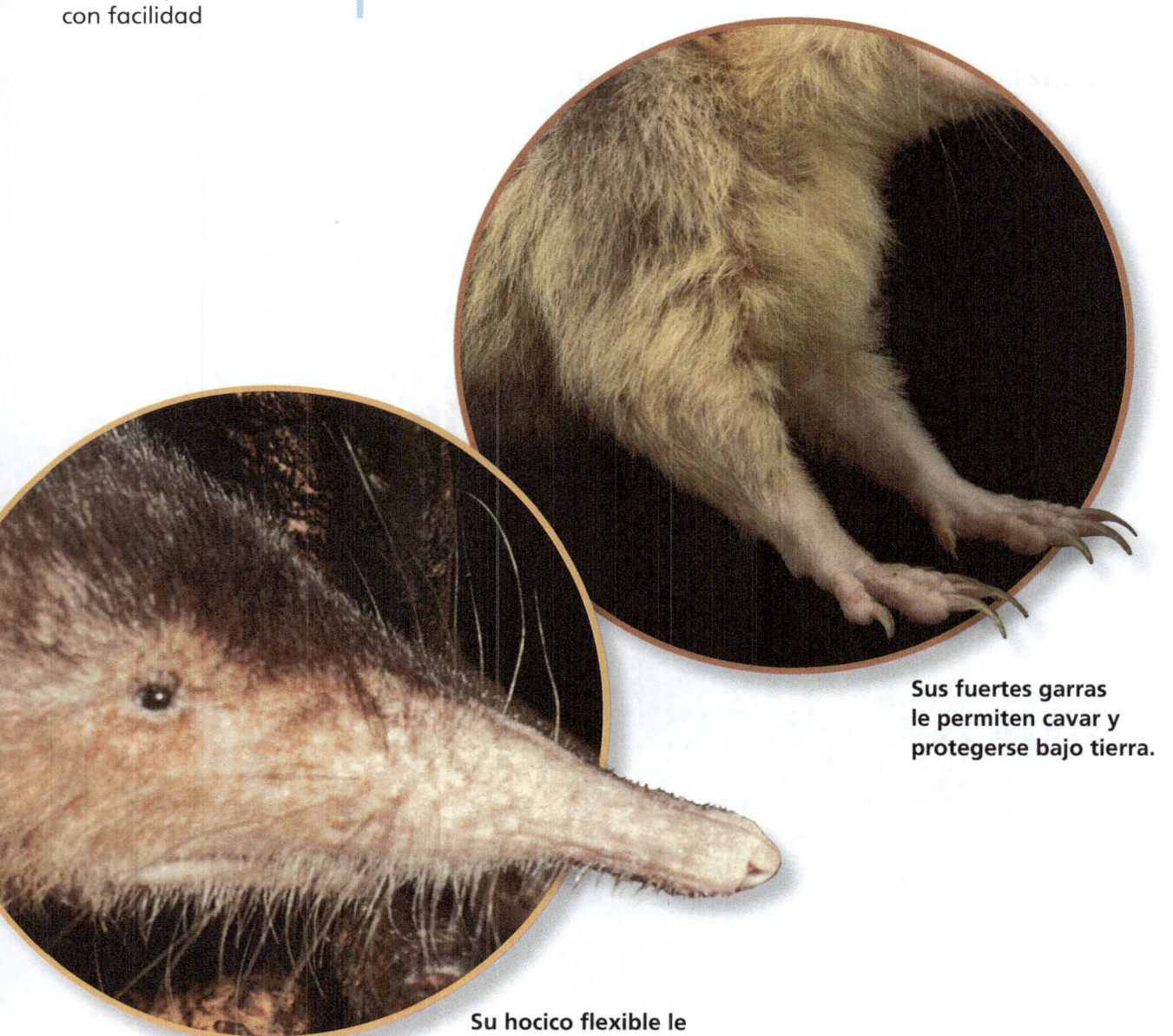

Sus fuertes garras le permiten cavar y protegerse bajo tierra.

Su hocico flexible le permite alcanzar el alimento.

4   Durante millones de años, el solenodonte no tuvo depredadores naturales en La Española. Sin embargo, en la época colonial, los europeos llevaron la mangosta a la isla, con el fin de controlar serpientes y ratas. A pesar de su velocidad, el solenodonte no puede saltar. Eso lo convierte en presa fácil de la mangosta. Sin embargo, tiene otros recursos para defenderse: despide un fuerte olor, similar al de una cabra, y produce un sonido muy molesto y agudo, parecido al gruñido de un cerdo. Estas dos características alejan a sus depredadores. Pero tiene una capacidad que le resulta aún más valiosa: el solenodonte es un experto en el arte de ocultarse.

5   Tan bueno es el solenodonte para esconderse que, a principios del siglo XX, los científicos pensaron que se había extinguido. Sus excelentes sentidos del olfato y el oído también le sirven para evitar las trampas de los hombres. Cuando logran encontrar uno, los científicos tienen que ser muy cuidadosos para evitar su venenosa mordida. Dos de sus dientes tienen un pequeño hueco por el que sale veneno cuando muerden.

LECTURA ATENTA

Supervisar la comprensión

Las listas de hechos pueden ser difíciles de comprender a partir de una sola lectura.

Resalta partes del texto que indican un buen momento para pausar y revisar tu comprensión.

A través de un pequeño hueco en dos de sus dientes, el solenodonte expulsa veneno.

LECTURA ATENTA

Resumir la información

Subraya texto que puedas combinar con evidencias del texto "Las ardillas en Luján" para mejorar tu entendimiento sobre un tema.

6   Gracias a sus habilidades y adaptaciones, el solenodonte ha sobrevivido durante millones de años. Sin embargo, en los últimos tiempos, está enfrentando su mayor desafío. Su hábitat natural está siendo amenazado por la tala y la quema de bosques para cultivar en las zonas donde ellos viven.

7   Grandes zonas de selva están desapareciendo. El solenodonte está perdiendo lugares para hacer túneles y nidos para reproducirse. Es por eso que la población de solenodontes está bajando rápidamente. Hoy en día, no se sabe cuántos ejemplares hay en la isla. Varias asociaciones científicas creen que ya es una especie en grave peligro de extinción.

La deforestación es actualmente el enemigo número uno del solenodonte.

8   Por muchas razones, podemos asegurar que el solenodonte es un sobreviviente. Compartió la prehistoria con los dinosaurios. Enfrentó la caída de los meteoritos que cambiaron la vida en la Tierra. Se adaptó para ocultarse y escapar de sus depredadores. Sin embargo, hoy se encuentra en serio peligro de desaparecer.

9   En la actualidad, es una especie protegida por ley y existen <u>iniciativas</u> de organizaciones de conservación para que la población de La Española y de todo el mundo comprenda el grave riesgo que corre este sorprendente y esquivo animal. Hoy, todo depende de la preservación de su hábitat. Al fin y al cabo, depende de nosotros. Si tomamos conciencia, tal vez logremos proteger a este <u>extraordinario</u> sobreviviente por muchos millones de años más.

LECTURA ATENTA

Resumir la información

Subraya la información en estos párrafos que puedas combinar para entender mejor el tema.

iniciativas acciones o medidas para un determinado fin

extraordinario fuera de lo común

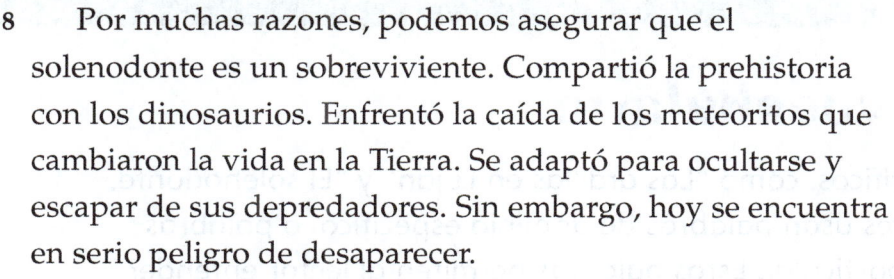

379

VOCABULARIO

Desarrollar el vocabulario

En textos informativos científicos, como "Las ardillas en Luján" y "El solenodonte, un sobreviviente", los autores usan palabras de dominio específico, o palabras relacionadas con un tema particular. Estas palabras permiten al lector entender las ideas y los conceptos científicos que aparecen en el texto.

Mi TURNO Completa la red de palabras. En cada círculo, define la palabra de vocabulario científico y luego escribe una oración con esa palabra.

sobresaliente
Definición: que sobresale o es superior a los límites
Oración de ejemplo: En el terreno, se observan cráteres con bordes sobresalientes.

flexible
Definición: se dova muy fasil
Oración de ejemplo: mi mama cuando era niña era flexible.

Dominio: Ciencia

cálido
Definición: ni frio ni caliente
Oración de ejemplo: yo donde vivo es cálido.

extraordinario
Definición: impresionante
Oración de ejemplo: a veces puedo ser extraordinario.

COMPRENSIÓN   TALLER DE LECTURA

Verificar la comprensión

Mi TURNO Mira de nuevo los textos para responder a las preguntas.

1. ¿Qué características de "Las ardillas en Luján" y "El solenodonte, un sobreviviente" te indican que son textos informativos? *porq mas cuenta cosas sover los animales.*

2. Explica el propósito del autor en cada texto. ¿De qué manera la evidencia que aparece en cada texto apoya cada propósito? *enseñarnos sobre el animal como cavan aru oeros con las garas¡*

3. Cita evidencia que explique cómo han logrado adaptarse a su entorno las especies que se mencionan en cada texto. *soizdorzs vive*

4. A partir de la información de ambos textos, ¿cómo podrías resumir la importancia de las adaptaciones de los animales?

381

LECTURA ATENTA

Resumir la información

Es posible que los lectores ya tengan una idea formada sobre el tema del cual van a leer. A medida que avanzan con la lectura, reúnen información e ideas. Durante este proceso, los lectores combinan, o **resumen**, la información que los lleva a cambiar de idea o generar una nueva comprensión del tema.

1. **Mi TURNO** Vuelve a las notas de Lectura atenta de ambos textos y subraya las partes que dan información importante sobre las adaptaciones de cada animal.
2. **Evidencia del texto** Usa tus notas para mostrar cómo cambió tu pensamiento.

Antes de leer pensaba que . . .

"Las ardillas en Luján"

"El solenodonte, un sobreviviente"

Ahora pienso que...

TALLER DE LECTURA

Supervisar la comprensión

Mientras leen, los lectores **supervisan la comprensión** para asegurarse de que entienden el texto. Si una sección es confusa o difícil, los lectores pueden hacerse preguntas para aclarar su comprensión.

Para supervisar la comprensión haciendo preguntas, concéntrate en áreas que te resultaron confusas durante la primera o segunda lectura. Pregunta: *¿dónde comenzó mi confusión?* Luego, vuelve a leer un párrafo o dos previos a esa sección. Identifica oraciones principales y detalles de apoyo. Al llegar a la parte confusa, pregunta: *¿se relaciona con ideas de otro párrafo? ¿Cómo se relaciona esta sección con las anteriores o las posteriores?*

1. **Mi TURNO** Vuelve a las notas de Lectura atenta y resalta el texto que te lleve a detenerte o hacer una pregunta.

2. **Evidencia del texto** Usa tu evidencia resaltada para responder tus preguntas y completar la tabla.

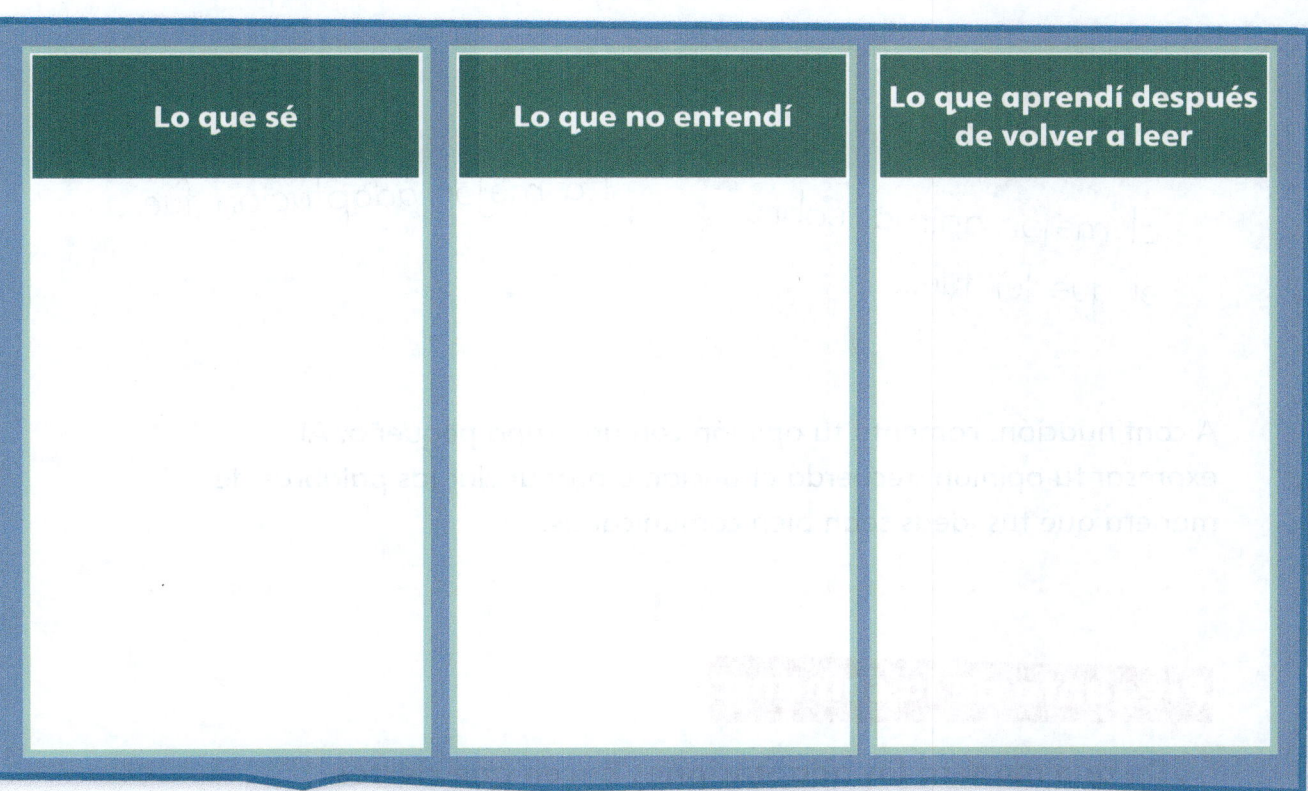

Lo que sé	Lo que no entendí	Lo que aprendí después de volver a leer

383

RESPONDER AL TEXTO

Reflexionar y comentar

Escribir basándose en las fuentes

Esta semana leíste sobre dos especies de animales únicas: las ardillas de vientre rojo y los solenodontes. ¿Sobre qué otros animales leíste? ¿Usaban sus adaptaciones como las ardillas y los solenodontes? Usa ejemplos de los textos para expresar y apoyar tu opinión sobre las mejores adaptaciones de animales.

Comunicar ideas Durante una conversación, puedes hacer que tu opinión sea más convincente si expresas tus ideas con claridad y usas normas eficaces del lenguaje. Para lograrlo, toma apuntes sobre tus fuentes y formula claramente tus ideas antes de comentarlas.

Usa estos comienzos de oraciones como ayuda para formar tu opinión:

El mejor animal sobre el que leí fue...

La mejor adaptación fue...

A continuación, comenta tu opinión con un grupo pequeño. Al expresar tu opinión, recuerda enunciar, o pronunciar las palabras de manera que tus ideas sean bien comunicadas.

Pregunta de la semana

¿De qué manera las adaptaciones hacen que ciertos animales sean únicos?

VOCABULARIO

PUENTE ENTRE LECTURA Y ESCRITURA

Vocabulario académico

Las **clases de palabras** son categorías de palabras. Incluyen **sustantivos, verbos, adjetivos** y **adverbios**. Podemos tomar una palabra de una clase (como el verbo *organizar*) y hacer cambios para obtener una palabra relacionada de una clase diferente (como el sustantivo *organización*).

Meta de aprendizaje

Puedo aprender sobre el lenguaje para hacer conexiones entre la lectura y la escritura.

Mi TURNO En cada oración:

1. **Subraya** la forma de una de tus palabras de vocabulario académico.

2. **Identifica** qué clase de palabra es.

3. **Escribe** tu propia oración haciendo un cambio en la palabra de vocabulario académico para obtener una palabra de una clase diferente.

Oraciones	Clase de palabra
La familia <u>sobrevivió</u> a la tormenta.	verbo
Estoy tomando un curso de sobrevivencia en la naturaleza.	sustantivo
La última adquisición de Debbie fue un pedazo de cuarzo.	
El paraguas defendió a los mellizos de la lluvia.	

385

ESTUDIO DE PALABRAS

Las raíces latinas *acua-*, *dic(t)-*

Algunas palabras en español tienen raíces de otros idiomas, como el latín. Saber el origen de las palabras y de las partes de las palabras puede ayudarte a definir las palabras poco comunes. Por ejemplo, la **raíz latina** *acua-* significa "agua". Si conoces la raíz latina *acua-*, puedes definir palabras con esta raíz, como *acuarela*, que significa "pintura realizada con colores diluidos en agua".

Mi TURNO Lee la tabla. Añade dos palabras relacionadas en cada raíz. Luego, determina y explica el significado de las palabras relacionadas a un compañero. Usa un diccionario impreso o en línea para verificar las definiciones si es necesario.

Raíz latina	Significado de la raíz	Palabras relacionadas
acua-	agua	acuario
dic(t)-	decir, hablar, declarar	diccionario

INTERCAMBIAR ideas Compara las palabras que completaste con un compañero. Usen las palabras que escogieron para escribir oraciones.

386

ANALIZAR LA TÉCNICA DEL AUTOR

PUENTE ENTRE LECTURA Y ESCRITURA

Leer como un escritor

Los autores eligen estructuras de texto para apoyar sus propósitos de escritura. En un texto descriptivo, el autor informa las características, partes o cualidades de algo o alguien. Para informar a los lectores por qué o cómo se produce algo, los autores pueden usar la **estructura de texto de causa y efecto**. El autor muestra cómo los hechos, sucesos o conceptos llevan a otros hechos, sucesos o conceptos.

> **¡Demuéstralo!** Vuelve a leer el párrafo 9 de "Las ardillas en Luján".
>
> 1. **Identificar** Nicolás Schuff usa la estructura de texto descriptivo para explicar cómo se reproducen las ardillas.
> 2. **Preguntar** ¿De qué manera la estructura del texto apoya el propósito del autor?
> 3. **Sacar conclusiones** La estructura de texto descriptivo apoya el propósito del autor al organizar la información de una manera que sea fácil de entender.

Vuelve a leer el párrafo 19 de "Las ardillas en Luján".

Mi TURNO Sigue los pasos para explicar cómo la estructura del texto apoya el propósito del autor.

1. **Identificar** Nicolás Schuff usa _____

   para explicar _____

2. **Preguntar** ¿De qué manera la estructura del texto apoya el propósito del autor?
3. **Sacar conclusiones** Esta estructura apoya el propósito del autor porque _____

DESARROLLAR LA TÉCNICA DEL AUTOR

Escribir para un lector

Los escritores usan estructuras del texto para presentar sus ideas de una manera clara y sencilla para sus lectores.

- La estructura del texto descriptivo permite que los escritores informen a los lectores acerca de cómo es algo o alguien a través de detalles, hechos, imágenes y otros datos.

- La estructura del texto de causa y efecto permite que los escritores informen a los lectores al mostrarles la conexión entre los hechos, sucesos o conceptos y sus respectivas causas.

Escoge una estructura del texto que complemente tus ideas.

Mi TURNO Piensa en las estructuras del texto que usaron los autores de los textos de esta semana. Ahora, identifica cómo puedes escoger y utilizar estructuras del texto para informar a tus propios lectores acerca de un tema.

1. Escoge un tema que conozcas o un tema que te interese. ¿Qué estructura del texto presentaría mejor tu tema y lo que sabes sobre él?

   _____
   _____

2. Escribe un pasaje sobre tu tema usando la estructura del texto que escogiste. Asegúrate de enfatizar los elementos de la estructura del texto para apoyar tu propósito de escritura.

   _____
   _____
   _____
   _____

ORTOGRAFÍA — PUENTE ENTRE LECTURA Y ESCRITURA

Escribir palabras con raíces latinas

Algunas palabras en español provienen del latín. Conocer las **raíces latinas** *acua-* y *dic(t)* puede ayudarte a escribir palabras en español con esas raíces. Por ejemplo, saber cómo se escribe la raíz latina *dic(t)-* puede ayudarte a escribir correctamente palabras de varias sílabas con esta raíz, como *dictaminar*.

Mi TURNO Lee las palabras. Escríbelas y clasifícalas según su raíz latina.

PALABRAS DE ORTOGRAFÍA

acuario	edicto	acuacultura	dictado
dictador	acuanauta	dictamen	dicción
acuático	acuoso	acuarela	acuatizaje
dictaminar	dictadura	acuatizar	diccionario
veredicto	acuífero	dictar	acueducto

acua-

dic(t)-

389

LENGUAJE Y NORMAS

Concordancia entre el sujeto y el verbo

En una oración completa, tanto simple como compuesta, debe haber concordancia entre sujeto y verbo.

Si el sujeto es un sustantivo o un pronombre singular, el verbo debe ir en singular.

Si el sujeto es un sustantivo o un pronombre plural, o hay varios sujetos (aunque cada uno esté en singular), la concordancia debe hacerse con el verbo en plural.

Recuerda los tres tipos de verbo: terminados en *-ar* (*habl-ar*), en *-er* (*com-er*) o en *-ir* (*viv-ir*).

Regla	Ejemplos de oraciones
Yo: Siempre termina en *-o*.	*Yo habl-o, com-o, viv-o.*
Tú: En los verbos terminados en *-ar*, la terminación es *-as*. En los verbos terminados en *-er* o *-ir*, la terminación es *-es*.	*Tú habl-as.* *Tú com-es, viv-es.*
Él/Ella: En los verbos terminados en *-ar*, la terminación es *-a*. En los verbos terminados en *-er* o *-ir*, la terminación es *-e*.	*Él habl-a.* *Paula com-e, viv-e.*
Nosotros: En los verbos terminados en *-ar*, la terminación es *-amos*. En los verbos terminados en *-er*, la terminación es *-emos*. En los verbos terminados en *-ir*, la terminación es *-imos*.	*Nosotros habl-amos.* *Nosotras com-emos.* *Luis y yo viv-imos.*
Ustedes: En los verbos en *-ar*, la terminación es *-an*. En los verbos terminados en *-er* o *-ir*, la terminación es *-en*.	*Ustedes habl-an.* *Carlos y tú com-en, viv-en*
Ellos/Ellas Es igual a la forma ellos. En los verbos en *-ar*, la terminación es *-an*. En los verbos en *-er* o *-ir*, la terminación es *-en*.	*Ellas habl-an.* *Pablo y María com-en, viv-en.*

Mi TURNO Corrige este borrador para que la concordancia entre el sujeto y el verbo de cada oración, sea simple o compuesta, sea la correcta.

> Las habilidades del solenodonte es realmente sorprendentes. Su oído y su olfato le sirve para hallar alimentos a la distancia. Su hocico flexible le permiten llegar a lugares inaccesibles. Un fuerte olor y un sonido muy molesto emana del cuerpo del animal para ahuyentar depredadores.

ARTÍCULO DE VIAJE   **TALLER DE ESCRITURA**

Corregir una oración completa

Una **oración completa** es aquella que contiene un **sujeto** y un **predicado**. El sujeto de una oración incluye un **sustantivo** o un **pronombre**, y el predicado incluye un **verbo**. En una oración completa debe haber **concordancia entre el sujeto y el verbo**. Si el sujeto es singular, el verbo debe estar en singular. Si el sujeto es plural, el verbo debe estar en plural.

> **Meta de aprendizaje**
>
> Puedo usar los elementos de un texto informativo para escribir un artículo.

Sujeto	Reglas para el verbo	Ejemplos
Singular	• El verbo debe ir en singular.	**Roberto corre** más rápido que Jewel. El **gato observa** a las personas que pasan.
Plural	• El verbo debe ir en plural.	Los **avestruces corren** junto a la camioneta. **Ellos caminan** por el parque.

Mi TURNO Corrige estas oraciones para que los sujetos concuerden con los verbos. Tacha las palabras incorrectas y escribe las correctas arriba.

> Los pollos come maíz. Bailey arrojan más en el suelo. Las aves se amontona para alcanzar los granos.

Mi TURNO Aplica esta destreza cuando corrijas el borrador de un artículo de viaje en tu cuaderno de escritura.

ARTÍCULO DE VIAJE

Corregir el uso de los sustantivos

Un **sustantivo singular** nombra una persona, un lugar o una cosa. Un **sustantivo plural** nombra *más de una* persona, un lugar o una cosa.

Un **sustantivo común**, como *ciudad*, refiere a cualquier persona, lugar o cosa. Los sustantivos comunes se escriben con minúscula, a menos que estén al principio de una oración.

Un **sustantivo propio**, como *Chicago*, refiere a una persona, un lugar o una cosa en particular. Los sustantivos propios se escriben con mayúscula. Cuando un sustantivo propio tiene más de una palabra, la primera letra de cada palabra importante se escribe con mayúscula (por ejemplo, *Estatua de la Libertad*).

Mi TURNO Corrige los sustantivos que aparecen en el párrafo. Los sustantivos deben estar en singular o en plural, de acuerdo con el resto de la oración. Además, recuerda el uso correcto de mayúsculas y minúsculas.

> La colonias más grande de murciélagos del mundo está en una caverna llamada bracken cave. Esta Cuevas está cerca de san antonio, texas. A los visitante les encanta observar cómo los millones de murciélago vuelan hacia el crepúsculo.

Mi TURNO Usa mayúscula en los sustantivos propios cuando corrijas el borrador de un artículo de viaje en tu cuaderno de escritura.

Asegúrate de que todos los sustantivos propios estén escritos en mayúscula en tu artículo de viaje.

392

Publicar y celebrar

Los escritores publican su trabajo para un público apropiado una vez que está terminado. Un artículo de viaje puede ser publicado en un periódico, una revista o en línea.

Mi TURNO Completa estas oraciones sobre tu experiencia de escritura. Escribe de manera legible, es decir, con claridad, en cursiva, para que los demás no tengan problemas para leer lo que escribiste.

Mi parte favorita de escribir un artículo de viaje fue

Está claro que pensé en mi público al escribir el artículo porque

Entre las palabras y frases que añadí para darle solidez a mi artículo están

El contenido digital que mejor acompañaría mi artículo sería

393

ARTÍCULO DE VIAJE

Prepararse para la evaluación

Mi TURNO Sigue un plan a medida que te preparas para escribir un artículo de viaje en respuesta a instrucciones. Usa una hoja aparte.

1. **Estudia las instrucciones.**

   Recibirás una asignación con instrucciones de escritura. Lee con atención las instrucciones que aparecen a continuación. Resalta el tipo de escritura que debes hacer. Subraya el tema sobre el que debes escribir.

   Instrucciones: Escribe un artículo sobre un destino de viaje cercano donde los visitantes puedan aprender sobre plantas y animales locales.

2. **Haz una lluvia de ideas.**

   Enumera tres destinos sobre los que podrías escribir. Luego, resalta tu favorito.

3. **Reúne detalles y fotografías.**

4. **Planifica tu artículo.**

   Encabezamiento → Siguiente párrafo → Siguiente párrafo → Conclusión

5. **Escribe tu borrador.**

   Escribe un primer borrador del titular y el artículo. Recuerda incorporar fotografías, leyendas y contenido digital si corresponde.

6. **Revisa y corrige tu artículo.**

   Aplica las destrezas y las reglas que aprendiste para perfeccionar tu escritura.

Siempre ten en cuenta a tu público cuando escribes un artículo de viaje.

394

TALLER DE ESCRITURA

Evaluación

Mi TURNO Antes de escribir un artículo de viaje para tu evaluación, califica cuán bien comprendes las destrezas que has aprendido en esta unidad. Vuelve atrás y repasa todas las destrezas en las que hayas marcado "No".

Sujeto	Reglas para el verbo	¡Sí!	No
Ideas y organización	• Puedo hacer una lluvia de ideas y planificar un artículo.	☐	☐
	• Puedo escribir un encabezamiento.	☐	☐
	• Puedo organizar detalles relevantes en párrafos y secciones.	☐	☐
	• Puedo elegir ilustraciones y fotos.	☐	☐
Técnica	• Puedo transmitir una idea clara sobre un destino.	☐	☐
	• Puedo incluir diferentes tipos de detalles.	☐	☐
	• Puedo escribir un titular.	☐	☐
	• Puedo usar lenguaje y vocabulario precisos.	☐	☐
	• Puedo usar palabras de transición.	☐	☐
	• Puedo usar palabras y frases de unión.	☐	☐
	• Puedo incorporar contenido digital.	☐	☐
Normas	• Puedo usar mayúsculas y sustantivos de manera correcta.	☐	☐
	• Puedo corregir concordancia entre sujeto y verbo.	☐	☐
	• Puedo usar adverbios de manera eficaz.	☐	☐
	• Puedo usar conjunciones coordinantes de manera correcta.	☐	☐

COMPARAR TEXTOS

TEMA DE LA UNIDAD
Adaptaciones

INTERCAMBIAR *ideas*

CUESTIONA LAS RESPUESTAS

Lee la oración relacionada con cada selección. Luego, con un compañero, repasa la selección y escribe una pregunta que se pueda responder con esa oración. Finalmente, conversa con tu compañero sobre cómo las preguntas y las respuestas se relacionan con el tema **Adaptaciones**.

SEMANA 3

de Minn del Misisipi

Ella es el "Monstruo" que está en el pozo de los niños.

CLUB del LIBRO

SEMANA 2

"Animales imitadores"

Este tipo de animal copia el aspecto, el comportamiento o el sonido de otro animal.

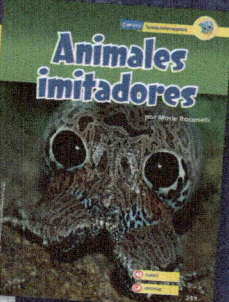

CLUB del LIBRO

SEMANA 1

"Plumas: Mucho más que para volar"

Estas plumas atraen la atención y, tal vez, hasta una pareja.

396

Animalario del Iguazú

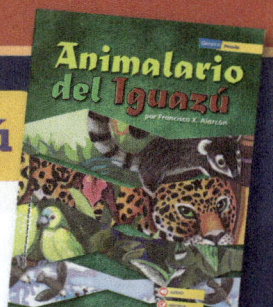

Muchas de las especies que viven en la selva que rodea las Cataratas del Iguazú están en peligro de extinción.

SEMANA 4

SEMANA 5

"Las ardillas en Luján" y "El solenodonte, un sobreviviente"

Las habilidades y capacidades de los animales les permiten adaptarse a su entorno y sobrevivir.

Pregunta esencial

Mi TURNO

En tu cuaderno, responde a la Pregunta esencial: ¿Cómo se adaptan los seres vivos al mundo que los rodea?

Proyecto

SEMANA 6

Ahora es momento de aplicar lo que aprendiste sobre Adaptaciones en tu **PROYECTO DE LA SEMANA 6.** ¡A salvar especies!

397

INDAGAR

¡A salvar especies!

 INVESTIGACIÓN

Actividad

Crea un cartel sobre un animal en peligro de extinción. Averigua información importante sobre el animal, como qué come, dónde vive, qué adaptaciones ha desarrollado para sobrevivir y por qué está en peligro de extinción.

Artículos de investigación

Con tu compañero, lee "Adaptarse a hábitats urbanos" para generar y aclarar preguntas que tengas sobre el tema de indagación. Luego, comienza a desarrollar un plan de investigación como ayuda para crear tu cartel. Asegúrate de compartir responsabilidades con tu compañero.

1. **Adaptarse a hábitats urbanos**
2. **Una amistad sin igual**
3. **Biomimética: dar forma al Shinkansen**

Generar preguntas

COLABORAR Lee "Adaptarse a hábitats urbanos" y genera tres preguntas que tengas sobre el artículo. Con un compañero, responde a todas las que puedas antes de comentarlas con la clase.

1. _____.
2. _____.
3. _____.

398

PROYECTO DE INDAGACIÓN

Usar el vocabulario académico

COLABORAR Colabora con un compañero para completar la tabla. Si corresponde, utiliza este nuevo vocabulario al crear tu cartel.

Vocabulario académico	Formas de la palabra	Palabra en contexto
sobrevivir	sobrevive sobrevivencia sobreviviente	Las plantas necesitan agua y luz solar para su **sobrevivencia**.
defensa	defender defensor defendido	El **defensor** bloqueó el contragolpe.
clasificar	clasificado clasificable clasificatorio	Las catarinas se pueden **clasificar** según la cantidad de puntos que tienen.
adquirir	adquisición adquisitivo adquiere	Los animales **adquieren**, o aprenden, destrezas de sobrevivencia de otros animales.
suficiente	suficientemente insuficiente autosuficiente	La familia reunió provisiones **suficientes** para su viaje de campamento.

EXPLORAR Y PLANIFICAR

Solo los datos

Los textos informativos deben incluir muchos datos.

Las personas escriben **textos informativos** para brindar datos a los lectores. Al leer textos informativos, puedes reunir información al identificar o usar:

- Una idea principal o central
- Detalles o evidencia de apoyo, como datos y ejemplos
- Elementos del texto, como titulares e imágenes
- Una estructura de texto lógica, como la de descripción, comparación y contraste o causa y efecto

INVESTIGACIÓN

COLABORAR Lee "Una amistad sin igual" con tu compañero. Luego, responde a las preguntas sobre el artículo y la información que usa el autor.

1. ¿Cuál es el público al que va destinado el artículo?

2. ¿Qué quiere el autor que piense el lector?

3. ¿Qué estructura de texto usa el autor? ¿Cómo te ayuda a entender el texto?

PROYECTO DE INDAGACIÓN

Tu investigación

COLABORAR Antes de comenzar a averiguar sobre tu animal, necesitarás crear un plan de investigación. Usa esta actividad para planificar cómo buscarás información para tu cartel.

Definición	Ejemplos
La **ESTRUCTURA DEL TEXTO** muestra cómo se relacionan las ideas. • Usa la **estructura de texto de comparación y contraste** para mostrar semejanzas y diferencias. • Usa la **estructura de texto descriptivo** para presentar imágenes y detalles. Lee los dos ejemplos que aparecen en la columna derecha. Luego, con tu compañero, identifica la mejor manera de organizar información en tu cartel.	• Ambas mariposas usan el mimetismo, pero de maneras diferentes. *Estructura de texto de comparación y contraste* • Las orugas de la mariposa virrey almacenan ácido en su cuerpo. Este ácido les da un sabor amargo, lo que ahuyenta a las aves. *Estructura de texto de descripción* ¿Cuál de las estructuras de texto funcionaría mejor para organizar tus ideas?
EVIDENCIA Desarrolla y apoya tus ideas con: • Datos • Ejemplos • Citas • Imágenes	**Dato:** un volcán es un accidente geográfico con una abertura. **Ejemplo:** Japón, Indonesia y Hawái son lugares que poseen volcanes. **Cita:** "Cuatro volcanes podrían entrar en erupción este año", escribió la vulcanóloga Elena Márquez. **Imágenes:** fotografía de un volcán, mapa que muestre volcanes activos

Con tu compañero, haz una lista de algunas opciones posibles para hallar información para tu cartel.

HACER UNA INVESTIGACIÓN

Datos a gran escala

Puedes usar la **base de datos de una biblioteca** para hallar información. Tal vez encuentres muchas páginas que *no* serán útiles. Cuando eso ocurra, usa los botones de búsqueda avanzada. Usar una búsqueda avanzada se parece mucho a dar instrucciones específicas.

EJEMPLO DeShawn le da instrucciones a Lindy para hallar un libro determinado en una estantería.
DeShawn: "Párate frente a la estantería. Ahora, mira a tu izquierda. Luego, un estante hacia arriba. Toma el libro más alto. Debe tener un volcán en la tapa".

Fíjate que DeShawn da instrucciones cada vez más específicas. De la misma manera, al usar botones de búsqueda avanzada, le das a la base de datos instrucciones específicas sobre qué información hallar.

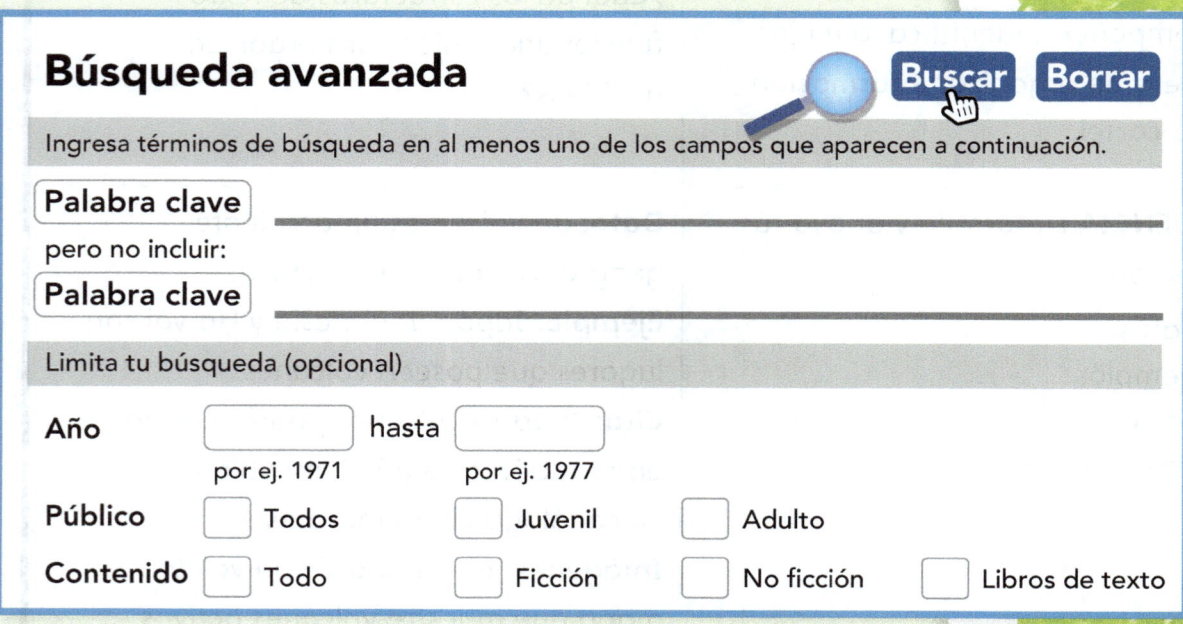

402

PROYECTO DE INDAGACIÓN

COLABORAR Da instrucciones a tu compañero para que vaya de un lado del salón de clases hasta el otro. Da una instrucción por vez. Pide a tu compañero que lleve a cabo cada instrucción antes de dar la siguiente. Repite las instrucciones según sea necesario. Luego, intercambien los roles de manera que tu compañero te dé las instrucciones a ti. Una vez que terminen, comenten cuáles fueron las instrucciones más fáciles de seguir. Explica a tu compañero cómo esta actividad se parece a usar la base de datos de una biblioteca para limitar una búsqueda.

Ahora, aplica el concepto a tu investigación. En los campos de búsqueda avanzada, escribe palabras clave y todo aquello que te ayude a limitar tu investigación. Pon estas destrezas en práctica la próxima vez que uses la base de datos de una biblioteca.

Búsqueda avanzada   Buscar Borrar

Ingresa términos de búsqueda en al menos uno de los campos que aparecen a continuación.

Palabra clave _____

pero no incluir:

Palabra clave _____

Limita tu búsqueda (opcional)

Año ☐ hasta ☐

Público ☐ Todos ☐ Juvenil ☐ Adulto

Contenido ☐ Todo ☐ Ficción ☐ No ficción ☐ Libros de texto

COLABORAR Y COMENTAR

¡Que te vean!

Un tipo de texto informativo es un **cartel informativo**. Con un cartel, los escritores pueden presentar información de una manera que atraiga la atención del público. Al crear un cartel informativo:

- Incluye un título relacionado con tu tema.
- Usa colores brillantes y letras grandes.
- Usa imágenes, como fotografías, dibujos, diagramas y gráficas.
- Expresa información usando oraciones y párrafos breves.

COLABORAR Estudia el Modelo del estudiante. Conversa con tu compañero sobre cómo puedes hacer un cartel que ayude a los lectores a aprender más sobre tu tema.

¡A intentarlo!

Comenta la lista con tu compañero. Trabajen juntos para seguir los pasos mientras creas tu cartel.

Asegúrate de que tu cartel informativo:

- ☐ Incluya datos sobre tu animal que hayan sido escritos con tus propias palabras a partir de tu investigación.
- ☐ Incluya información sobre la dieta, el hábitat y las adaptaciones de tu animal.
- ☐ Incluya texto y elementos gráficos.
- ☐ Tenga una organización lógica.
- ☐ Sea interesante y fácil de leer.

PROYECTO DE INDAGACIÓN

Modelo del estudiante

¡Todo sobre los volcanes!

→ Resalta el tema.

Un volcán es un accidente geográfico con una abertura. En el fondo, hay un pozo de roca fundida. La presión debajo del suelo aumenta mucho. El volcán expulsa gases y rocas. ¡Eso se llama erupción!

→ Subraya dos datos.

→ Resalta una leyenda.

Así se podría ver un volcán en erupción.

Al entrar en erupción, comienza a salir humo del volcán. Puede tornarse muy difícil respirar.

La lava es roca fundida. Fluye por la ladera del volcán, como agua. Puede provocar quemaduras graves.

→ Subraya la parte más interesante del cartel.

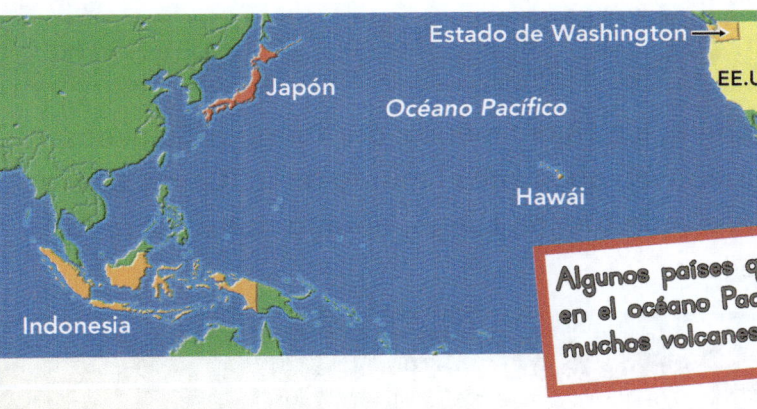

Algunos países que están en el océano Pacífico tienen muchos volcanes.

Los científicos intentan predecir cuándo los volcanes están cerca de entrar en erupción. De esta manera, pueden decirles a las personas si deben abandonar sus casas para mantenerse a salvo.

Por Peter y Virginia, de la clase de 4to grado de la maestra Mitchell.

405

AFINAR LA INVESTIGACIÓN

Desarrolla una bibliografía

Los escritores anotan las fuentes que usan. A menudo, hacen una lista de fuentes llamada **bibliografía**. Los escritores suelen incluir una bibliografía con los textos informativos que escriben.

Hay varias maneras de mencionar las fuentes en una bibliografía.

Ejemplo de un libro mencionado en una bibliografía:	Ejemplo de una fuente de Internet mencionada en una bibliografía:
Para mencionar un libro, necesitas el título y el nombre del autor. También necesitarás la fecha de publicación, el nombre de la editorial y la ciudad en la que fue publicado. • Hochleitner, Rupert (2009). *Minerales y rocas*. Madrid: Omega.	Para mencionar una fuente de Internet, necesitas el nombre del artículo. También necesitas el nombre del autor, si aparece ese dato, y la empresa u organización que opera la página web. Incluye siempre la dirección del sitio web. • "Volcanes", *National Geographic*, http://www.nationalgeographic.es/ciencia/volcanes.

COLABORAR Con tu compañero, lee "Biomimética: dar forma al Shinkansen". Luego, busca un artículo y un sitio web que trate el mismo tema. Crea y anota una entrada de bibliografía para cada fuente. Luego, apunta notas sobre toda la información interesante que leas.

PROYECTO DE INDAGACIÓN

COLABORAR Lee la información sobre los volcanes y la entrada de la bibliografía. Luego, responde a las preguntas.

> En el mundo, hay numerosos volcanes muy antiguos que ya no entran en erupción. Estos volcanes muertos se llaman volcanes extintos. Otros pueden permanecer inactivos hasta 50,000 años y luego reactivarse. Estos se llaman volcanes inactivos.
>
> Fuente: Simon, Seymour. *Volcanes* (1998). Nueva York: Children's Books.

1. ¿Cuál es el título del libro que se menciona en la entrada de la bibliografía?

2. ¿En qué ciudad se publicó ese libro?

3. ¿Qué pasos podrías seguir para evaluar esta fuente?

AMPLIAR LA INVESTIGACIÓN

Incorporar medios digitales

Los carteles informativos necesitan recursos visuales para apoyar la información que presentan. Al incluir mapas, diagramas e imágenes se pueden lograr carteles mucho más interesantes para el público.

Incorpora **fotografías** de tu animal para que el público sepa cómo se ve. Además, las fotos darán información, como la forma de la boca y la cantidad de patas del animal.

Los **mapas** pueden ser muy útiles para mostrar dónde vive tu animal. Colorea los lugares donde se encuentra.

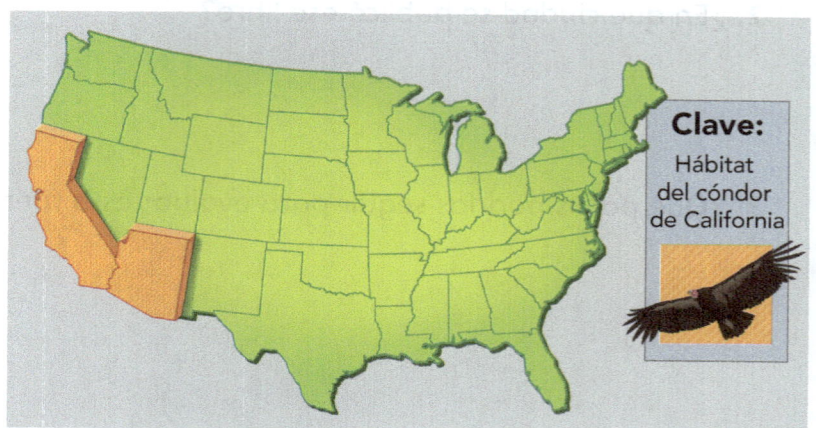

Clave:
Hábitat del cóndor de California

También puedes incluir un **diagrama**, donde se podría mostrar la guarida o el nido donde vive el animal. Un diagrama también podría mostrar los alimentos que come tu animal.

PROYECTO DE INDAGACIÓN

COLABORAR Trabaja con tu compañero para decidir qué tipos de recursos visuales funcionarían mejor en tu cartel. Recuerda que debes ofrecer información sobre el hábitat, la dieta, las adaptaciones y los datos interesantes de tu animal.

En el siguiente organizador gráfico, escribe lo que quieres mostrar en los diferentes recursos visuales.

Dibujo o fotografía	Mapa	Diagrama
Recursos visuales:	Recursos visuales:	Recursos visuales:

Otros recursos visuales:

409

COLABORAR Y COMENTAR

Revisa

Revisa para lograr claridad Vuelve a leer tu cartel con tu compañero.

- [ ] ¿Incluiste datos sobre tu tema?
- [ ] ¿Brindaste información interesante sobre tu tema?
- [ ] ¿Presentaste tu información usando una estructura de texto clara?
- [ ] ¿Hiciste un cartel que atraiga la atención del lector?
- [ ] ¿Incluiste una lista de tus fuentes?

Revisar el lenguaje

Los estudiantes que crearon el cartel informativo del modelo del estudiante volvieron a leer un borrador de su trabajo. Vieron que tenían que hacer algunos cambios para que la escritura fuera más clara y más fácil de leer.

Así se ~~podrían~~ **podría** ver un volcán en erupción.

Cuando la ~~La~~ presión debajo del suelo aumenta mucho**, el** ~~El~~ volcán expulsa gases y rocas.

Al entrar en erupción, ~~comienzan~~ **comienza** a salir humo del volcán.

410

PROYECTO DE INDAGACIÓN

Corrige

Normas Vuelve a leer tu texto. ¿Usaste el lenguaje y las normas correctamente?

- ☐ Oraciones compuestas
- ☐ Oraciones complejas
- ☐ Sustantivos comunes y propios
- ☐ Sustantivos singulares y plurales
- ☐ Concordancia entre sujeto y verbo
- ☐ Artículos de género y número específicos

Evaluación entre compañeros

COLABORAR Intercambia carteles con otra pareja de compañeros. Lee la información y observa las imágenes del otro cartel. Busca todos los datos requeridos y observa si la información es clara. Escucha mientras practican la presentación del cartel. Demuestra que entendiste parafraseando lo que dijeron. Ofrece comentarios acerca de cómo podrían mejorar su presentación.

411

CELEBRAR Y REFLEXIONAR

¡A celebrar!

COLABORAR Presenta tu cartel a otro grupo. Establece contacto visual con tu público mientras haces la presentación. Habla con claridad, con un ritmo natural y a un volumen normal. Señala los recursos visuales y lee todas las leyendas que escribiste.

Dedica un tiempo a los estudiantes del otro grupo para que hagan comentarios y preguntas. ¿Cómo reaccionaron? ¿Qué les gustó de tu presentación? ¿Qué sugerencias de cambios o mejoras dieron? Escribe sus reacciones aquí.

_____
_____
_____
_____

Reflexiona sobre tu proyecto

Mi TURNO Piensa en tu cartel. ¿Qué partes del cartel crees que son las más eficaces? ¿Qué partes se podrían mejorar? ¿Cómo las podrías mejorar? Escribe tus ideas aquí.

Fortalezas
_____
_____

Áreas para mejorar
_____
_____

REFLEXIONAR SOBRE LA UNIDAD

Reflexiona sobre tus metas

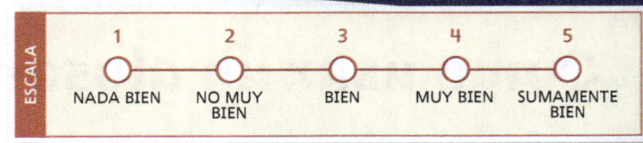

Vuelve a mirar tus metas de la unidad.
Usa un color diferente para volver a calificarte.

Reflexiona sobre tus lecturas

De las adaptaciones que se describen en esta unidad, ¿sobre cuál te gustaría aprender más? Explica tu respuesta.

Reflexiona sobre tu escritura

Durante esta unidad, ¿qué nuevas ideas o estrategias aprendiste que te ayudaron a mejorar tu escritura? Explica tu respuesta.

GLOSARIO

Cómo usar un glosario

Este glosario te ayudará a entender el significado y a conocer la clase de palabra a la que corresponden y la separación en sílabas, o separación silábica, de algunas de las palabras en este libro. Las entradas en este glosario están ordenadas alfabéticamente. Las palabras guía en la parte superior de cada página te indican cuál es la primera y la última palabra de la página. Si no puedes encontrar una palabra, puedes usar un diccionario impreso o en línea.

Ejemplo de entrada del glosario:

La palabra a definir está en letra negrita. Puedes ver cómo se escribe la palabra y cómo se separa en sílabas.

Entre paréntesis está la separación en sílabas de la palabra. Además, la sílaba tónica está en mayúsculas.

a•ban•do•nó (a-ban-do-NÓ), *verbo.*
Dejó a alguien o algo solo.

También incluye a qué clase de palabra pertenece.

La definición nos dice qué significa la palabra.

Mi TURNO

Busca y escribe el significado de la palabra *sobrevivir*. Di la palabra en voz alta.

Separa la palabra en sílabas. _____
Usa la guía para separar las palabras en sílabas para ayudarte.
¿Qué otras palabras conoces que pertenezcan a la misma familia de palabras?

INTERCAMBIAR ideas
Comenta con un compañero de qué manera puedes usar el diccionario impreso o en línea para hallar el significado de una palabra que no está en el glosario.

abandonó • astronauta

Aa

a·ban·do·nó (a-ban-do-NÓ) *verbo*. Dejó a alguien o a algo solo.

ADN (ácido desoxirribonucleico) *sustantivo*. La sustancia de las células que determina las características de un ser vivo.

ad·qui·rir (ad-qui-RIR) *verbo*. Conseguir, tomar, obtener.

a·e·ro·di·ná·mi·co (a-e-ro-di-NÁ-mi-co) *adjetivo*. Que tiene la forma adecuada para reducir la resistencia del aire.

al·ber·ga (al-BER-ga) *verbo*. Sirve de vivienda.

as·tro·nau·ta (as-tro-NAU-ta) *sustantivo*. Una persona que viaja al espacio exterior.

Guía para separar las palabras en sílabas

Utiliza esta guía siempre que necesites separar una palabra en sílabas. Recuerda que una **sílaba** es un conjunto de letras que se pronuncian juntas al decir una palabra en voz alta. Hablamos de **hiato** cuando en una palabra hay dos vocales juntas, pero en distintas sílabas. Puede ser una combinación de vocales abiertas o fuertes (a, e, o), como en *cacao*, o de una vocal abierta y una cerrada o débil (i, u) que está acentuada, como en *río*. Los **diptongos** y **triptongos** son el encuentro de dos o tres vocales dentro de una misma sílaba. Los diptongos son la combinación de una vocal cerrada y otra abierta, como en *hueco* o *aire*, o de dos cerradas, como en *cuidado*. Los triptongos son la combinación de dos vocales cerradas con una abierta, como en *buey* o *Nahuel*.

HIATO	DIPTONGO	TRIPTONGO
rí-o	hue-vo	es-tu-diáis
pa-ís	ciu-dad	U-ru-guay
ca-o-ba	bai-lar	lle-guéis
te-a-tro	pei-ne	

OTRAS PALABRAS SEPARADAS EN SÍLABAS

sí-la-ba   te-lé-fo-no   pan-ta-lla   ma-de-ra
pa-la-bra   fá-bu-la   be-lle-za   cua-der-no

GLOSARIO

cálido • expuesto

Cc

cá·li·do (CÁ-li-do) *adjetivo.* Caluroso.

ca·pa·ci·dad (ca-pa-ci-DAD) *sustantivo.* Habilidad de contener algo.

cer·da (CER-da) *sustantivo.* Pelo corto y duro de un animal o una planta.

cla·si·fi·car (cla-si-fi-CAR) *verbo.* Categorizar, agrupar.

co·in·ven·to·ra (co-in-ven-TO-ra) *sustantivo.* Una persona que, junto con otra, inventa un objeto nuevo.

co·mal (co-MAL) *sustantivo.* Disco de barro o de metal que se utiliza para cocer tortillas de maíz.

com·pa·rar (com-pa-RAR) *verbo.* Analizar cosas para ver en qué se parecen.

con·ser·var (con-ser-VAR) *verbo.* Mantener, cuidar.

con·tor·no (con-TOR-no) *sustantivo.* Forma o borde de algo.

con·tri·buir (con-tri-BUIR) *verbo.* Donar, asistir.

cro·mo·so·mas (cro-mo-SO-mas) *sustantivo.* Partes del ADN que contienen a los genes.

Dd

de·fen·sa (de-FEN-sa) *sustantivo.* Protección, guardia.

de·se·o (de-SE-o) *sustantivo.* Ganas muy fuertes o anhelo por algo.

di·vi·sa·ba (di-vi-SA-ba) *verbo.* Veía, percibía un objeto.

du·pli·ca·dos (du-pli-CA-dos) *adjetivo.* Exactamente iguales.

Ee

en·ga·ño·sos (en-ga-ÑO-sos) *adjetivo.* Inseguros debido a peligros ocultos.

en·tor·no (en-TOR-no) *sustantivo.* Todos los seres vivos y las condiciones de un lugar.

es·pe·cies (es-PE-cies) *sustantivo.* Categorías de seres vivos.

ex·pues·to (ex-PUES-to) *adjetivo.* Revelado, desprotegido.

extraordinario • motivación

ex·tra·or·di·na·rio (ex-tra-or-di-NA-rio) *adjetivo*. Fuera de lo común.

Ff

fau·ces (FAU-ces) *sustantivo*. Parte posterior de la boca.

fle·xi·ble (fle-XI-ble) *adjetivo*. Que se dobla con facilidad.

Hh

há·bi·tat (HÁ-bi-tat) *sustantivo*. Lugar donde vive o crece un ser vivo.

há·bi·to (HÁ-bi-to) *sustantivo*. Uso, práctica.

hon·da (HON-da) *adjetivo*. Profunda.

Ii

i·dén·ti·co (i-DÉN-ti-co) *adjetivo*. Que parece ser exactamente igual.

in·ge·nie·rí·a (in-ge-nie-RÍ-a) *sustantivo*. Técnica de aplicar los conocimientos científicos a la invención de nuevos instrumentos.

i·ni·cia·ti·vas (i-ni-cia-TI-vas) *sustantivo*. Acciones o medidas para un determinado fin.

ins·ta·lar·se (ins-ta-LAR-se) *verbo*. Establecerse en un lugar.

Ll

la·de·a·ba (la-de-A-ba) *verbo*. Inclinaba; torcía hacia un lado.

Mm

mi·me·tis·mo (mi-me-TIS-mo) *sustantivo*. La capacidad de verse o actuar como otra cosa.

mo·ti·va·ción (mo-ti-va-CIÓN) *sustantivo*. Razón para hacer algo.

417

GLOSARIO

notable • reunido

Nn

no·ta·ble (no-TA-ble) *adjetivo*. Extraordinario o sobresaliente.

Oo

ol·fa·te·an·do (ol-fa-te-AN-do) *verbo*. Oliendo un largo rato.

or·de·na·das (or-de-NA-das) *adjetivo*. Organizadas o diseñadas.

Pp

par·da (PAR-da) *adjetivo*. De color oscuro, semejante al color de la tierra o la piel del oso.

per·sis·tió (per-sis-TIÓ) *verbo*. Trabajó sin parar para obtener o lograr algo.

po·bre·za (po-BRE-za) *sustantivo*. El estado de ser extremadamente pobre.

por·tá·til (por-TÁ-til) *adjetivo*. Que puede ser transportado o llevado.

pre·sa (PRE-sa) *sustantivo*. Un animal cazado como alimento por otros animales.

Qq

que·bra·di·zas (que-bra-DI-zas) *adjetivo*. Que se rompen con mucha facilidad.

Rr

ra·dia·ción (ra-dia-CIÓN) *sustantivo*. Energía que se desplaza en forma de ondas hacia afuera y desde una fuente, como el Sol.

rá·pi·dos (RÁ-pi-dos) *adjetivo*. Partes de un río que se mueven a gran velocidad.

re·sis·ten·cia (re-sis-TEN-cia) *sustantivo*. Capacidad de seguir adelante.

res·plan·de·cien·te (res-plan-de-CIEN-te) *adjetivo*. Que brilla despidiendo rayos de luz muy clara.

reu·ni·do (reu-NI-do) *adjetivo*. Puesto junto.

Ss

se·ve·ro (se-VE-ro) *adjetivo*. Riguroso, serio.

sig·ni·fi·ca·ti·vo (sig-ni-fi-ca-TI-vo) *adjetivo*. Importante, relevante.

sis·te·ma (sis-TE-ma) *sustantivo*. Conjunto de elementos relacionados.

so·bre·sa·lien·tes (so-bre-sa-LIEN-tes) *adjetivo*. Que se excede, se pasa de los contornos.

so·bre·vi·vir (so-bre-vi-VIR) *verbo*. Mantenerse vivo; salir vivo de un suceso peligroso.

su·fi·cien·te (su-fi-CIEN-te) *adjetivo*. Que basta para un propósito en particular.

Tt

ta·lla·ba (ta-LLA-ba) *verbo*. Frotaba con agua y jabón para lavarse el cuerpo.

te·són (te-SÓN) *sustantivo*. Ambición o motivación para seguir adelante.

tor·ti·lla (tor-TI-lla) *sustantivo*. Alimento hecho con harina de maíz, de forma circular.

tri·pu·la·ción (tri-pu-la-CIÓN) *sustantivo*. Conjunto de personas que se encargan de conducir o manejar una nave.

RECONOCIMIENTOS

Textos

19: "El canto de las palomas" by Juan Felipe Herrera, text copyright © 2001 by Juan Felipe Herrera. Illustrations copyright © 2001 by Elly Simmons. Permission arranged with LEE & LOW BOOKS, Inc., New York, NY 10016. All rights not specifically granted herein are reserved.

55: *Extraño tesoro: Los extraordinarios descubrimientos* de Mary Anning by Don Brown. Published by Houghton Mifflin. Used with permission from the author.

89: *Gemelos en el espacio: ¿Más cerca de Marte gracias a los astronautas gemelos?* by Rebecca Boyle. All Cricket Media material is copyrighted by Carus Publishing Company, d/b/a Cricket Media, and/or various authors and illustrators. Any commercial use or distribution of material without permission is strictly prohibited. Used with permission from Cricket Media.

157: *Ellen Ochoa: La primera astronauta latina* by Lila Guzmán and Rick Guzmán. Copyright © Enslow Publishers. Used with permission.

219: *Plumas: Mucho más que para volar* by Melissa Stewart, text copyright© 2014 by Melissa Stewart. Illustration copyright© 2014 by Sarah S. Brannen. Used with permission by Charlesbridge Publishing, Inc. All rights reserved.

259: *Animales imitadores* by Marie Racanelli, 2010. Reprinted by permission from Rosen Publishing Group.

301: from *Minn del Misisipi* by Holling C. Holling. Copyright© 1951 by Holling C. Holling, renewed 1979 by Lucille Webster Holling. Reprinted by permission of Houghton Mifflin Harcourt Publishing Company. All rights reserved.

333: Animalario del Iguazú by Francisco X. Alarcón, text copyright © 2008 by Francisco Alarcon. Illustrations copyright © 2008 by Maya Christina Gonzalez. Permission arranged with Children's Book Press, an imprint of LEE & LOW BOOKS, Inc., New York, NY 10016. All rights not specifically granted herein are reserved.

Fotografías

Photo locators denoted as follows Top (T), Center (C), Bottom (B), Left (L), Right (R), Background (Bkgd)

8 (BL) Hurst Photo/Shutterstock, (Bkgd) Grigorii Pisotsckii/Shutterstock; **9** Stocktrek Images/Getty Images, Sam DCruz/Shutterstock; **14** Lukasz Szwaj/Shutterstock; **15** (T) Peiyang/Shutterstock, (BL) Goodluz/123RF; **18** Chris Felver/Premium Archive/Getty Images; **50** (TL) Dervin Witmer/Shutterstock, (TR) Alfred Bartnik/Shutterstock, (BL) Babaroga/Shutterstock, (BR) Max Topchii/Shutterstock, (Bkgd) Rawpixel.com/Shutterstock; **51** (T) Lakov Filimonov/Shutterstock, (B) Wavebreakmedia/Shutterstock; **84** (TL) Surachai/Shutterstock, (B) WhiteJack/Shutterstock; **84** (Bkgd) JSC/NASA, Nienora/Shutterstock; **85** (T) Leonid Dorfman/123RF, (B) Cathy Yeulet/123RF; **89** Stocktrek Images/Getty Images; **90** (L) NASA, (R) Maridav/Shutterstock; **90** Vladi333/Shutterstock; **91** (L) Stocktrek Images/Getty Images, (R) NASA; **92** (T) Vladi333/Shutterstock, (B) NASA; **93** NASA; **94** (T) Vladi333/Shutterstock, (B) NASA; **95** NASA; **96** (T) Vladi333/Shutterstock, (B) Science Picture Co/Superstock; **98** (T) Vladi333/Shutterstock, (B) NASA; **99** NASA; **116** (T) Sergey Uryadnikov/Shutterstock, (C) Peachananr/Shutterstock, (B) Aureliy/Shutterstock; **116-117** Gurunars/Shutterstock, JBoy/Shutterstock; **117** (T) Dossyl/Shutterstock, (C) Nathapol Kongseang/Shutterstock, (B) Twinlynx/Shutterstock; **121** Sam DCruz/Shutterstock; **122** Nigel Pavitt/John Warburton-Lee Photography/Alamy Stock Photo; **124** Simon Maina/AFP/Getty Images; **125** Antony Njuguna/Reuters/Alamy Stock Photo; **126** Roger Sedres/Alamy Stock Photo; **129** Maridav/Shutterstock; **130** Michael Steele/Contour/Getty Images; **132** Polifoto/Alamy Stock Photo; **133** Frank Rocco/Alamy Stock Photo; **135** Jessica Rinaldi/The Boston Globe/Getty Images; **152** Claudio Ventrella/123RF; **153** (T) Fireart-d/Shutterstock, (L) Castleski/Shutterstock, (R) Everett Historical/Shutterstock; **156** Lila and Rick Guzman; **157** Boyd Anderson/Grossmont Union High School, Triff/Shutterstock; **158** NASA; **160** (L) Sean Hodrick/Alamy Stock Photo, (R) Bram Janssens/123RF; **162** (T) John Crowe/Alamy Stock Photo, (B) NASA Photo/Alamy Stock Photo; **163** JSC/NASA, NASA; **164** NASA; **165** (L) NASA/Liaison/Hulton Archive/Getty Images, (C) NASA, (R) NC Collections/Alamy Stock Photo; **166** NASA/Liaison/Hulton Archive/Getty Images; **167** MSFC/NASA; **168** NASA; **169** (T) JSC/NASA, (B) NASA; **170** NASA/Age Fotostock/Alamy Stock Photo; **171** JSC/NASA; **172** JSC/NASA; **173** NASA; **191** America/Alamy Stock Photo; **192** America/Alamy Stock Photo; **196** (L) Ezra_Lathouwers/Shutterstock, (C) Wdnet/iStock/Getty Images, (R) Oknarit/iStock/Getty Images; **196** (TL) Ezra_Lathouwers/Shutterstock, (BC) Oknarit/iStock/Getty Images, (BL) Wdnet/iStock/Getty Images; **199** Monkey Business Images/Shutterstock; **205** Ulrike Schmitt-Hartmann/The Image Bank/Getty Images; **208** Doug Lemke/Shutterstock, Puhhha/Shutterstock; **209** Borja Andreu/Shutterstock; **214** (TL) TJ Brown/Shutterstock, (TR) Snowleopard1/E+/Getty Images, (BL) Moosehenderson/Shutterstock, (BR) Andrea Izzotti/123RF; **214** Chin797/Shutterstock; **215** Don Fink/123RF; **218** Used with permission from

Peachtree Publishers, Ltd.; **254** (L) Sascha Janson/Shutterstock, (R) Supermaw/Shutterstock, Luke Suen/Shutterstock; **255** (T) Jiri Prochazka/Shutterstock, (B) Anne Powell/Shutterstock; **259** Avalon/Photoshot License/Alamy Stock Photo; **261** Darlyne A. Murawski/National Geographic Creative/Alamy Stock Photo; **263** Nechaevkon/Shutterstock; **265** (T) Rusty Dodson/Shutterstock, (B) John Cancalosi/Photolibrary/Getty Images; **267** Leena Robinson/Alamy Stock Photo; **269** Chris Alcock/Shutterstock; **270** Sergey Dubrov/Shutterstock; **273** Hugh Clark/Alamy Stock Photo ; **275** Meyers/Blickwinkel/Alamy Stock Photo; **277** Avalon/Photoshot License/Alamy Stock Photo; **278** Kamnuan/Shutterstock; **279** Lovely Bird/Shutterstock; **294** (L) 123RF, (C) Donna Heatfield/Shutterstock, (R) Mark Caunt/Shutterstock; **296** (T) Simon Eeman/Shutterstock, (C) Volodymyr Nikitenko/Shutterstock; **296** Sap Ibrahim/Shutterstock; **328** (Bkgd) PBNJ Productions/Blend Images/Getty Images, Sittipan Suwannabandit/Shutterstock; **349** Eky Studio/Shutterstock; **360** (BR) Soaring4031/Shutterstock, (Bkgd) Milan M/Shutterstock; **361** (T) Ali Iyoob Photography/Shutterstock, (B) Magnetix/Shutterstock; **365** Thomas Marent/ardea.com/Mary Evans Picture Library Ltd/Age Fotostock; **366** Jjeye/iStock/Getty Images; **367** Diana Deak/Cultura Creative (RF)/Alamy Stock Photo; **368** Anan Kaewkhammul/Panther Media/Age Fotostock; **370** Aviphile/iStock/Getty Images; **371** JRLPhotographer/iStock/Getty Images; **373** Eladio Fernandez/NHPA/Photoshot/Newscom; **374** Peeter Viisimaa/Photodisc/Getty Images; **376** (T) Joel Sartore/National Geographic Photo Ark/Getty Images, (B) Pat Morris/ardea.com/Mary Evans Picture Library Ltd/Age Fotostock; **377** Biosphoto/Superstock; **378** Rich Carey/Shutterstock; **379** Biosphoto/Superstock; **398** Robert Scholl/Alamy Stock Photo; **402** Mike Kemp/Getty Images; **405** (L) Corey Ford/Stocktrek Images, Inc./Alamy Stock Photo, (R) Beboy/Shutterstock; **406** Suronin/Shutterstock; **408** (L) Marosbauer/123RF, (R) Michael Steden/Shutterstock; **411** Ian Shaw/Alamy Stock Photo.

Ilustraciones

17-257 Valentina Belloni; **53, 331** Ilana Exelby; **87, 119, 217, 363** Olga & Aleksey Ivanov; **124** Joe Lemmier; **129** Peter Hoey; **155** Valeria Cis; **299** Ken Bowser; **360-361** Jun Park; **369, 375, 402-403, 405, 408** Rob Schuster; **199, 202, 365, 374** Karen Minot

NOTAS

NOTAS

NOTAS

NOTAS

NOTAS

Copyright © SAVVAS Learning Company LLC. All Rights Reserved.

NOTAS